إرشاد ذوي الحاجات
الخاصّة وأسرهم

قال تعالى :

(وَمَنْ يُضْلِلْ فَلَنْ تَجِدَ لَهُ وَلِيًّا مُرْشِدًا)

(الكهف: 17)

إرشاد ذوي الحاجات
الخاصّة وأسرهم

تأليف الدكتور
أحمد عبد الحليم عربيات
قسم الإرشاد والتربية الخاصة-جامعة مؤتة
وقسم الدراسات الإنسانية والتربوية- جامعة العلوم الإسلامية العالمية

2011م

رقم الإيداع لدى دائرة المكتبة الوطنية
(2010/8/3184)

362.4
عربيات، أحمد عبد الحليم
إرشاد ذوي الحاجات الخاصة وأسرهم/ أحمد عبد الحليم عربيات- عمان: دار الشروق-2010
( ) ص
ر.أ.: 2010/8/3184
الواصفات: المعوقون//الأسرة/ الخدمات الاجتماعية

- تم إعداد بيانات الفهرسة الأولية من قبل دائرة المكتبة الوطنية
يتحمل المؤلف كامل المسؤولية القانونبة عن محتوى مصنفه ولا يعبّر عن رأي دائرة المكتبة الوطنية أو أي جهة حكومية أخرى

ISBN 978-9957-00-453-8

- إرشاد ذوي الحاجات الخاصة وأسرهم.
- تأليف: الدكتور أحمد عبد الحليم عربيات
- الطبعة العربية الأولى : الإصدار الأول 2011.
- الاخراج الداخلي وتصميم الغلاف: دائرة الإنتاج/ دار الشروق للنشر والتوزيع .

- جميع الحقوق محفوظة ©

دار الشروق للنشر والتوزيع
هاتف : 4624321/4618191/4618190 فاكس: 4610065
ص.ب: 926463 الرمز البريدي :11118 عمان – الأردن
Email: shorokjo@nol.com.jo
دار الشروق للنشر والتوزيع
رام الـلـه – المصيون : نهاية شارع مستشفى رام الـلـه
هاتف 2975632-2991614-2975633 فاكس 02/2965319
Email: shorokpr@planet.com

إهداء

إلى..... روح والديّ الطاهرتين
إلى..زوجتي العزيزة
إلى..أبنائي وبناتي
إلى..أحفادي

المحتويات

المقدمة 9

الفصل الاول 13

خدمات الارشاد النفسي و التربوي

الفصل الثاني 37

فئات التربيه الخاصه والحاجات الارشاديه والمشكلات وانماط التكيف .

الفصل الثالث 49

أسر ذوي الحاجات الخاصة / ردود الأفعال مشكلات التكييف

ومراحل الحاجات الإرشادية للأسرة وبرامج العلاج

الفصل الرابع 75

دور الوالدين في برامج الارشاد والتدريب والعلاج لذوي الاحتياجات الخاصه.

الفصل الخامس 91

الخدمات الارشاديه لذوي الاعاقه العقليه واسرهم.

الفصل السادس 119

الخدمات الارشاديه لذوي الاعاقه السمعيه واسرهم.
الفصل السابع 135
الخدمات الارشاديه لذوي الاعاقه البصريه واسرهم.
الفصل الثامن 151
الخدمات الارشاديه لذوي الاعاقه الجسميه والحركيه واسرهم.

الفصل التاسع

173

الخدمات الارشاديه لذوي اضطرابات الكلام واللغه والتواصل واسرهم.

الفصل العاشر

193

- الخدمات الارشاديه لذوي الاضطرابات السلوكيه والانفعاليه واسرهم.

الفصل الحادي عشر

219

- الخدمات الارشاديه لذوي صعوبات التعلم وأسرهم .

الفصل الثاني عشر

241

- الخدمات الارشاديه للافراد المتميزين والموهوبين وأسرهم

المراجع

255

المقدمة

الحمد لله ربِّ العالمين والصلاة والسلام على أشرف المرسلين _ وعلى آله وأصحابه أجمعين.

وبعد،

فإنَّ من نِعمِ الـلـه تعالى أنْ خلقَ الإنسانَ في أحسنِ تقويم مصداق قولهِ: {لَقَدْ خَلَقْنَا الْإِنْسَانَ فِي أَحْسَنِ تَقْوِيمٍ} (التين: 4). وقدْ خرَمَتِ الحكمةُ الإلهيّةُ هذا التقويم الحسنَ في طائفة مِن بني الإنسانِ كي يكونوا نماذج حيّة وحقيقية تشهد على سمو النعمةِ وجلال قدرة المُنْعمِ سبحانه وتعالى ؛ فكان في المجتمع الأعمى والأبكمُ والأصمُّ والأشلُّ ومقطوعُ اليدين أو الرجلين...وغيرهم، وتلكمُ الإعاقاتُ تتفاوتُ لدى أولئك الأشخاص في درجاتها شدّة وحجمًا؛ إذ منها الطفيف الصغيرُ اليسير ومنها الصعبُ الكبيرُ العسير، وكذا فمنها ما هو خَلقيٌّ منذ الولادة ومنها ما هو بسبب عارضٍ من العوارضِ المختلفة في واقع الحياة .

وانطلاقًا من تمامِ شُكْرِ العبدِ نعمةَ ربّهِ ابتداءً، وانسجامًا مع الأخلاقيّاتِ التي تقضي بها الفِطرُ السويّة والعقول النيِّرة المستقيمة، فإنَّ المنطقَ الرشيد في المجتمعاتِ الواعية المثقّفة يقضي بأنْ تعطى هذه الشريحة من المجتمع حقّها ومستحقّها من التوجيهِ والإرشادِ والعناية والرعاية الدؤوبة في كلِّ وقتٍ وفي كُلِّ حين،وما ذاكَ إلّا لأن هذه الشريحة هي في حقيقتها جزءٌ طبيعي من نسيج أي مجتمعٍ من المجتمعاتِ وليستْ طارئة عليه، وهذا يعني أنَّ ثقافةَ الخجل من أفرادِ هذه الشريحةِ - والتي تدعو إلى تهميشهم واللامبالاة بهم ونبذهم- هي في جَوهرها ثقافة مشوّهة تتنافى مع روح الشرائع قاطبة، وكذلك تنبذُها جميعُ الأعراف الإنسانية السليمة على حدٍّ سَواءٍ .

وإذا كانَ الأمر كذلك فإننا بحاجةٍ إلى رسمِ سياسةٍ علميّة دقيقة تعيننا على استئصالِ تلكمُ الثقافة من النفوسِ وغرسِ ثقافةٍ جديدة مكانها تكفُلُ لدى الأصحّاءِ

إرساء منظومة قيميّة من شأنها أن ترسم معالم الطريق لنا في التعاملِ مع أفرادِ هذه الشريحة وتأهيلها وتدريبها وتطويرها والرُّقيِّ بمستواها حدًّا تكونُ فيه قادرةً على الانخراطِ في مؤسسات المجتمع المتنوعة ومناحي الحياةِ المختلفة على صعيد العلمِ والعملِ معًا، لا بل وعلى صعيدِ ممارسة الأنشطة والرياضاتِ والهواياتِ، وهذا الأمر لا يتحقّقُ إلّا إذا عَرَفَتْ كل جهةٍ في المجتمع المسؤوليات المنوطةِ بها والخدماتِ الواقعةِ على عاتقها ماديًا ومعنويًّا تُجاهَ عناصر هذه الشريحةِ بأطيافها المختلفة.

من هنا جاء هذا الكتابُ الموسوم بـ: " إرشادُ ذوي الحاجات الخاصة وأسرهِم " محاولةً علميّةً متواضعة من شأنها أن تقدّم للقُرّاء على تنوع مستوياتهم أجندةً تشتملُ في طيّاتها على حزمةٍ من الخطط النفسية والتربوية التي توضِّح واقع وطبيعة الخدمات الإرشادية المقدّمة لأبناء هذه الشريحة سواء ما كان منها متعلقا بالمجتمع عمومًا أو بأسر هؤلاء الأفراد على وجه الخصوص ؛ إذ حرصت الدراسة على تسليط الضوء حول إبرازِ قيمة الإرشادِ النفسي والتربوي لهذه الفئة من المجتمع وبيانِ الفئاتِ التي تنتظمها التربية الخاصّة من أبناء هذه الشريحة والكشفِ عن الحاجات الإرشاديّة والمشكلاتُ وأنماطُ التكيّفِ التي يقتضيها واقعُ الحالِ المتصلِ بها، كما عُنيتِ الدراسة باستعراضِ الخدماتِ التي تستلزمها كلُّ حالةٍ لدى أبناء هذه الشريحةِ ؛ فهناك الخدماتُ الإرشادية لذوي الإعاقة العقلية وكذلك لذوي الإعاقة السمعية والبصريّة والحركيّةِ والاضطراباتِ النطقيّة والسلوكيّة والانفعاليّة وجميع تلكمُ الخدماتُ تشملُ أيضًا في المحصّلةِ أرباب وأسر ذوي تلكمُ الإعاقات. وقد حرصتْ الدراسةُ على إبرازِ دور الوالدين والتأكيد على أهميّتهِ في تفعيل برامجِ الإرشادِ والتدريبِ والعلاجِ لذوي الحاجاتِ الخاصّةِ، كما تناولتْ الدراسة أنماط الإرشادِ والخدماتِ المقدَّمةِ للموهوبين والمتميّزينَ من أفرادِ هذه الشريحة من شرائح المجتمع المتعددة على نحو يسهم في تعزيز و زيادة الوعي لدى الجميع بقيمة هذه الفئة ومكانتها في المجتمع وحقّها في الحياةِ بكرامةٍ واحترام خِياراتها وتذليل الصعابِ في وجه أفرادها والعملِ على تنميتهم وتطويرهم وتقوية مواضع الضعف والقصورِ لديهم، وكلُّ ذلكَ بغية أن يظلَّ حسُّ الشعورِ الإنساني هو الأقوى حضورًا والأعلى صوتا في جميع محافل الحياة؛ فالإنسان له كَرامةٌ كفلتها الشرائع السماوية

بأجمعها وينبغي أنْ تجد تلك الكرامةُ سبيل الرعاية والاهتمام على الصعيدين الرسمي والخاصّ لتظلَّ مصونة عن كلِّ نظرة منقوصةٍ أو إقصائية وبذلك يبقى نسيج المجتمع مترابطًا في أقصى درجاتِ اللُحمَة والتماسُكِ.

و اللـه الموفق،،،

بقلم : د. سعيد محمد علي بواعنة
كلية أصول الدين- جامعة العلوم الإسلاميّة العالميّة

الفصل الأول

خدمات الإرشاد النفسي والتربوي

مقدمة:

يتضمن الإرشاد جهودا منظمة للتأثير في الأفراد وتعديل سلوكهم، لجعلهم أكثر قدرة على التوفيق بين حاجتهم وظروف مجتمعهم، من خلال العلاقة المهنية بين المرشد والمسترشد، بهدف مساعدة المسترشد على إدراك ذاته من جهة وفهم ما يحيط من مؤثرات بيئة واجتماعية من جهة أخرى، وتحديد الأهداف التي تتفق مع إمكانياته من جهة والفرص المتاحة ضمن البيئة التي يعيش فيها بها بعد فهمه لذاته وبيئته. ويعطى المسترشد الفرصة لأن يختار الطرق والوسائل اللازمة لتحقيق هذه الأهداف فيصبح قادرا على حل مشاكله وتجاوزها عمليا والتكيف مع نفسه ومع المجتمع الذي يعيش فيه ليصل إلى أقصى درجة من النمو والتكامل في شخصيته وتحقيق ذاته، ويتحقق ذلك بتوفير فرص التعليم والتطور للمسترشد. وأشار بعض الدارسين إلى أن الإرشاد كعلاقة مهنية، يتضمن تعليم عمليات حل المشكلات وتعديل السلوك. كما يمكن النظر إليه على أنه طريق لمساعدة المعوقين لمواجهة المشكلات النمائية، حيث أنهم يواجهون الرفض والفشل. ويحتاجون إلى علاقة تقبل وإصغاء وإرشاد لتحسين علاقاتهم الشخصية وبناء مفهوم ذات ايجابي قائم على الثقة بأنفسهم، وتقوم عملية إرشاد ذوي الحاجات الخاصة على اعتبارات أهمها:

1- أن للطفل المعوق حياة عاطفية نشطة وردود فعل سوية في كثير من المواقف والظروف.

2- أن الضغوط النفسية ومشاكل سوء التكيف التي يتعرض لها المعوق شبيهه أو مماثلة لتلك التي يتعرض لها الإنسان السوي.

3- أن الاضطرابات العاطفية موجودة بين المعوقين بنفس الدرجة التي توجد فيها الأسوياء.

4- أن الضغوط النفسية الشديدة قد تعيق أداء الفرد الوظيفي العقلي لدرجة يمكن أن تؤثر على تكيفه واندماجه في المجتمع.

5- أن الفرد يجب أن يتمتع بنفس الحقوق التي يتمتع بها الإنسان العادي من تلقي الخدمات التي تفيد في تحسين أدائه العام.

ومن المعلوم أن المعوق يعاني بسبب تدني قدرته العقلية أو الجسمية أو الانفعالية من مشاعر وعدم الثقة بالذات والاختلاف عن غيره والفشل بالإضافة إلى عدم القدرة على التفاعل مع الآخرين والتعبير عن عواطفه وضبط انفعالاته فان الهدف الأهم الذي يسعى المرشد النفسي إلى تحقيقه مع المعوق هو تنمية ثقته بنفسه من جهة ثانية. وإذا كان الهدف من الإرشاد بشكل عام هو مساعدة الفرد على أن يفهم نفسه من جهة وأن يفهم العالم المحيط به من جهة ثانية ليكون قادرا على التكيف المناسبة نتيجة هذا الفهم فان هذا الهدف ينطبق على المعوقين كما ينطبق على الأسوياء. ولكن وبما أن المعوقون يواجهون صعوبات ومشاكل خاصة بهم قد تختلف عن غيرهم من الأسوياء فإنه يمكن القول أن الإرشاد النفسي يسعى إلى تحقيق الأهداف المحددة التالية بالإضافة إلى الهدف العام وهو التكيف المناسب:

1- تنمية ثقة الفرد بنفسه بالإضافة إلى الشعور بالقيمة وقبول الذات.

2- تنمية قدرة المعوق على التعبير العاطفي.

3- تنمية معايير السلوك المقبول والالتزام بها.

4- تنمية قدرة المعوق على ضبط عواطفه وانفعالاته والتحكم بها.

5- تنمية القدرة على طلب المساعدة عند الحاجة لها.

6- تنمية وتطوير اتجاهات ايجابية سليمة نحو الذات من جهة ونحو المجتمع المحيط من جهة ثانية ومساعدته على تكوين علاقات طيبة مع المجتمع.

7- تنمية وتطوير اتجاهات ايجابية نحو الحياة والعمل.

8- تشجيع الفرد على مواجهة مشاكله وإيجاد الحلول لها.

ويقوم الإرشاد والعلاج النفسي لذوي الحاجات الخاصة على أساس تكوين علاقة طيبة بين المعوق والمجتمع ومنحه العطف والحنان، بالإضافة إلى إزالة مخاوفه التي اكتسبها من البيئة القاسية التي كان يعيش فيها، ومساعدته على التكيف الاجتماعي مع كل من الأسرة والمجتمع. لذلك كان من أهم أهداف الإرشاد والعلاج النفسي تدريب المعوق على حل مشكلاته وتصريف أموره وغرس ثقته بنفسه وبالآخرين وإدراكه لإمكاناته المحدود وتبصيره بها وكيف يستغلها ويستفيد منها. أما عن كيفية تحقيق هذه الأهداف فتتم عن طريق العمل مع الفرد بالخطوات التالية:

1- يبدأ المرشد بإزالة مخاوف المعوق نحو أسرته والمجتمع وتصحيح بعض المفاهيم البسيطة عن المجتمع والناس لأن الكثير من المعوقين يلقون الاستهجان ويعاملون بقسوة من قبل الآخرين، مما يشعرهم بالخوف وعدم الثقة بأنفسهم وبالآخرين أيضا.

2- يسعى المرشد في المرحلة الثانية إلى مساعدة المعوق لكي يتخلى عن نزعاته العدوانية نحو نفسه ونحو الناس.

3- العمل على زيادة ثقته بنفسه وبالآخرين وتبصيره بإمكانياته وقدراته وكيفية استغلالها والاستفادة منها إلى أقصى حد ممكن، ويساعده في تحقيق هذه المهمة وشعوره بالنجاح في العمل وتجنبه لمواقف الإحباط والفشل التي طالما مر بها وكانت سببا في مشاعر النقص التي يعاني منها، ولذلك فان المرشد يجب أن يبدأ مع المعوق بالمهمات التي يستطيع القيام بها بسهولة ويشجعه ويمتدحه حتى تزداد ثقته بنفسه وبإمكانياته وقيامه بأعمال ترضي الآخرين.

4- مساعدة المعوق على أن يتقبل حالته العقلية من غير أن يشعر بالإحباط وأن يتقبل دوره في الحياة في حدود إمكانياته المحدودة وأن يتدرب على مواجهة مواقف الفشل من غير أن يتسبب له الشعور بالإحباط.

5- تصحيح مفاهيمه عن الأسرة والمجتمع ومساعدته على تكوين علاقات طيبة مع الآخرين ومساعدته على الشعور بالحب نحو والديه وإخوانه وزملائه.

6- مساعدة المعوق على الشعور بأهميته في الحياة وبقيمته في البناء الاجتماعي وحاجة المجتمع إليه حيث يتدرب على تحمل المسؤولية في العمل بالإضافة إلى تحمل مسؤولية سلوكه وتصرفاته.

7- تدريب المعوق على الضبط العاطفي والوجداني وكيفية التحكم بانفعالاته ونزواته وتأجيل الإشباع.

8- مساعدته على وضع تخطيط عام لسلوكه ونشاطه بشكل يتفق مع قدراته واستعداداته العقلية والشخصية والاجتماعية، (يحيى، 2000).

عملية الإرشاد النفسي:

للسير بعملية إرشادية ناجحة ومفيدة فان هنالك متطلبات لا بد من توفرها منها:

1- الإرشاد عملية منظمة ومخطط، لها فهي تتضمن تحديد الأهداف وتوضيح استراتيجيات العمل المشترك ودراسة البدائل الممكنة ومن ثم وضع خطة مناسبة، وأخيرا إنهاء العلاقة الإرشادية.

2- الإرشاد يعني بناء علاقة قائمة على الثقة والألفة، وهو يعني النظر إلى مشكلات بعيني المسترشد.

3- الإرشاد ليس مجرد تقديم نصائح أو معلومات، ولا هو يركز على تغيير المعتقدات ولا يستخدم التحذير أو التهديد.

4- الإرشاد الفعال يشمل الاستماع باحترام والانتباه إلى السلوك اللفظي والجسمي للمسترشد. فالمرشد يستمع أكثر مما يتكلم وهو يتقبل المسترشد دون شروط ولا يصدر أحكاما غير ناضجة أو شخصية. فلا يقول مثلا- انه لا فائدة من العمل معك أو لقد نفذ صبري- وإنما هنالك أساليب الإحالة.

5- الإرشاد الفعال يتطلب من المرشد أن يهتم بالناس وأن يكون لديه رغبة حقيقة في مساعدته. وأن يتعاطف معه وأن يكون صادقا مع نفسه وإن يثق بالناس وبقدرتهم على مساعدة أنفسهم. المبادئ العامة في الإرشاد:

أن نجاح العملية الإرشادية لا يمكن أن يتحقق إلا في إطار علاقة إرشادية بين المرشد والشخص المعوق يلتزم فيها المرشد بعدد من الاتجاهات الايجابية والمبادئ الهامة الأساسية في العمل مع المعوقين، أما هذه الاتجاهات الايجابية والمبادئ فهي:

1- أن على المرشد أن يتقبل الفرد المعوق بغض النظر عن مشاكله وظروفه وكذلك احترام كرامة الإنسان وشخصيته يعتبر أمرا ضروريا للمحافظة على علاقة إرشادية سليمة.

2- على المرشد أن يؤمن بان الفرد المعوق لديه استعدادات للنمو والتعبير.

3- بالرغم من ضرورة التفاؤل فان على المرشد أن يتذكر دائما حدود الفرد وإمكانياته وعلى هذا الأساس فان المرشد يجب أن يسمح للمعاق بالمساهمة في تقرير مصيره واتخاذ القرارات التي تخصه بشيء من الحذر بالقدر الذي تسمح به إمكانياته.

4- على المرشد أن يؤمن بقيمة وأهمية الخدمات الاجتماعية في معالجة المشكلات التي يواجهها الفرد المعوق.

5- على المرشد أن يؤمن بان الفرد المعوق الحق في أن ينمي قدراته واستعداداته إلى أقصى درجة ممكنة بغض النظر عن درجة الإعاقة.

6- على أن المرشد أن يدرك أن المناقشات الأولية مع المعوق قد تكون صعبة بسبب خبراته السابقة القائمة على رفض الآخرين له لذا فانه إذا أريد لعملية الإرشاد النفسي أن تكون ناجحة وذات معنى فأنها يجب أن تقوم على أساس من فهم المتخلف عقليا ودعمه.

7- على المرشد أن يدرك أن المعوق بحاجة إلى النجاح والخبرات الناجحة، ومن هنا فانه على المرشد أن يساعده في أن يجد له مكانا في بيئة تسمح له بالنجاح في خبراته الشخصية والاجتماعية بالإضافة إلى نشاطاته المهنية والترفيهية، أن المعوق غالبا ما يكون قد مر بخبرات الفشل لدرجة تجعله وكأنه قد تعلم أن يقبل نفسه كفاشل ولهذا كان بحاجة إلى الشعور بالنجاح وتغيير ذلك الصورة للذات الفاشلة إلى الذات التي يمكنها أن تحقق النجاح.

8- على المرشد أن يجعل من نفسه نموذجا يقلده المعوق (استخدام المرشد لذاته) فالمطلوب من المرشد هو أن يكون نموذجا لشخص محترم قادر على الاهتمام بمشاكله ومشاكل الآخرين ويهتم بكل ما يقوله أو يفعله، واضح التفكير وأن يواجه المواقف بجدية واتزان.

9- يجب أن تكون الأسئلة التي يطرحها المرشد واضحة ودقيقة. هدفها الاستزادة من المعلومات التي تفيد في فهم المعوق ومساعدته.

أساليب إرشاد المعوقين أسرهم:

يستخدم المرشدون والمعالجون النفسيون عددا من الأساليب العلاجية والإرشادية في إرشاد المعوق، والواقع أن هذه الأساليب وان كانت لا تختلف في جوهرها عن تلك التي تستخدم مع العاديين من غير المعوقين إلا أن الاعتماد على بعض هذه الأساليب يعتبر ضروريا ومساعد لتحقيق التغيير المنشود في سلوك واتجاهات المعوقين. ويعتبر أسلوب الإرشاد الفردي للمعاقين أكثر قيمة، وسنشير إلى هذه الأساليب مرتبة حسب قيمتها وأهميتها في إرشاد وعلاج المعوقين عقليا كما يلي:

1- الإرشاد الفردي: ويتطلب الإرشاد الفردي اتجاها انتقائيا يستطيع معه المرشد أن يستخدم الأسلوب العلاجي المناسب مع كل حالة على ضوء طبيعة المشكلة من جهة وخصائص الفرد المعوق من جهة ثانية، وهذا يتطلب أن يكون المرشد مخلصاً دافئاً... الخ.

2- الإرشاد الجمعي: ويتطلب الإرشاد الجمعي من المرشد الالتزام ببعض المحددات التي تفرضها احتياجات الجماعة العلاجية التي يعمل معها ومن هذه المحددات:

- ينصح بان لا يزيد عدد أفراد المجموعة عن ستة.

- يفضل أن تكون مشكلات المجموعة متشابهة.

- تحديد وقت محدد للعمل مع المجموعة.

- ضبط أفراد المجموعة داخل غرفة الإرشاد وعدم السماح لهم بالتجوال والصراخ والعدوانية الجسدية.

- يجب أن يكون أفراد المجموعة متشابهين فيما بينهم من حيث العمر الزمني والمستوى العقلي ما أمكن ذلك.

بالإضافة إلى هذه المحددات التي يجب مراعاتها في الإرشاد والعلاج الجمعي للمعوق فإن أهم عوامل نجاح الإرشاد الجمعي أو فشله بالنسبة للفرد المعوق يعتمد على شخصية المرشد نفسه، ومن هذه الناحية فأن المرشد يجب أن يكون قادرا على كسب احترام المجموعة له. يتمتع بحس الفكاهة والمرح والقدرة على تحمل المداعبة دون أن يشعر بالحرج حين توجه له أسئلة شخصية من قبل أفراد المجموعة.

كما أن هناك طرق أساسية على مرشدي ومرشدات التأهيل العلم بها ومن أهمها ما يلي:

3- الإرشاد باللعب: ويعتبر الإرشاد والعلاج عن طريق اللعب ذات قيمة خاصة بالنسبة للمعوقين وخاصة في مجال تحسين وتغيير السلوك الشاذ أو المنحرف أو اللاجتماعي. ولذلك ينصح بان تخصص للعلاج باللعب غرفة تحتوي على أنواع وأشكال مختلفة من الألعاب ووسائل اللعب الغير القابلة للكسر ما أمكن (كان تكون من الخشب أو البلاستيك)، وهذا ويمكن للعلاج باللعب أن يتم بشكل فردي أو جماعي، وفي حالات التي تكون فيها مشكلات الفرد المعوق من النوع الذي يرتبط بالتكيف الاجتماعي مع الآخرين فان العلاج الجماعي باللعب يصبح أمراً مرغوب فيه. إما في الحالات التي تكون فيها مشكلات

المعوق من النوع الذي يتصف بالاضطراب العاطفي فان العلاج الفردي باللعب يصبح أكثر فائدة.

4- الإرشاد عن طريق ممارسة الفنون: ويعتبر الإرشاد أو العلاج عن طريق ممارسة النشاط الفني وخاصة الرسم وسيلة تمكن الشخص المعوق وخاصة الأطفال من التعبير المباشر والحر عن عالمه الخاص ومشاكله وانفعالاته في جو يخلو من التهديد، ويمكن استعمال أسلوب العلاج عن طريق الفن والرسم في بداية العمليات الإرشادية والعلاجية، حيث يمكن أن تقدم أساسا للتشخيص بالإضافة إلى كونها مناسبة للتعبير عن عالم الفرد وتساعد في التخطيط للنشاطات العلاجية المستقبلية.

وكما هو الحال بالنسبة للعلاج عن طريق الرسم والفن فان التمثيل يعتبر مناسب وفرصة يستطيع المعوق من خلالها أن يعبر عن مختلف العواطف والانفعالات والرغبات المكبوتة لديه بشكل حر، فهو بذلك يجد مناسبة للتفريغ والتنفيس عن تلك الشحنات العاطفية والانفعالية المكبوتة التي طالما منعت من التعبير عن ذاتها في الظروف العادية، وهذا ويمكن أن يستعمل التمثيل العلاجي فرديا أو جميعا ويكون أما مقيدا وخاصة حين يرغب المعالج في الكشف عن جوانب حقيقة من سلوك الفرد أو تعليمه أساليب سلوكية معينة، وإما حرا وذلك حين يكون الغرض من العلاج مجرد فسح المجال أمام الفرد للتعبير الحر وتفريغ الشحنات الانفعالية والعاطفية المكبوتة وإطلاق طاقاته. ويعتبر العلاج بالتمثيل ذا أهمية خاصة في معالجة مشكلات سوء التكيف الاجتماعي والأسري عند المعوق من حيث انه يوفر فرصة لتمثيل أوضاع ظروف اجتماعية أما واقعية مستمدة من واقع الفرد فعلا أو متخيلة تساعد المرشد على تصحيح وتعديل سلوك الفرد في الاتجاه المناسب والمرغوب فيه.

5- الإرشاد الجيني الوراثي: ويعتبر من أهم الخدمات الوقائية التي يمكن أن تقدم للوالدين بشكل عام، أو للوالدين الذين أنجبوا أطفال معاقين أو من

فئات أخرى، وجاء هذا النوع من الإرشاد نتيجة للتطور الهائل في معرفة الإنسان العلمية في مجال الطب الوقائي، خاصة الوراثة وما تلعبه الجينات من دور في نقل الخصائص الوراثية السوية منها أو المرضية.

أهم المشكلات الاسترشادية التي يواجهها الأشخاص المعوقين:

يشعر المعوقون بإحباطات كبيرة وصعوبات بالغة في حل المشكلات التي تعترض حياتهم اليومية، كما أنهم يواجهون الرفض والتمييز أكثر من الأشخاص العاديين ويواجهون صعوبة في تطوير مفهوم ذات واقعي وايجابي، وفيما يلي مناقشة لأبرز المشكلات التي يجب على المرشد ومعلم التربية الخاصة التعامل معها:

1- مفهوم الذات: سواء كانت الإعاقة كاملة أو متوسطة أو دائمة فان مفهوم الذات سيتأثر كونه من العوامل المرتبطة بكيفية إدراكنا لأنفسنا وتقييمنا لذواتنا وذلك من خلال التفاعل مع الآخرين. فطريقة استجابة الأفراد وتعايشهم مع الضغوط قد تعكس طريقة استجابة أسرهم، فالأسرة قد تؤثر إيجابا أو سلبا على مفهوم الذات، ويرتبط تأثر مفهوم الذات لدى المعوق بشخصيته، لذلك من المفيد أن يتعرف المرشد على شخصية الفرد قبل الإصابة، فإذا كان مفهوم الذات لدى الشخص المعوق ضعيفا أو كانت لديه مشاعر عدم الكفاية، فان الإعاقة قد تزيد من تلك المشاعر وتؤدي إلى تدني مفهوم الذات، ولا بد للمرشد من التعرف على خبرات الطفولة المبكرة للشخص عن طريق جمع المعلومات الأساسية عنه ما يمكنه من التركيز على عوامل تكوين مفهوم الذات لدى المسترشد. وهذا يساعد المرشد على فهم الظروف الراهنة للشخص المعوق ورسم خطة للعلاج. (الاشهب، 2000).

2- الإحباط والغضب: أن استجابة الغضب قد تنجم عن مواقف محبطة تعدد فيها مشاعر الكفاية والأمن لدى الشخص، وكذلك تنجم عن الآخرين. وأحيانا لا يرغب الأشخاص العاديين في التعامل مع المعوقين وغالبا ما يتجنبونهم أو ينظرون إليهم كعاجزين واعتماديين وغير قادرين على العناية بأنفسهم، ومقابل هذا لا يعبر المعوقين عن مشاعرهم لأنهم يعتقدون أن الصبر والمعاناة هي جزء من مفهومهم لذاتهم، ويعبر الأشخاص المعوقين عن

إحباطهم وغضبهم عن طريق السخرية والتهكم، لذلك فان هذا السلوك قد لا يشجع الآخرين على تكوين صداقات معهم، وقد يكون لديهم مستوى شديد من القلق ويصفون أنفسهم بأوصاف سلبية، لذلك على المرشد أن لا يتعامل مع التهكم والسخرية بل أن يتعامل مباشرة مع الاحباطات المسؤولة عن هذه الاتجاهات.

3- الاعتمادية والدافعية: وهي من الصعوبات التي يواجهها الأشخاص المعوقين. ويعني الافتقار إلى الرغبة في المشاركة وضعف المبادرة، حيث يعزى افتقار الشخص المعوق للدافعية إلى الأساليب التي يتعامل بها الآخرين معه، والذي غالبا ما يطور دورا سلبيا لديه وليس نشطا فالحماية الزائدة تساعد على إبقاء الفرد في مستويات متدنية من التفاعل الاجتماعي والتكيف لذلك لا بد أن يكون الإرشاد في هذه الحالة عملية تعاونية تتضمن أشخاصا عاديين في بيئة الشخص المسترشد (كالأسرة والمجتمع المحيط والمدربين والمشرفين). وذلك لتحقيق الاستقلالية بالدرجة الكافية والممكنة وتشجيعه على الاشتراك في برامج التاهيل والإرشاد فالفرد الذي يفتقر إلى الدافعية يظهر التردد للاشتراك في برامج التأهيل أو الإرشاد.

4- العلاقات مع الآخرين: وتتضمن الشعور بالأذى والضرر وعدم تكوين الصداقات والإذعان والخضوع والانسحاب الاجتماعي.

5- الصراع مع الذات: وتتضمن مشاعر القلق والإحباط ونقص المعلومات وقلة الوعي وعدم القدرة على اتخاذ القرار وعدم الشعور بالسعادة وأزمة الهوية ومشاعر الاكتئاب وتدمير الذات.

6- عدم التكيف: وتتضمن التردد والتهور والسلوك الاندفاعي والعدوانية والخجل.

استراتيجيات إرشاد الأشخاص المعوقين وأسرهم:

يواجه الأفراد المعوقين بدرجاتهم المختلفة وقدراتهم المتنوعة مشاكل متعددة مرتبطة بخصائصهم النفسية والاجتماعية والانفعالية. ويستدعي ذلك توفير خدمات الإرشاد واستراتيجيات خاصة لكل من الفرد المعوق وأسرته. ويبين الجدول (1) الخصائص والحاجات الإرشادية واستراتيجيات التعامل والتدخل مع الأطفال ذوي الحاجات الخاصة.

جدول (1)

الحاجات الإرشادية واستراتيجيات التدخل مع الاطفال ذوي الحاجات الخاصة

الخصائص	الحاجات الارشادية	استراتيجيات التدخل
○ النفسية 1- ضعف الدافعية	- زيادة الدافعية	- يقبل الطفل المعوق وتزويده بالدفء . - وضع أهداف واقعية للطفل . - تقديم المكافآت والمعلومات عن الأداء بعد كل خطوة . - تعليم الطفل أسلوب حل المشكلات بشكل عملي من خلال نماذج حية - تشجيع الطفل على بذل الجهد الكافي للشعور بالنجاح
2- تدني تقدير الطفل لذاته بسبب توقع الفشل المتكرر والشعور بعدم الكفاءة	- تقبل الطفل لذاته ويزداة تقديره لذاته.	- مساعدة الطفل على التعرف على النواحي الايجابية والسلبية لديه تحديد حاجاته . - تقديم فرص نجاح وفرص فشل بسيطة في بعض الاحيان . - استخدام استراتيجيات التعزيز الفعال لتدريب المعوق على مواجهة المشاكل وايجاد الحلول لها.
- الاجتماعية 1- الانسجاب وضعف القدرة على التكيف الاجتماعي	- زيادة القدرة على التكيف الاجتماعي	- تطوير شعور الطفل بالثقة من خلال الرعاية الثابتة . - توفير الخبرات الايجابية الثابت والمتنوعة في البيئة لتزيد من احتمال حدوث التفاعل . - التدريب على المهارات الاجتماعية من

		خلال المنذجة والتقليد لنماذج حية في مواقف اجتماعية مختلفة . - التدريب على مهارات الاندماج والتكيف مع الجماعة وإقامة علاقة مع الأقران. - إشعار الطفل بقيمته وتقبله كما هو . - استعمال اساليب التعزيز الاجتماعي لتثبيت السلوك مثل التعزيز الايجابي والتلقين والاخفاء والتشكيل .
- ضعف التحكم بالانفعالات	- التدريب على السيطرة على المشاعر والانفعلات	- تنظيم البيئة بحيث توفر فرص اللعب والاختيار ضمن الحدود - التعرض لحالات الفشل البسيط - التدريب على مهارات ضبط الذات - التدريب على التعبير عن المشاعر الايجابية والسلبية - توفير البيئة الاجتماعية الآمنة
- العدوان والمشاكسة - التعليمية ضعف	- ضبط سلوك العدوان والمشاكسة.	- استخدام برامج التعزيز المختلفة . - استخدام الاتفاقيات والعقود . - تزويد الطفل بنظام ثابت من التعليمات . - تنمية قدرة الفرد على ضبط ذاته . - التدريب على الحركات الوظيفية الهادفة . - إشباع احتياجات الطفل. - تدريب الطفل على مهارات التعامل مع الآخرين . - تطبيق مهارات لعب الدور والنمذجة.

الاتصال	- تطوير مهارات الاتصال	- توظيف استراتيجيات تطوير مهارات الاتصال. - تحديد المشكلة ذات العلاقة بالاتصال بشكل مبكر وإجراء التدخل اللازم . - التفاعل وبمستوى عال بين أفراد الأسرة والطفل والتواصل معه ومداعبته والغناء له.
- ضعف الانتباه والتشتت	- زيادة الانتباه والتقليل من التشتت	- توظيف استراتيجيات تطوير مهارات الاتصال. - تزويد الطفل بمهارات وسائل الاتصال المتعددة المناسبة . - اعتماد اسلوب لعب الدور والنموذج في ايصال المعلومة والاتصال . - تعزيز مبادرات الطفل في الاتصال السليم . - توظيف استراتيجات وزيادة الانتباه . - تعليم الطفل التركيز والانتباه من خلال اللعب . - تنظيم البيئة وتقليل المشتتات . - استخدام الوسائل السمعية والبصرية المناسبة للطفل . - استخدام المثيرات ذات الأبعاد المناسبة . - تطبيق برامج تعديل السلوك والتعزيز .
- ضعف القدرة على التعلم	- تحسين عملية التعليم والاحتفاظ به	- التخطيط لبرامج التهيئة التعليمية في مرحلة ما قبل المدرسة . - إعداد برامج تعليمية تناسب قدراتهم ومراحلهم النمائية .

		- تكرار التعليم في مواقف مختلفة وطرق مختتلفة . - تحليل المهام التعليمية والتأكد من كل خطةووة قبل الانتقال الى المهمة الأصعب . - تكييف المواد والأساليب التعليمية . - تجنب الحث واستعمال التشجيع والتعزيز . - توفير بيئة تعليمية آمنة.
- ضعف الذاكرة قصيرة المدى والتذكر البطيء	- زيادة القدرة على التذكر والاحتفاظ بالمعلومات	- استخدام الطرق الحسية في التعليم (سمعية وبصرية ولمسية) - مساعدة الطفل على استقبال المعلومات وتنظيمها بشكل معين وبطريقة سهلة . - توظيف التكرار في مواقف مختلفة. - توظيف استراتيجيات تفريد التعليم ووسائط التذكر
- صعوبة اختيار مهنة المستقبل	- المساعدة على اختيار مهنة المستقبل	- استخدام المقاييس المختلفة لتحديد ميوله المهنية وقدراته وإمكاناته . - اختيار المهنة التي تناسب مع قدراته وإمكاناته الجسمية والعقلية . - تحليل المهمات الوظيفية والمهنية المطلوبة. - توفير خدمات الدعم خلال العمل . - تطوير اتجاهات ايجابية نحو المهن المختلفة . - المواءمة بين القدرات و المتطلبات المهنية

أما أسلوب التنفيذ لهذه الاستراتيجيات فيأتي من خلال:

1- من خلال التدريب الفردي والجماعي ومشاهدة النماذج الحية ولعب الأدوار ومشاهدة الأقلام واللعب والتمثيل.

2- ويتم ذلك من خلال الألعاب الجماعية المشتركة والأنشطة الاجتماعية الدرامية والتقليل من اللعب الفردي وزيادة اللعب مع الأقران.

3- وذلك من خلال تمارين الاسترخاء، اللعب والتمثيل والنمذجة والتقليد ويتم التعليم في مجموعات صغيرة او بشكل فردية ومشاهدة الأفلام الاطفال عاديين واستخدام برامج لتعديل السلوك.

إرشاد اسرة الشخص المعوق:

تواجه أسر الاطفال المعوقين جملة من المشكلات الخاصة في أثناء محاولتها التكيف والتعايش مع وجود الاطفال المعوقين وفي الوقت ذاته فان هذه الاسر عرضة للضغوط والتوترات التي تواجهه كل الاسر في المجتمعات المعاصرة، لذا فهي بحاجة الى خدمات الارشاد تبعا لحاجاتها الفردية لما تواجهه من الضغوط النفسية والاجتماعية. والجدول (2) يبين الخصائص والحاجات الارشادية للأسر وأسلوب التدخل معها.

جدول (٢)

خصائص وحاجات الأسر الارشادية واستراتيجيات التدخل معها

الخصائص	الحاجات الارشادية	استراتيجيات التدخل
- الصدمة	- تعـــرف الأهل بالحالة - التعبير عن المشاعر	- تقديم المعلومات والشرح عن حالة الطفل ووضع الإعاقة التي يعاني منها والخدمات المتوفرة لمساعدته، وتقدم بشكل مختصر كنوع من التطمين. - تقديم اذن صاغية لهم وتفهم أفكارهم ومشاعرهم.
- النكران	- مساعدة الأهل على تخفيض الضغوط النفسية والتكيف وقبول الطفل.	- بناء علاقة قوية ما بين الاسرة والمرشد. - تقييم الموقف من خلال تحديد نوع الضغوط وتحليل التفاعلات الاسرية وأنماط التعايش فيها. - طمأنة الأسرة وحثها على التعبير عن مشاعرها ومخاوفها. - تزويد الأسرة بالمعلومات حول إمكانيات الطفل الايجابية وطرق تنميتها.
- الغضب	- تخفيض التوتر	- تقبل الغضب بهدوء وتحويله نحو الخارج وليس نحو الداخل
- المساومة	- تشكيل توقعات حقيقية	- تخطي البحث عن الأسباب والتعامل مع الحالة. - مقارنة توقعاتهم مع الحقيقة من أجل التعامل مع الواقع وليست ما هو متوقع.

		- تزويد الأسرة بالمعلومات حول إمكانية الطفل الايجابية وطرق تنميتها. - تشجيع الأسرة على المشاركة في رعاية الطفل دون اية ضمانات.
- الاكتئاب	- تخفيض الشعور بالعجز	- تقبل الانفعالات دون إطلاق الأحكام. - تقديم الدعم اللازم
- عدم تقبل الطفل	- مساعدة الاسرة على تقبل الطفل	- تعزيز تواصل الوالدين مع الطفل بطريقة مناسبة. - تشجيع الوالدين على المشاركة في رعاية الطفل. - تدريب الوالدين على مهارات العناية بالطفل وتقديمها بفعالية وثبات.
- الحراك الاجتماعي المحدود	- التكيف الاجتماعي	- تزويد الاسرة بالمعلومات حول دعم النمو الاجتماعي والانفعالي للطفل خلال مراحل النمو المختلفة - اقامة شبكة علاقات اجتماعية تعمل على دعم الاسرة.
- العزل الاجتماعي	- مواجهة ضغوط الدمج في المجتمع	- تشجيع الاسرة على المشاركة في مجموعات الاباء. - اعداد برامج دعم للأخوة والأخوات. - عقد ورشات تدريبية خاصة بالآباء لتعرفهم باستراتيجيات التعامل مع المواقف الصعبة التي يمرون فيها.

- أعباء العناية بالطفل	- دعم القدرة على التحمل	- التعرف على حاجات الطفل. - وضع برنامج لمشاركة جميع افراد الاسرة في رعاية الطفل (الأم والأب والأخوة). - تحديد مصادر الدعم الاجتماعي الخاصة بالأسرة وتفعيلها. - دعم مستوى الثقة بالذات. - الاستفادة من مجموعة القيم الداعمة مثل الدين.

أسلوب التنفيذ:

- توفير المعلومات عن طريق الكتب والمنشورات ومجموعات الدعم المتوفرة مثل الجمعيات والمؤسسات الوطنية.
- ملاحظة الممارسات السلوكية لمجموعة الدعم والنمذجة.
- استعمال البرامج المعده من قبل دور النشر المتخصصة.
- لقاءات فردية وجماعية مع أسر أخرى.
- تزويدهم بالملاحظات والتقارير الشهرية.
- دعم النواحي الفكرية والاجتماعية للأسرة.
- استخدام اسلوب الحوار في جو مريح من خلال الزيارات المنزلية او المكالمات الهاتفية.
- استخدام العلاج التعبيري والسيكودراما لتصريف المشاعر المزعجة والمؤلمة.

بعض الاعتبارات التي ينبغي مراعاتها عند التعامل مع الطفل المعوق:

- إن الطفل غير مسؤول عن التأخر او الإنحراف في النمو الموجود لديه وليس انصافا أن نرفضه، فهو بحاجة الى المساعدة والتفهم والصبر وليس الى الحرمان او التجاهل.

- الطفل المعوق طفل قبل اي شيء ولديه ما لدى الاطفال جميعا من حاجات سيكولوجية ونفسيه فهو كباقي الاطفال يحتاج الى الحب الدافئ والشعور بالانتماء وهو كذلك يحتاج الى التعلم والاستكشاف والاستقلالية لذلك يجب دعم محاولاته ولو بدت بسيطة.

- قد يتعلم الطفل ببطء وصعوبة كبيرة وبتكرار ممل (وذلك اعتمادا على نوع إعاقته وشدتها) ولكنه يتعلم ولذلك ينبغي على القائمين على رعايته ان يتعلموا الصبر وأن لا يفقدوا الأمل فتدرب الطفل قد يكون محبطا ولكن محاولات تعليمه تثمر ولو بعد حين.

- يجب تهيئة الفرصة اللازمة للطفل المعوق لتعلم المهارات الحيانية اليومية ومهارات العناية بالذات الى المدى الذي تسمح به إمكانية وذلك لا يعني عنصر الوقت فقط ولكنه يشمل التشجيع والحث.

- قد يشعر اولياء الامور وغيرهم من القائمين على رعاية الطفل المعوق أن سلوكه لا يتغير والصحيح ان سلوكه يتغير، ولكن التغير لا يكون جوهريا وذلك يعتمد على فاعلية التدريب الذي يقدم له، لذلك يجب جمع معلومات موضوعية ودقيقة عن أداء الطفل بشكل متكرر ومنتظم بغية مقارنة أداؤه في وقت ما بالأوقات والظروف الأخرى.

- إن الطفل المعوق يخفق في التعلم من خلال ملاحظة الاخرين او تقليهم وذلك على خلاف الاطفال العاديين ولذلك ينبغي تنظيم تفاعلات الطفل المعوقات ومشاهداته على يزيد احتمالات تعلمه، فهو لا يستطيع تعلم المهارات المعقدة بيسر ودفعة واحدة، ولذلك يتبغي تجزئة تلك المهارات بشكل متسلسل ليتمكن من تعلمها خطوة فخطوة.

- إن الاتجاهات نحو الطفل المعوق والتوقعات منه تترك أثرا بالغا في نظرته لنفسه وفي واقعيته، لذلك ينبغي ان تكون الاتجاهات ايجابية والتوقعات واقعية قدر الامكان وبعكس ذلك فان الطفل يشعر بأنفسهم والفشل ومن شأن ذلك ان يقوده من أحياط الى إحباط ومن اخفاق الى اخفاق.

عملية ارشاد الوالدين:

إن عملية ارشاد والدي الاطفال المعوقين لا تختلف عن عمليات الارشاد النفسي لفئات اخرى من المسترشدين من حيث أهمية معرفة المرشد لأغراض الارشاد في تلك العملية وقدرتها على تطبيق تلك العملية وقدرتها على تطبيق تلك المبادئ، والحقيقة ان دور المرشد في هذه الحالة إنما ينصب على مساعدة الوالدين في التعرف على المشكلة واختيار خطة العمل المناسبة لمواجهتها بالإضافة الى التحقق من امكانية الوصول الى الاهداف المرغوبة، وقد أشار (ايلرز ورفاقه) الى عدد من المبادئ في الارشاد اعتبرت مبادئ هامة وأساسية في ارشاد والدي الاطفال المعوقين وهي:

1- تاكد من اشراك كل من الوالدين في عملية الارشاد وهذا يساعد في تسهيل عمليات الاتصال بين الوالدين ويمنع الاختلاف بين الوالدين بشأن سلوك الطفل وتفسيره.

2- وفر الدعم والفهم للوالدين وذلك إن والدي الطفل المعوق بحاجة الى الدعم لمواجهة وجود الطفل المتخلف.

3- اكد اهمية المعلومات التي يقدمها الوالدان عن سلوك الطفل بين الجلسة والأخرى.

4- قدم النصح بشأن خدمات البيئة التي ينتمي اليها الطفل.

5- استقصي وتمثل جميع الحقائق الخاصة بالطفل المعوق وخاصة فيما يتعلق بنتائج التشخيص والتقارير المدرسية والطبية اذ إنها مهمة في عملية الارشاد الاسري.

6- اعتمد التشخيص التنبؤي للطفل على اساس من التشخيص الدقيق فالتنبؤ بسلوك الطفل يجب ان يعتمد على معلومات صادقة وكاملة ودقيقة ويجب ان يؤكد على الجوانب التي يمكن للطفل ان يكون فيها قادرا بالاضافة الى جوانب الضعف وعدم القدرة.

7- قدم للوالدين ومعلومات مكتوبة مفهومة، ذلك ان وصف حالة الطفل ومشكلاته كتابة يقلل من سوء الفهم بين الوالدين والمرشد خاصة اذا تجنب المرشد استعمال الكلمات والمصطلحات العلمية الغامضة.

8- حافظ على الموضوعية فالمرشد لا يستطيع ان يندمج في الحالة ويفقد قدرته على النظر بموضوعية وتجرد بشأن الحالة وعلاقاته مع كل من الوالدين والطفل.

9- احرص على استمرار العلاقات الارشادية وأن يبذل جهده لتجنب مراجعة الوالدين لأكثر من جهة للحصول على تلك الخدمات الارشادية لأن ذلك لا يمكن ان يقودهم الا الى المزيد من الحيرة والاحباط.

ومن الجدير بالذكر ان العلاقة الارشادية القائمة بين المرشد وأسرة الطفل المعوق يجب ان تقوم على اسس علمية سليمة مهنيا ومبنية على قبول واحترام الوالدين والسماح بالتعبير الحر عن عواطفهما ومشاعرهما وتنمية قدرتهم على اتخاذ القرارات فيما يتعلق بطفلهم، كما يجب ان لا يتخذ المرشد القرارات عنهم، والاعتماد على الصدق كأساس متين للعلاقة المهنية بين المرشد وأسرة الطفل ذو الحاجة وفي تبادل المعلومات ووجهات النظر بينهما.

المراجع:

1- يحيى، خولة (2000). الاضطرابات السلوكية والانفعالية، الاردن- عمان: دار الفكر والنشر والتوزيع.

2- شاهين، عوني (2007، 22 نيسان). ارشاد اسر الاطفال متعددي الاعاقة. دورة الاسهام في تأهيل ومساعدة اسر متعددي الاعاقات في تعاملهم مع أبنائهم المعاقين. جمعية الخالدية للتربية الخاصة، المفرق, الأردن.

3- الاشهب، جواهر. (2004، 19 كانون أول)، استراتيجيات الارشاد للاشخاص المعوقين واسرهم في برامج التأهيل المجتمعي، الورقة التدريبية لإعداد المدربين في مجال التأهيل المجتمعي حسب اختصاصاتهم. المعهد الوطني للتأهيل المجتمعي ومنظمة العمل الدولية، عمان.

الفصل الثاني
فئات التربية الخاصة والحاجات
الإرشادية والمشكلات وأنماط التكيف

المقدمة:

تضم التربية الخاصة تحت مظلتها مجموعة مختلفة من فئات ذوي الاحتياجات الخاصة تبلغ عشر فئات حسب التعديل الأخير الذي أجراه مكتب تربية الأطفال المعاقين في الولايات المتحدة إلا أننا نظرنا إليهم نظرة شاملة كفئة واحدة رغم ما بينها من فروق كبيرة- وبعد التعريف واستعراض فئات التربية الخاصة تطرقنا لموضوع الأهداف العامة للتربية الخاصة لأهميتها الذي يتعامل معهم على دراية بهذه الأهداف.

وبعد ذلك شرعنا في استعراض لأهم الاحتياجات الخاصة بهذه الفئة كمجموعة ومن ثم استعراضنا لمشكلات التي يعانون منها وذلك بسرد هذه المشاكل.

وأخيرا تطرقنا لموضوع التكيف للإعاقة وكيف يتعامل أفراد ذوي الاحتياجات الخاصة مع إعاقتهم.

تعريف التربية الخاصة:

هي عبارة عن مجموعة البرامج التربوية المتخصصة والتي تقدم لفئات من الأفراد غير العاديين، وذلك من اجل مساعدتهم على تنمية قدراتهم إلى أقصى ممكن تحقيق ذواتهم ومساعدتهم في التكيف (الروسان،1998).

فئات التربية الخاصة (ذوي الاحتياجات الخاصة):

من المنظور التربوي يشير مفهوم الأشخاص ذوي الاحتياجات الخاصة إلى ذلك الطفل أو الشخص الذي ينحرف عن الفرد العادي أو المتوسط في:

1- الخصائص العقلية.

2- القدرات الحسية.

3- قدرات التواصل.

4- نمو السلوك الاجتماعي والانفعالي.

5- الخصائص الجسمية.

هذا الانحراف يجب أن يكون بدرجة يحتاج معها الطفل إلى تعديل في الخبرات التعليمية (المدرسية) أو إلى خدمات تعلمية خاصة بهدف تنمية قدراته الخاصة "كيرث، جالاجر وانستازيو (1997) وعليه فان فئات التربية الخاصة (ذوي الاحتياجات الخاصة) تشمل:

1- الموهبة والتفوق	Giftendness
2- الإعاقة العقلية	Mental Impairment
3- الإعاقة السمعية	Mearing Impairment
4- الإعاقة البصرية	Visual Impairment
5- الإعاقة صعوبات التعلم	Learning disabilities
6- اضطرابات اللغة والتواصل	Language
7- الإعاقة الحركية	Motor Impairment
8- الاضطرابات الانفعالية السلوكية	Emotional Impairment

9- لقد تم إدراج الطفل التوحدي وذوي الإصابات الدماغية ضمن القائمة في التعديل الأخير لقانون تربية الأطفال المعاقين في الولايات المتحدة (الزهيزي، 2003).

أهداف التربية الخاصة:

يمكننا أجمال أهداف التربية الخاصة في النقاط التالية:

1- هدف وقائي: ويشمل نشر الوعي بأشكاله المختلفة للحد من أسباب الإعاقة...

2- هدف وظيفي: ويشمل مساعدة الطفل ذوي الاحتياجات الخاصة على التكيف النفسي والاجتماعي.

3- هدف اجتماعي: ويشمل مساعدة الأطفال ذوي الاحتياجات الخاصة على تحسين قدراتهم وانجازاتهم وتحصيلهم في المجالات الجسمية والعقلية التي يعاني من قصور وظيفي فيها.

الفصل الثالث

أسر ذوي الحاجات الخاصة/ ردود الأفعال مشكلات التكييف ومراحل الحاجات الإرشادية للأسرة وبرامج العلاج

تمهيد:

إن لمحة سريعة نطل بها على الأدب التربوي تقودنا إلى أنه ما من شك في أن وجود طفل معاق في الأسرة يعتبر حادثة ضاغطة شديدة في حياتها (ملكوش ويحيى، 1995)، خاصة إذا ما فطنا إلى العلاقة التبادلية بين الطفل وأسرته (يحيى /1999) والتي تكاد تبدو أكثر وضوحا في حالة الطفل المعاق الذي لا يقتصر تأثير الإعاقة عليه وحسب، وإنما تمتد المشكلات الناجمة عنها لتطال كافة أفراد أسراه ولكن بدرجات متفاوتة (الحديدي، الصمادي، الخطيب، 1994)، إلى الحد الذي تؤثر فيه على الوالدين بشكل اكبر من تأثيرها على الطفل نفسه. (فالح وشعبان، 1997).

لا يعد موضوع خلاف متى يدرك الوالدين حقيقة كون طفلهما استثنائيا (Shea & Baure, 1985) فقد يحدث ذلك لحظة الولادة. فيما لو كانت حالة العجز أو القصور واضحة المعالم. وقد يتأخر حتى يتم تشخيص حالة الإعاقة في وقت لاحق (Hardman, Drev & Egan, 1996) على أية حال؛ لا بد أن يكون وقع هذا الحدث بمثابة صدمة ومفاجأة مؤلمة بالنسبة للوالدين (Shea & Baure, 1985) وكيف لا؟! وقد انهارت كل طموحاتهما وأحلامهما وآمالهما- التي رسماها لمستقبل الطفل - لحظة اكتشاف الحقيقة المرة (Kirk, Gallaghar & Anastasiow, 1993).

ردود أفعال الوالدين نحو الإعاقة:

دون سابق إنذار، لن يجد الوالدين نفسيهما إلا مر غمين على التكيف لحدث مربك (Shea & Baure, 1985) تعتريه تغيرات جذرية في مسارات الحياة المختلفة لم يسبق لهما أن عهداها أو حتى ألقيا بالا لها (الحديدي ومسعود، 1997)، تنتابهما خلالها سلسلة من ردود الأفعال المحتملة؛ تلك التي غالبا ما تتصدر الصدمة- فور التأكد من أن الطفل يعاني من إعاقة- متخللة بمشاعر الارتباك والقلق، الغضب أو الذهول. يأتي الاكتئاب كرد فعل أخر مصحوبا بالحزن والأسى والحداد؛ حتى أن بعض الآباء يصورون مثل هذه المشاعر إلى حد كبير يشبه أولئك الذين يعانون بعد فقد عزيز على قلوبهم. إضافة إلى ذلك، فان حزنا متواترا أو مشاعر متكررة من عدم الكفاءة تعد انفعالات مستمرة لدى العديد من الآباء يظهرونها أثناء تكيفهم

التدريجي لوجود طفل شاذ. ردود فعل أخرى قد تظهر لدى الوالدين تتراوح بين شك، خيبة أمل، غضب، إحباط، شعور بالذنب، إنكار، خوف، انسحاب ورفض (Hardman, Drew & Egan, 1996) وفيما يلي سوف نتناول ردود أفعال الوالدين نحو الإعاقة بشيء من التفصيل:

تعتبر اللحظة التي يتم بها اكتشاف إعاقة في الأسرة مرحلة حاسمة في حياة أفرادها، وتعود أهمية هذه المرحلة من حيث أنها تقود إلى أحداث تغيير جذري على مسار الحياة النفسية والاجتماعية وأهم ردود الفعل التي تظهر على هذه الأسر ما يلي:

1- الصدمة:

وهنا نعني بها عدم تصديق أولياء الأمور للحقائق، وتعتبر أول رد فعل نفسي يحدث عند ولادة الطفل المعاق، لأن الأهل يكونوا قد رسموا صورا مثالية لما سيكون عليه الطفل عند الولادة، وعندما يأتي على غير ما كانت توقعاتهم تكون الصدمة كبيرة بالنسبة لهم، وتختلف من حيث درجتها وقوتها من أسرة إلى أخرى وتكاد الصدمة أن تشل حركة الوالدين بحيث يشعران أنهما عاجزان تماما على مواجهة الواقع، وينطوي رد الفعل هذا على طرح التساؤلات الاستنكارية مثل أليس هذا ظلما؟ كيف يعقل هذا الوضع، أليست هذه مشكلة؟ وهنا نجد أن الوالدان في هذه المرحلة يحتاجان إلى الفهم والدعم من قبل جميع المحيطين بهما (عبيد، 1999).

2- النكران:

يتخذ النكران عدة أنماط، فقد ينكر الآباء والأمهات نتائج الفحص والتشخيص ويشككوا به، ويصورن على أن يتعاملوا مع الطفل المعاق وكأنه طفل سوي، والنكران لا يلاحظ بشكل مباشر فالآباء لا يسمعون إلا الآراء الايجابية ويقومون بالتنقل بهذا الطفل من أخصائي إلى أخر ساعين وجاهدين على حل هذه المشكلة التي يتوقعون أنها آنية.

ويستطيع الآباء نكران الإعاقة لفترة طويلة إذا كان هذا الطفل لا يبدو عليه انه مختلفا عن الأطفال الآخرين، أما إذا كان لديه عجز جسمي أو تأخر نمائي ظاهر فيكون من الصعب على الوالدين أن ينكران المشكلة فترة طويلة.

وقد يكون النكران للحفاظ على المكانة الاجتماعية التي يظنون أنها ستتأثر وتمس بوجود هذا الشخص المعاق وقد تقوم الأسرة بإخفاء حالة الإعاقة الموجودة لديها عن طريق إرسال هذا المعاق إلى مراكز الإقامة الدائمة، وهذا ما يجعله ينعكس سلبيا عليه لأنه يحرم من تقديم خدمات وبرامج التربية الخاصة له.

وفي العادة قد يساهم بعض الأخصائيون والأقارب والأصدقاء في تطور النكران عندما يحاولون طمأنة الأسرة إلى درجة كبيرة وأن ما يعانوه هو شيء عارض وسوف يزول في القريب العاجل (عبيد، 1999).

والنكران ليست عملية عشوائية غير هادفة أو سلبية غير بناءة دائما حيث يمكن أن تساعد الأسرة على التعايش مع المتغيرات الجديدة والتي تشكل خطراً وتهديدا بالنسبة لهم حيث تزود هذه الأسر بفترة زمنية عن القوى الداخلية (الذاتية) والقوى الخارجية (المعلومات، الجمعيات المتخصصة، الأصدقاء،....) اللازمة للتغلب على المشكلة وأيضاً تمنحهم الفرصة في البحث عن مصادر الدعم الخارجي وغالبا النكران سيختفي عندما يحصلون على ما يبحثون عنه، لذلك فإن على الأخصائيين تحمل بل وقبول النكران من قبل الأسرة ولكن دون حرمان الطفل من الخدمات التي يحتاج لها والآباء الذين يظهرون النكران لا يعانون من عجز في المنطق ولا هم غير قادرين على فهم ما يجري حولهم، وهم أباء محبون لأبنائهم ولكنهم لأسباب قد تكون مقبولة لا يستطيعون المشاركة في تأهيل طفلهم المعاق (الخطيب، 1997).

3- الشعور بالذنب وتأنيب الضمير:

وبوجه عام يعتبر الشعور بالذنب أكثر الحالات الانفعالية شدة وقسوة على الوالدين وقد يظهر الشعور بالذنب لدى الطفل المعاق من خلال ثلاثة أشكال:

1- أن يشعر الوالدان أنهما تسببا في إعاقة طفلهما، فقد تشعر الأم أن الإعاقة لدى طفلها نجمت عن تناول عقاقير طبية أثناء فترة الحمل، أو أن الإعاقة نتجت عن عوامل وراثية أو مرض أصيبت به.. الخ.

2- قد يعتقد الوالدان بان إعاقة الطفل إنما هي عقاب على فعل خاطئ صدر عنهما في الماضي وهم يدفعون الثمن الآن.

3- شعور الوالدان بان الإعاقة شيء سيء وأن الأمور السيئة لا تحصل للإنسان الجيد ولذلك فهما يشعران بالذنب لمجرد وجود الإعاقة.

والشعور بالذنب هو أيضا قد يلعب دوراً تكيفيا فهو فرصة تتاح للوالدين لمراجعة وتقييم معتقداتهما وعن مسئوليتهما عن الأحداث الحياتية المختلفة. (الخطيب، 1997).

4- الخجل والخوف:

كثيرا ما يشعر الوالدان بشكل أو بآخر بالخجل من هذه الإعاقة لأنهم يعتقدون أن الاتجاهات السائدة في المجتمع نحو الأشخاص المعوقين سوف تؤدي إلى رفض ابنهم وأن وجود الطفل بهذه الصورة ما هو إلا عقاب للوالدين على خطيئة ارتكابها، ولأن الوالدان جزء من هذا المجتمع الكبير الذي تسوده مثل هذه المعتقدات فلا غرابة أن يحاول الوالدان تجنب مخالطة الناس وعزل طفلهم المعوق خجلا من ردود فعل الآخرين (الخطيب، 1996).

5- الغضب والاكتئاب:

إن عدم نجاح المحاولات المستمرة لمعالجة الإعاقة كثيرا ما تدفع الوالدان إلى الشعور باليأس وفقدان الثقة بالأطباء وفقدان الأمل بالمستقبل.

والاكتئاب هنا يعني الغضب الموجه نحو الذات فقد يشعر الآباء انه ليس بمقدورهم عمل أي شيء للحيلولة دون حدوث الإعاقة فيغضبون من أنفسهم على هذا الشعور بالعجز أو قد يشعرون انه كان بإمكانهم عمل الشيء الكثير للوقاية من الإعاقة فنجدهم غاضبين من أنفسهم لأنهم لم يفعلا كل ما يستطيعون من أجل ذلك.

وقد يوجه الآباء غضبهم محو أخوة الطفل أو الأخصائيين وهذا أمر يؤسف له حقا لأن الآباء يوجهون غضبهم نحو الناس الذين يحتاجون إليهم والى دعمهم.

وينبغي التنويه هنا إلى أن الحديث عن الغضب يتعلق بذلك النوع من الغضب الذي ليس له أساس واقعي، وهذا يختلف عن الغضب الناجم عن عدم توفر الخدمات الملائمة للطفل أو الأخطاء التي يرتكبها الأخصائيون.

ويمكن أن يؤدي الغضب إلى مساعدة الآباء على إعادة تقييم ادراكاتهم الذاتية لمفهوم العدالة الذي عكر صفوهم بولادة الطفل المعاق لأنهم بحاجة إلى الإحساس داخليا بالعدالة في هذا الكون، وهو الإحساس الذي تهدده الخبرة المؤلمة لآباء الأطفال المعاقين (الخطيب، 1997).

6- القلق:

قد يعاني بعض الآباء بشعور عام بالقلق بسبب انجاب طفل معوق وهذا الشعور بالقلق ينجم عن المسؤوليات الجسيمة والضغوط الهائلة التي تترتب على إعاقة الطفل، فالطفل الذي لديه عجز واضح والاختصاصيين غير قـادرين على عمل شيء له ولا يمكنهم مساعدة آبائهم من التخلص من القلق وعلينا أن نتقبل حالات القلق الموجودة لدى الأسرة وأن ندرك أن مشاعر القلق قد تعطي فرصة للآباء لإعادة بناء اتجاهاتهم نحو المسؤولية. (Friedritach - William N and (Fruedritch- Wanda L., 1981).

7- الرفض والحماية الزائدة:

يتبنى بعض أولياء الأمور مواقف سلبية جدا من طفلهم المعاق من جراء الرفض، والرفض له شكلان:

- الرفض العلني المباشر، ويتمثل هذا في إساءة المعاملة له سواء الناحية الجسمية أو النفسية.

- الرفض الضمني غير المباشر ويتمثل في إهمال الفرد وعدم تقبله والاستياء من وجوده (عبيد 1999- الخطيب، 1996).

مرحلة التقبل:

حتى يستطيع الوالدان تقبل إعاقة طفلهما فهما في العادة بحاجة إلى تقبل الذات أولا وذلك يعني أن يتخلصا من عقدة الذنب والشعور بالمسؤولية الشخصية عن الإعاقة، فتقبل الإعاقة لا يعني أبداء عدم الشعور بالآلام أو انتهاء الأحزان وثمة من يعتقد أن أسرة المعاق تعاني من الأسى المزمن. في هذه المرحلة يبحث الأهل عن الخدمات وبرامج التربية الخاصة لمساعدة ابنهم المعاق وتكون الأسرة في وضع

نفسي جيد من أجل أبنائهم المعاقين، وإن الإعاقة لا مفر منها وأنه تقع عليهم مسؤوليات جمة من جرائها وللأسف لا يصل الوالدان إلى هذا المستوى من ردود الفعل النفسية إلا بعد المرور بفترات صعبة ومعاناة قاسية. (الخطيب، 1998).

العوامل المؤثرة على ردود فعل الأسرة تجاه الإعاقة:

أولا: العوامل التي تتعلق بالطفل مثل:

- عمر الطفل المعاق: كلما زاد عمر الطفل المعاق أصبح عبئا ثقيلا للوالدين ويتشكل الخوف على مستقبل ابنهم المعاق.

- نوع الإعاقة: تلعب دور رئيسي في تكيف الأسرة.

- وضوح الإعاقة: زيادة وضوح الإعاقة تزيد من مشكلة الوالدين. (الحسن، 1992).

ثانيا: العوامل التي تتعلق بالوالدين مثل:

الطبقة الاجتماعية، السمات الشخصية، العمر، الخبرة في الحياة، مستوى الدخل.

ثالثا: العوامل الاجتماعية مثل:

الانسحاب الاجتماعي وتكوين اتجاهات سلبية نحو الطفل المعاق. وذهب الطفل إلى المدرسة وعجز المدرسة عن تقديم الخدمات للطفل سيؤثر سلبا على الأهل.

العوامل المتعلقة بوالدي الطفل المعاق:

حاجة الأسرة للدعم المالي ولأخلاقي والانفعالي والخدمات الطبية يلعب دوراً أساسيا في تكيف الأسرة. (الحسن، 1992).

حقائق حول ردود الأفعال نحو الإعاقة:

مما يجدر بنا في هذا المقام؛ التاكيد على القضايا الأساسية التالية فيما يتعلق بردود الأفعال التي قد يظهرها والداى طفل معا:

هناك اتفاق بين الباحثين على عدم وجود نمط محدد من ردود الفعل النفسية يعتبر شائعا لدى جميع أباء وأمهات المعاقين؛ حيث تتباين في نوعيتها، وشدتها

وطبيعة تسلسلها لدى والدي طفل معاق مقارنة بغيرهما. إن له علاقة بمتغيرات متعددة تعتمد على الخصائص الشخصية للوالدين، خبراتهما، مستواهما التعليمي والثقافي، إمكانياتهما الشخصية والاجتماعية والاقتصادية. إضافة إلى طبيعة إعاقة الطفل ودرجتها وكذلك مدى الأهمية التي يعلقها الوالدين على إنجاب طفل طبيعي والمعروف بتوقعاتها الشخصية.

لذا نجد من الأهل من يكون حزينا جدا على الطفل حيث تغمره الشفقة عليه لدرجة انه يفرط في حمايته ويفيض عليه من الحنان. ومنهم من يكون موقفه معاكس تماما؛ يدفعه لأن يرفض هذا الطفل ويظهر استياؤه منه وكرهه له. كما أن هناك من الآباء من يرى انه من المستحيل، أن يتكيف مع مشكلة طفله؛ حتى انه يعتبرها ابتلاء أو لعنة أو مأساة وعلامة عار لا يمحوها إلا موت الطفل. (فالح وشعبان، 1997).

إن المراحل التي تعبر عن ردود الفعل النفسية ترتبط بأنواع مختلفة من الانفعالات قد تتداخل فيما بينها؛ حتى أنه قد تختفي لتعود وتظهر من جديد إبان مرحلة أخرى تقول والدة طفل معاق:

"عندما ولد طفلنا المعاق كنا قد أخبرنا- زوجي وأنا- بأن والدي الطفل "المعاق" ينتقلان ضمن مراحل محددة من ردود الفعل؛ الصدمة، الشعور بالذنب والغضب، تقود جميعها في نهاية المطاف إلى مرحلة سعيدة من التكيف؛ ولكنني لم أثق بهذا النمط...

أنني اشعر بأننا انتقلنا عبر هذه الانفعالات، وصار عنا جراء بلوغنا التكيف (الذي أفضل أن أدعوه "القبول") لأننا أمضينا حياتنا بأكملها نتكيف، حتى لو أننا في وقت ما تقبلنا الوضع، هذا لا يعني بأننا مطلقا لن نعود للانفعالات الأخرى. إننا قد نواصل الشعور بأي من هذه الانفعالات في أي وقت وبأي ترتيب".

وفي هذا أثبات لاستمرارية عملية التكيف بالنسبة لوالدي الطفل المعاق وخصوصيتهما المميزة.

لا يعتبر أي من ردود الأفعال التي تتولد لدى والدي الطفل المعاق غريبا؛ فهي ردود فعل عادية للإحباط والصراع (استيورت، 1993)، بل ويعد غريبا أن يتقبل

الوالدان إعاقة طفلهما دفعة واحدة وبدون صعوبات في البداية. (الخطيب والحديدي، 1998).

وينبغي النظر على ردود الفعل النفسية باعتبارها بالغة الأهمية وضرورية لعملية التكيف للإعاقة (استيورات، 1993)؛ حتى أن هناك من يرى بأنها صحية وليست مرضية إذا ما بقيت في إطار حدود معينة. (الخطيب، والحديدي، 1998).

العلاقة الأسرية وأنماط سلبية لاستجابة الوالدين وأثرهما المحتمل على شخصية الطفل:

- علاقة تتميز بالإرباك: يشعر الأهل بالارتباك في كيفية التعامل مع الطفل ومشكلاته ويشعران بالفشل والإحباط. ويؤثر ذلك على مفهوم الذات لدى الطفل ويزيد من مستوى القلق لديه.

- علاقة الإنكار: يحاول الأهل التقليل من مشكلات المعاق وإنكار وجودها وإن وجدت يستطيع الطفل المعاق التغلب عليها. ويؤثر ذلك على الطفل حيث يكون منسحباً مرتبكا لا يشعر بالأمان.

- علاقة غير مستقرة: حيث لا يستخدم الأهل أساليب ووسائل محددة للتعامل مع الطفل حيث يزيد هذا ارتباك وقلق الطفل المعاق.

- علاقة تكافلية: يزيد الأهل من الاهتمام بالطفل وتزيد المشكلات الانفعالية عندهم. وهذا يؤثر على الطفل بأنه لا يشعر بالاستقلالية ويبقى مرتبطا مع الأهل.

- الحماية الزائدة: كما أن الحماية والاهتمام والشعور بالذنب يزيد من توتر وانسحاب الطفل ونقص مفهوم الذات.

- الإفراط في التسامح: التسامح الزائد وعدم وجود ضوابط تجعل من الأهل عاجزين عن وضع حدود لمدى السلوك لدى الطفل وهذا يشعره بحرية ويكون مخالفا للنظم والمعايير الاجتماعية.

- سلوك التشدد والجمود: يقوم الأهل بتنظيم حياة الطفل وتطبيق المستويات العالمية للسلوك والنظام التي تكون أعلى من قدرات الطفل وإمكانياته وهذا يشكل لدى الطفل خيبة أمل وانسحاب.

- علاقة الإهمال والرفض: وجود الإعاقة لدى الطفل يخلق مشاعر سلبية لدى الأهل ونقص الإحساس بالمسؤولية مما يشعر الطفل بأنه غير مرغوب به وغير محبوب ويتشكل مفهوم سلبي للطفل عن ذاته ويشعر بالخوف من الآخرين (عبد الرحيم، بشاي، 1982).

ردود فعل الأخوة والأخوات نحو الإعاقة:

تعطي الإعاقة خبرة لكل فرد من أفراد الأسرة. وتزود اسر الأطفال من ذوي الاحتياجات الخاصة الأخوة العاديين بفرص غير اعتيادية للنضج (الخطيب وآخرون، 1992).

يحاول الوالدان عادة إخفاء إعاقة الطفل عن إخوانه إذا كانت إعاقته بسيطة، في حين لا يستطيعون ذلك إذا كانت إعاقته شديدة. أما الأطفال فهم في معظم الأحيان يخفون إعاقة شقيقهم عن أصدقائهم. ونتيجة لوجود الطفل المعاق بين إخوانه واخواته فمن المحتمل أن تظهر ردود فعل سلبية وكذلك ردود فعل ايجابية وذلك يعتمد على العلاقات الأسرية السائدة والنمط التربوي المستخدم في التنشئة.

فإذا اخذ الوالدان وقتا إضافيا دون تفسير ذلك (إعاقة طفلهم) لأبنائهم، فان ذلك يؤدي إلى شعور أخوة الطفل المعاق بالغضب والغيرة قد يتكون لديهم مفهوم سلبي لذواتهم، أما إذا فسر الوالدان طبيعة إعاقة الطفل وحاجته إلى العناية والرعاية من قبلهم وقبل جميع أفراد الأسرة فان ذلك سينعكس بشكل ايجابي على علاقتهم بالمعاق آخذين بعين الاعتبار أن علاقة الأخوة والأخوات بالمعاق انعكاس لعلاقة الأبناء به ايجابية، وإذا كانت علاقة الوالدين ايجابية كانت علاقة الأبناء به ايجابية، وإذا كانت علاقة الوالدين سلبية، كانت علاقة الأبناء به سلبية فالآباء مرآة لوالديهم.

إن الحماية والاهتمام الزائد بالمعاق والشعور بالذنب من قبل الوالدين ينعكس على الأبناء ويؤدي ذلك إلى التوتر والانسحاب ونقص في مفهوم الذات كما أن الافراط في التسامح أي بمعنى التسامح الزائد وعدم وجود ضوابط لوضع حدود لمدى السلوك لدى الطفل المعاق، يشعره بحرية وبذلك يصبح مخالف للنظم وللمعايير الاجتماعية هذا ينعكس على الأخوة والأخوات على شكل خيبة أمل وانسحاب. وبالمقابل فان علامة الإهمال والرفض من قبل الوالدين للمعاق تؤدي إلى مشاعر سلبية لدى الأخوة والأخوات والى نقص في الإحساس بالمسؤولية.

أما بالنسبة لتقبل الوالدين لإعاقة طفلهم فان ذلك ينعكس ايجابيا على الأخوة والأخوات، وهكذا يساهم هؤلاء مع الوالدين في مساعدة المعاق في البحث عن الخدمات والبرامج التربوية الخاصة والمشاركة في تنفيذه ومتابعتها على أحسن وجه (يحيى، 2003).

وتصنف هذه العلاقات إلى ثلاث مستويات هي:

المستوى الأول: مستوى الإيثار العام؛ أي أن لا يتوقع فيه الأخ العادي أي نوع الجزاء أو الشكر على ما يقدمه للأخ ذي الاحتياجات الخاصة.

المستوى الثاني: مستوى الاتزان: أي أن يتوقع فيه الأخ العادي رد فعل مماثل لكل ما يقوم به تجاه أخيه ذي الاحتياجات الخاصة.

المستوى الثالث: مستوى التبادل السالب: أي الذي يريد فيه الأخ العادي الحصول على أكثر ما يمكن حتى ولو كان ذلك على حساب أخيه ذي الاحتياجات الخاصة (البهي، 1990).

وتعتمد طبيعة هذه العلاقة على عدد عوامل منها:

عدد أفراد الأسرة: حيث يؤثر عدد أفراد الأسرة كثيرا في نجاح أو فشل العلاقات الأخوية بين الطفل العادي وأخوه ذو الاحتياجات الخاصة، فكلما زاد عدد الأخوة والأخوات العاديين توزعت الأدوار وخفت الأعباء المترتبة على وجود الطفل ذي الاحتياجات الخاصة، حيث يشعر الأطفال ذوي الاحتياجات الخاصة في الأسر ذات الأفراد الكثيرين بالأمان فرصا أكثر للعب واللهو مما هو عليه الحال في الأسر الصغيرة.

المساواة في المعاملة بين الطفل ذوي الاحتياجات الخاصة وإخوانه العاديين: حيث يحدث في بعض الأحيان تنافس بين الأخوة العاديين وذوي الاحتياجات الخاصة بفعل التباين في التعامل مع كليهما، حيث إن الآباء والأمهات يتجهون بمشاعرهم غالبا نحو أطفالهم ذوي الاحتياجات الخاصة ويقضون اوقاتا أطول معهم مقارنة بالوقت الذي يقضونه مع أطفالهم العاديين.

نوع الجنس: إن متغير الجنس يحدد دورة في العناية بالطفل ذو الاحتياجات الخاصة من قبل إخوانه، حيث إن الأخوات أكثر عطفا ومحبة للأخ ذي الاحتياجات

الخاصة من تعامل الذكور مع إخوانه أو أخواتهم ذوي الاحتياجات الخاصة. كما أن الأعباء الثقيلة تقع غالبا على الأخت الأكبر سنا وليس على الأخوان بسبب اعتماد الأسر عليها في رعاية أخوها ذي الاحتياجات الخاصة. بالإضافة إلى المسؤوليات الأخرى مما يجعلها تضحي بطفولتها من اجل رعاية أخيها (عبد الرحيم، 1992).

مركز الطفل ذي الاحتياجات الخاصة بين أخوته: كأن يكون الطفل الأول حيث يتركز الاهتمام به ورعايته على أبويه لأنه الطفل الوحيد أو أن يكون الطفل الأخير فيكون موضع رعاية الوالدين إضافة إلى افتراض رعاية واهتمام جميع الأخوة الأكبر سنا.

إن تكيف الأخوة والأخوات مع وجود أخيهم من ذوي الاحتياجات الخاصة يسهم في وجود علاقات متبادلة، ويزيد من ايجابيات هذه العلاقة مظاهر العطف والحنان التي يمارسها الوالدان تجاه ابنهم ذي الحاجات الخاصة وإخوانه.

إضافة على أخوة وأخوات الطفل المعاق يميلون إلى حل مشاكلهم بأنفسهم: حتى لا يسببوا مزيدا من المتاعب لوالديهم. كما أظهرت بعض الدراسات أن بعض الأخوة الأطفال من ذوي الاحتياجات الخاصة كانوا أكثر تحملا للتعبيرات العدائية والغاضبة تجاه أخوهم ذي الاحتياجات الخاصة مقارنة مع أبائهم. وكما أن الأخوة الراشدين للأطفال ذوي الاحتياجات الخاصة اكتسبوا من وضعهم هذا زيادة في سلوك الإيثار والتحمل..

ويلاحظ سيليجمات أن هناك عدد من العوامل التي تسهم في سوء تكيف الأخوة والأخوات ويتضمن الجدول التالي بقائمة بهذه العوامل:

العامل	تعليق سيليجمان
المسؤولية	الدرجة التي يعد فيها الأخوة مسؤولين عن الأخ المعاق والأخت المعاقة ينتج عنها علاقة قوية لمفاهيم ومشاعر الأطفال المراهقين والبالغين المتعلقة بإخوانهم المعاقين وآبائهم

الإصابة بالإعاقة	حين يكون هناك اصابة بالإعاقة، يشعر الأطفال الصغار بالقلق من انتقال العدوى لهم وإصابتهم بالإعاقة، ويزيد القلق المتعلق بذلك حين يعرف الأبناء أن سبب الإعاقة الذي اصاب اختهم أو اخاهم المعاق هو مرض الحصبة الألمانية أو الالتهاب السحائي.
الغضب واللشعور بالذنب	قد يعاني أخوة الأطفال المعاقين من الغضب أكثر من اخوة الأطفال العاديين، وسواء أخفوا مشاعرهم أو عبروا عنها بالغضب والرفض فهذا يتوقف على تنظيم معقد لعدد من العوامل
الاتصال	إن انعدام الاتصال(التفاهم) بيت أفراد الأسرة فيما يتعلق بحالة الطفل المعاق قد يسهم في شعور أخوته العاديين بالوحدة وقد يشعرون أن هناك موضوعات يحرم فيها الكلام، وأن المشاعر غير الودية يجب أن تبقى مكبوتة
الاتجاهات الأبوية	هناك بعض ما يثبت أن الأخوة العاديين يتأثرون بالاتجاهات الأبوية تحو الطفل المعاق، وتبدو درجة الاتصال المفتوح حول الطفل المصاب في الأسرة مؤثرا ممتازا في هذه الاتجاهات

الضغط ومصادره لدى عائلات ذوي الاحتياجات الخاصة:

يعرف الضغط المتعلق بالعائلة أو الأسرة بأنه أزمة أو موقف مثير تكون العائلة قليلة الاستعداد أو غير مستعدة إطلاقا.

إن وجود فرد معوق في الأسرة يعتبر حادثة ضاغطة شديدة في حياتها، وعند محاولة الآباء للتكيف مع وضع الطفل المعاق يواجهون نوعين من الأزمات المولدة للضغط النفسي:

النوع الأول: يتمثل في الموت الرمزي للطفل: ويمثل تحطم الآمال والطموحات التي رسماهما لمستقبل الطفل أو البنى المنتظر، وبمجرد مواجهة هذا الطفل المخالف للأحلام يتوقع الوالدين مجموعة من المشاكل الصعبة التي تمثل الصدمة، النكران، الشعور بالذنب، الخجل، الخوف، الاكتئاب، الغضب، والقلق ليصلوا في نهاية المطاف إلى قبول الطفل كما هو.

النوع الثاني: المتمثل بالمشاكل المتعلقة بالعناية والرعاية اليومية التي تتطلبها إعاقة الطفل: على أية حال أن إدراك الوالدين لحقيقة كون طفلهم المعاق لن يتطور بالشكل الطبيعي ولن يكون مستقلا في يوم من الايام يثقل كاهلهم، ويشكل صفعة عنيفة تهدد كيانهم. (ملكوش يحيى، 1998) (Kisk, Gallagher, Anastasion, 1993).

العوامل التي تؤثر في الضغط النفسي لدى والدي ذوي الاحتياجات الخاصة:

1- خصائص الطفل المعوق: (قلة الإعاقة وشدتها، عمر الطفل وجنسه).

2- خصائص الوالدين: (الخبرات الماضية، العمر، مستوى الدخل، الأنماط الشخصية، الذكاء، طبيعة العلاقة بين الزوجين، تفسيرهما لأسباب الإعاقة، الخ).

3- بنية الأسرة وما يتعلق بالأوضاع الاقتصادية الاجتماعية.

4- العوامل الاجتماعية وتشمل: اتجاهات المجتمع نحو الإعاقة والمعوقين، وطبيعة الخدمات التربوية، النفسية، الاجتماعية المتوفرة في المجتمع للأشخاص المعوقين. (الخطيب، الحديدي، السرطاوي، 1992).

الآثار والمشكلات المترتبة على أسرة ذوي الاحتياجات الخاصة:

إن وجود طفل معاق لأسرة ما يجر عليها مشكلات اضافية وعلاقة أسرية أكثر تعقيدا (Robinson and Robinsonl, 1976) وقد يكون له الاثر الكبير في احداث تغيير في تكيف الأسرة وإيجاد خلل في التنظيم النفسي الاجتماعي لأفرادها، بغض النظر عن درجة التقبل للأسرة لطفلها ومن أبرز المشكلات التي تواجهها أسر المعاقين بشكل عام في الأردن: الأزمات الزوجية، زيادة العدوانية، الاكتئاب، الشعور بالذنب، القلق، التوتر، الصعوبات المادية، والعزلة عن الناس. (يحيى، 1997). ولخص (مليلز، 1986) المشكلات التي تواجه والدي الطفل المعاق فيما يلي:

5- صعوبات في تفهم إعاقة الطفل والتعايش معها.

6- صعوبات في التعايش اليومي مع الطفل المعاق.

7- مخاوف وقلق حول مستقبل الطفل.

أما (ولكن، 1979) أشار إلى أن الصعوبات يمكن تصنيفها تحت ثلاث فئات رئيسية: مصاعب مالية، مصاعب متعلقة بالوقت، ومصاعب نفسيه. (الخطيب، الحسن، 1997).

على أي حال يمكن تصنيف المشكلات الأسرية الناجمة عن الإعاقة بالآتي:

أولاً: الإقامة في المستشفى للعلاج: كثير من المعاقين يحتاجون إلى ادخالهم المستشفى لتلقي العلاج أو التأهل، مما يترتب على ذلك الانفصال عن الأسرة والاصدقاء والمدرسة ونتيجة لجو المستشفى غير الصديق، وانفصاله عن أبويه فان المعاق يتأثر وينعزل عن الآخرين، ويتقرر ذلك مع تكرار دخوله المستشفى، مما يؤثر على طبيعة علاقته مع الآخرين مستقبلا، ومن العوامل الأخرى المؤثرة سلبا هو الإحساس بالألم نتيجة التدخلات الطبية، التغير في الجسم نتيجة المرض، أو طرق العلاج وفقدان السيطرة على حركته، إن عدم قدرة الأهل من التقليل من هذه المشاعر لدى الطفل وشعورهم بالمسؤولية الجزئية عنه يصيبهم بالقلق والشعور بالذنب.

ثانياً: مشكلات خاصة بتفسير طبيعة العجز للطفل وإعلامه بالخطوات المرتقبة للعلاج والتأهيل: من الأفضل تهيئة الطفل وإعلامه قبل وقت قصير من إجراء التأهيل أو العلاج حسب قدراته الادراكية ونضجه الاجتماعي وذلك لتهيئته للبيئة الجديدة التي سيدخلها.

ثالثاً: تربية الطفل المعاق: عن عدم وجود تقاليد مجتمعية معروفة بطرق تربية الطفل المعاق وانعدام التجارب على الصعيد الشخصي والعائلي، يزيد من أعباء الرعاية الوالدية، وكذلك عدم توفر دراسات مؤكدة عن حاجات الطفل المعاق في مراحل النمو المختلفة، يجعل هذه المهمة أكثر صعوبة، حيث أن المعلومات المتاحة حول الاحتياجات الطبيعية لطفل طبيعي.. وقد تلجأ بعض الأسر إلى مقارنة حاجة الطفل المعاق بحاجة إخوانه، وهي بالتأكيد ليست متشابهة مما يجعلها في حدة وتذبذب في المعاملة، وهنا نقطة مهمة وهي

الاختلاف في تطبيق النظام على المعاقين وأشقائهم من حيث الحقوق والواجبات والضوابط، حيث يميل الأبوان إلى عدم ردع الطفل المعاق حيثما يسيء التصرف، إضافة إلى شعورهم بعدم القدرة على العناية بالطفل.

رابعاً: مشاكل متعلقة بمتابعة الطفل المعاق: في كثير من الأحيان تقضي الأم وقتا كبيرا في توصيل ابنها المعاق إلى المستشفى، العيادة، مركز التأهيل... الخ مما يؤثر سلبا على علاقاتها مع زوجها وأولادها، وإذا كانت الأم عاملة فإن المشكلة تصبح اكبر حيث أن ذلك يستلزم تكرار غيابها عن العمل.

خامساً: صعوبة التعامل مع المؤثرات الطارئة: إن قدرة الأسرة للتعامل مع المؤثرات الطارئة في حياتها تصبح أكثر صعوبة في ظل وجود طفل معاق.

سادساً: الأمور المالية: الزيادة في تكاليف العناية بالمعاق وتوفير احتياجاته المادية، عن تكفلة العلاج والتأهيل والتدريب قد لا يكون في مقدور الأسرة توفير جميع تلك المستلزمات ومتطلباتها لطفلها المعاق، الأمر الذي يسبب ضغطا إضافيا ومضاعفا عليها.

سابعاً: الإجازات والترفيه: إن تخطيط الإجازات وما يتعلق بأمور الترفيه والراحة لكل أفراد الأسرة، يحتاج إلى إعادة نظر في ظل طفل معاق، مما يسبب إرباكا كبيرا للأسرة بمجموعه أفرادها (سلسلة الدراسات الاجتماعية والعمالية، 1996/31).

ثامناً: العزل الاجتماعي والحراك الاجتماعي المحدود: إن الوالدين يعانيان من العزل الاجتماعي الحراك الاجتماعي المحدود، التعب، أعراض انفعالية متنوعة تشمل الاكتئاب، الغضب، الشعور بالذنب، والقلق. (الخطيب، الحديدي، السرطاوي، 1992).

تاسعاً: تطرف أدوار أفراد الأسرة وعزل الأدوار بين الأسرة حيث يلقى العبء على الوالدة.

عاشراً: تخلل في الذات لدى الوالدين وذلك بسبب ما يتوقعانه من مكانة لهم لدى المجتمع.

حادي عشر: الخوف على مستقبل ولدهم.

ثاني عشر: صعوبة الحصول على الخدمات المناسبة لأبنهم المعاق. (سرطاوي، صمادي، 1998)، و(الحديدي، الصمادي، الخطيب، 1991)، (H. Gross, 1983).

مراحل التكيف التي يمر بها الوالدان مع طفلهم المعاق:

8- وعي الوالدين وإدراكهما أن طفلهما الجديد مختلف عن غيره من الأطفال العاديين، ويرافق هذا الوعي شعورهما بالصدمة والارتباك والحيرة يحاولان معها الانسحاب من الموقف وإنكار كل الدلائل التي يمكن أن تشير إلى التخلف العقلي عند الطفل، ويعاني الوالدان في هذه المرحلة كثيرا كوالدين لطفل معاق عقليا ولا يستطيعان أن يتمثلا الوضع المقبل الذي ستكون عليه الأسرة بعد الآن. عن مشاعر الحزن والأسى والحيرة والذنب والتأنيب والخجل هي أكثر ما يميز هذه المرحلة التي يمر بها والدا الطفل المعاق لدى إدراكهما حقيقة الأمر بالإضافة إلى لوم الذات.

9- تتمثل في مواجهة مشكلة الطفل المعاق واعتراف الوالدين أن هناك مشكلة حقيقية توجههما وانه لا مجال لإنكارها، لأن ذلك لن يجدي وأنه لا بد من التعامل المثمر مع هذه المشكلة.

10- تأتي هذه المرحلة كنتيجة حتمية للمرحلة السابقة التي يعترف فيها الوالدان بحقيقة إعاقة طفلهما، فنجدهما يسعيان للبحث المستمر عن سبب المشكلة، يندفع الوالدان هنا إلى البحث مع الأطباء والأخصائيين النفسيين والتربويين عن سبب المشكلة تدفعهما في ذلك الرغبة في عدم إنجاب طفل أخر متخلف أو رغبتهما في إيجاد طريقة للتخلص من معاناة الشعور بأنهما مسئولان شخصيا عن إعاقة طفلهما.

أن ابرز مظاهر السلوك التي تبدو عند الوالدين في هذه المرحلة هي ما يصفه البعض " بسلوك التسوق"، ذلك أنهما يستمران في سعيهما للبحث عن تشخيص جديد للحالة والتعرف على الأسباب الحقيقة لهما مع كل ما يستطيعون الوصول إليه من الأطباء والأخصائيين الذين يمكن أن يقدموا لهم تفسيرا للحالة.

11- تتمثل هذه المرحلة في البحث عن العلاج والوسائل والطرق الكفيلة بشفاء العلة، وذلك يبعد أن يكون الوالدان قد أدركا حقيقة الإعاقة وأسباب ذلك، وبعد أن يكونا قد أدركا انه قد لا يكون هنالك سبب واحد لتلك الحالة، ومما يميز سلوك الوالدين في هذه المرحلة ميلهما للتمسك بالاعتقاد أن الطب وعلم النفس لا بد أن يجدا العلاج الشافي لتلك الحالة فيسعيان دائما إلى البحث عن علاج بدلا من محاولتهما وضع الطفل في صفوف أو مراكز خاصة قد تناسب حالة الطفل أكثر من المدارس العادية، وهذا البحث عن علاج وان كانت تبطنة بعض المشاعر الداخلية من أنه بحث قد لا يكون مجديا إلا انه يستمر لفترة طويلة من الزمن بدافع الرغبة في التخلص من تلك المشكلة (انه شكل أخر من أشكال التسوق يظهر فيه الوالدان مصممين على البحث عن علاج وإبقاء الطفل في المدرسة مع غيره من الأطفال العاديين).

12- تتمثل في هذه المرحلة الأخيرة في قبول الحقيقة وإدراك الوالدين لحدود قدرات الطفل المعاق وإمكاناته الحقيقية، وذلك بعد أن يصلا على كل جهودهما في البحث عن علاج لم ولن يكون لها نتيجة ايجابية في شفاء هذه الحالة.

وهنا يتنقلان من مرحلة البحث عن علاج إلى مرحلة تتميز على نحو خاص بالبحث عن الوسائل الواقعية الكفيلة بمساعدة طفلهما هنا على النمو السليم في حدود إمكانياته وقدراته واستعداداته التي قد تكون محدودة جدا.

وفي هذه المرحلة وربما لأول مرة تظهر لدى الوالدين ردود فعل ايجابية نحو الطفل يدرك معها الوالدان حاجة الطفل الحقيقية على الاهتمام والرعاية أكثر من أخوته العاديين كما يدركان أن هذا الطفل يمكن أن ينمو بشكل أفضل مما هو عليه الان إذا ما أتيحت له فرص التعلم والتدريب في جو يسوده التقبل والعطف، وتبدو مظاهر التقبل عند الوالدين في تساؤلاتهما حول مستقبل الطفل والطرق الكفيلة بمواجهة احتياجاته والوسائل المتوفرة في البيئة لتحقيق ذلك.

الحاجة إلى الإرشاد لمواجهة ردود الفعل الناتجة عن الاعاقة:

غني عن الحاجة ما قد تنطوي عليه ردود الفعل الوالدية نحو الاعاقة من مشاعر هدامة يمكن لها أن تترك تأثيرا في كل مما يلي:

أ ـ الصحة النفسية للوالدين.

ب ـ علاقة الوالدين بالطفل المعاق وبقية الأطفال الأسوياء في الأسرة.

ج ـ العلاقة الاجتماعية للوالدين وأسلوب حياتهما.

وعليه فقد ظهرت الحاجة الملحة إلى إرشاد والدي الطفل المعاق بل كافة أفراد أسرته في هذا المجال، وذلك تحقيقا لما يلي:

1. مساعدتهم على فهم ردود فعلهم تجاه الطفل المعاق وكيفية مواجهتهما.

2. التخفيف من الآثار السلبية التي تتركها ردود الفعل على الطفل واسرته.

3. إعانتهم على الاستمرار في حياتهم بصورة طبيعية حتى مع وجود الطفل المعاق.

4. ضمان توفير الرعاية الملائمة للطفل المعاق.

إن الإرشاد ـ وباختصار ـ ينطوي في محصلته على مساعدة الأسرة لمواجهة الظروف، المشاكل، المشاعر والعواطف التي ترفضها مرحلة التكيف كذلك فهو يهدف إلى تغيير اتجاهات الوالدين ومواقفهم السلبية من الطفل المعاق واستبدالها باتجاهات إيجابية في سبيل الوصول إلى تكيف ملائم ومناسب. (السرطاوي والصمادي، 1998).

فيما سبق دليل على الحاجة الماسة إلى إرشاد والدي الطفل المعاق، حتى أن العديد من الدراسات بينت أنه وفي بعض الحالات قد يكون إرشاد الوالدين أكثر فائدة وفاعلية من استخدام العلاج المباشر مع الطفل المعاق نفسه.

استراتيجيات الارشاد المتبعة لمواجهة ردود الفعل نحو الاعاقة

قبل الخوض في غمار ما يتضمنه هذا البند من التقرير يحسن أن نضع نصب أعيننا ما يلي:

إنه وبصرف النظر عن الاختصاصي الذي توكل عليه مهمة إرشاد أسرة الطفل المعاق ينبغي عليه أن يعمل على إقامة علاقة مهنية بينه وبين المسترشد تقوم على

الثقة والألفة مما يتيح بدوره الفرصة للمسترشد للاستفادة من الخدمة الارشادية على أكمل وجه.

إن إرشاد والدي الطفل المعاق يمثل تحديدا للمرشد يكمن فيه تحديد اتجاهاتهما ومشاعرها الحقيقية المتعلقة بطفلهما المعاق وردود أفعالهما وهمومهما إن مجرد تحديد الهموم الأبوية يسمح للمرشد بالتنبؤ بالصعوبات المستقبلية التي يمكن أن توجهها الأسرة مما جعل من الممكن التدخل بشكل مناسب لمنع حدوث هذه المشكلات.

كما ينبغي أن يتفهم المرشد ويستحسن حاجات كل فرد من أفراد الأسرة والحاجات الكلية للأسرة كوحدة متكاملة.

أيضا يجدر به أن يحترم مشاعر الوالدين ويأخذ بعين الاعتبار آرائهما وتصوراتهما التي ستضفيهما أكثر دقة يساعده في بناء تقديراته وانتقاء الاجراءات والأساليب الإرشادية الأكثر فاعلية في ايصال المعلومات وتقديم الدعم النفسي لهما.

ينبغي أن يكون المرشد على علم بالحقائق ـ التي سبق ذكرها ـ حول ردود الفعل الابوية نحو الاعاقة وهذا يتطلب منه مرونة تساعده في عمله مع أية حالة باعتبارها فريدة من نوعها.

تختلف الحاجة إلى خدمات الارشاد الأسري في حالات الاعاقة المختلفة بالانتقال من مرحلة تكيف إلى أخرى وفي هذا إشارة إلى تباين استراتيجيات وإجراءات الارشاد التي يمكن أن يتخلى من خلالها المرشد ليواجه ردود الفعل الوالدين التي يمكن أن تظهر في المراحل المختلفة من عملية التكيف لإعاقة أحد أفرادها مما يقضي من المرشد أن يكون على معرفة ودراية بمؤشرات كل مرحلة ليختار الاستراتيجية المناسبة للإرشاد.

فيما يلي ارتأيت أن أورد من خلال جدول بسيط المراحل التكيفية المختلفة التي يمر بها والدي الطفل المعاق منذ لحظة إدراكهما حقيقة اختلاف طفلهما عن غيره وانتهاء بقبولهما للواقع وقد ضمنت الجدول كذلك عددا من السلوكيات وردود الفعل الوالديه المحتملة التي تدل على طبيعة كل مرحلة والتي على ضوئها ستقرر استراتيجيات التدخل المناسبة لإرشاد والدي الطفل المعاق وتفصيل ما يلي:

المرحلة	أمثلة على ردود فعل الوالدين وسلوكياتهما التي تعبر عن المرحلة	استراتيجيات مقترحة لإرشاد الوالدين
الصدمة	الشعور بالذنب ، الخجل ، العار وبأنها عديما القيمة.	وظف مهارات الاستماع النشط لدعمهما وتفهم عواطفهما ولا يعني الدعم تشجيعهما إلى تبني الآمال غير الواقعية.
التكران	الافراط في التعويض	
الرفض	القيام بنشاطات مفرطة نوعيا لتجنب التفكير بالطفل ترديد عبارات مثل : إنه لا يبدو مريضا إلى هذه الدرجة لتسوق الطبي	ساعدهما على تقييم الموقف بموضوعية وبطريقة معا لولا عدم قتل آمالهما وذلك من خلال تقديم وصف أولي وغير معقد لوضع الطفل حاجاته اتاحة المجال أمامهما لمشاركة أداء طفلهما بأداء الآخرين من نفس عمره. اعمل معهما في سبيل تحقيق التنمية للطفل وقدم لهما الارشادات المناسبة تعامل مع الطفل ايجابيا وركز على التحسن في أدائه.
الغضب و الاستياء	تساؤلات موجهة للأخصائيين مثل - لم أنا - أتعرفون ما الذي تتحدثون عنه؟	اخلق جوا مريحا يشجعهما على التعبير عم يدخلها تقبل غضبهما بهدوء وتفهم شعورهما بالاستياء شجع ما يظهرانه من حلم

	غضب موجه نحو الاختصاصي أو المركز ملاحظات شفهية نحو محاولات التدخل غير الملائمة أو الفاشلة	حاول أن توجه غضبهما بطريقة صحيحة خطط تفاعلا ايجابيا بينهما وبين الطفل وذلك لمحاولة بقائهما بما هو مفيد.
المساومة	التعبير عن الحرص على اتباع تعليمات الطبيب خلال فترة الحمل ارجاء القبول المطلق الذي لا بد منه وذلك من خلال : الافراط والمبالغة في ايجاد الأخصائيين الطبيعية لدى الطفل طلب تطمينات حول إمكانية انقاذ الطفل فيما لو تم اتباع تعليمات محددة أو القيام به أمور معينة	اظهر تعاطفك معهما وتفهمك لهما . لا تشجع انشغالهما بالتفكير فيما حدث أثناء الحمل والولادة قارن بلطف توقعاتهما مع الحقيقة وشجعهما على قبول الوضع الراهن كما هو . شجع مشاركتهما دون تقديم أي ضمانات بمعنى كن مخلصا وأمينا في تواصلك معهما .
الاكتئاب و اليأس	الشعور باليأس والعجز والتعبيرات التالية تعكس مثل هذا الشعور: مالفائدة مما سأفعله الآن. لا شئ سيغير الحقيقة. الحداد على فقدان الطفل الذي كان منتظرا أو التعبير عن عواطف مباشرة نحوه الميل إلى العزلة وذلك من خلال الحد من المكالمات والزيارات	تقبل انفعالاتهما دون أن تطلق الأحكام عليهما وتفهم شعورهما بالاحباط عبر عن تعاطفك معهما . كن على جانب الآباء الذين يعبرون عن تخوفهم وزودهم بالمعلومات الحقيقية عن الاعاقة. شجعهما على حضور الندوات والبرامج التربوية وقد تكون

		مجموعات الآباء ذات فائدة كبيرة. ركز على خصائص الطفل الايجابية أكد نجاح ما يقومان به من أنشطة وأعمال وركز على فائدتهما وضروريتهما. زودهما بالحالة الارشادية الملائمة كن على وعي بمؤشرات النكوص إلى مراحل سابقة.
التقبل	ادراك حقيقة امكانية عمل شئ لمنفعة الطفل الرغبة في التحدث إلى الطفل والتعامل معه الرغبة في الاعتناء بالطفل طرح اسئلة حول: افضل السبل للعناية بالطفل حاجاته المستقبلية ، قدراته وإمكانياته مدى تأثير وجود طفل المعاق على باقي افراد الأسرة ابداء الرغبة والاستعداد لعمل كل ما هو ممكن للتكيف مع نمط الحياة	

فائدة:

نصائح كثيرة، مقترحات عديدة ومعلومات جديدة لا يلبث أن يمطر بها والدي الطفل المعاق من قبل رجال التربية علماء النفس الأطباء وغيرهم ـ حال معرفتهم بإعاقة طفلهم.

إنه - ومع الاسف الشديد- يبدو ان عمل العديد من المختصين لا يتجاوز كونه توفير معلومات او اعطاء اوامر او تحذيرات او مواعظ ؛ ذلك دون وعي لما يمكن ان تكون عليه نتيجة وقعها عل مسمع الوالدين، ودون مراعاة لشعورهما او القدرة على الاستجابة لحجاتهما الانفعالية.

ولعله من المناسب، ان اتي على ذكر عدد من العبارات التي يمكن ان يلتفظ بها الاختصاصي الذي يقوم بالارشاد بحيث يكون له صدى حسن واثر كبير في توفير تعزيز ايجابي او تغذية راجعه لوالدي الطفل المعاق او منحهم مزيدا من الثقة والدعم خلال انتقالهما عبر مراحل التكيف المختلفة.

والموقف من هذه العبارات:

- ان هذا ليس خطؤك.
- انكما متضايقان من بعضكما البعض، والموقف صعب بالنسبة لكما.
- يبدو انكما ترغبان في محاولة أي شيء.
- يبدو انكما فقدتما الامل ؛ ولعله من السهل ان تشعروا بالاستسلام.
- طبعا انت لاتكره ابنتك، انت فقط مرهق.
- هذا فقط اختبار لمدى قوتك وتحملك.
- ستكون افضل فيما بعد.
- انا اقدر ما تبذلانه من جهود.
- تعجبني طريقتك في طرح الاسئلة عندما لا تكون متاكدا من شيء.
- انا اثق بمقدرتك. فانت الخبير بطفلك.
- اشكركما كثيرا لمشاركتكما في المجموعه (مجموعة دعم الاباء).لقد اثر هدوءكما بشكل جيد علي باقي أفراد المجموعة.
- إنكما تشعران براحة أكبر الآن.

المراجع

- استيورت، جاك س، عبد الصمد الأغبري وفريد ال مشرف. 1993. ارشاد الاباء ذوي الأطفال الغير عاديين. جامعة الملك سعود.

- الحديدي، منى، الصمادي، جميل والخطيب، جمال (1994) الضغوط التي تتعرض لها أسر الأطفال المعوقين. دراسات ـ العلوم التربوية، مج 21 أ، ع1.

- الحديدي، منى ومسعود، وائل (1997). المعاق والأسرة والمجتمع. القدس المفتوحة ـ ط1.

- الخطيب، جمال، الحديدي، منى والسر طاوي،عبد العزيز (1992). إرشاد أسر الأطفال ذوي الحاجات الخاصة. دار حنين، عمان ـ ط 1 .

- الخطيب، جمال والحديدي، منى (1998). التدخل المبكر. دار الفكر، عمان، - ط1 ـ

- الريحاني ،سليمان (1985). التخلف العقلي. مطابع الدستور. ط2.

- فالح محم،د وشعبان،توفيق. (1997). ردود الأفعال النفسية لذوي الطفل المعاق. الثقافة النفسية المتخصصة، مج 8، ع 32 .

- الخطيب، جمال 1997 الإعاقة السمعية. عمان المكتبة الوطنية.

- الخطيب، جمال والآخرون 1996. سلسلة الدراسات الاجتماعية والعمالية في العدد الحادي والثلاثون المكتب التنفيذي لمجلس وزراء العمل مجلس التعاون الخليجي

- الخطيب، جمال 1998. مقدمة في الإعاقة الجسمية والصحية. دار الشروق ـ عبيد، السيد 1999. الإعاقات الحسية والحركية، دار الصفاء عمان

- الحسن، محمد، 1992 رسالة ماجستير بعنوان حاجات آباء الأطفال المعوقين وعلاقتهما بعمر الطفل وجنسه ونوع العلاقة.

- عبد الرحيم، فتحي السيد، بشاي حليم السعيد، 1982 سيكولوجية الأطفال غير العاديين واستراتيجيات التربية الخاصة.

- ملكوش، رياض ويحيى، خولة 1995 الضغوط النفسية والدعم الاجتماعي لدى اباء وأمهات الأطفال المعاقين في مدينة عمان. دراسات ـ العلوم الانسانية، مج 22 أ، ع1 .

- يحيى، خولة 1999. المشكلات التي يواجهها ذوو المعاقين عقليا وسمعيا وبصرايا الملتحقين بالمراكز الخاصة بهذ1ه الإعاقات. دراسات ـ العلوم التربوية، مج 26، ع 1 .

- يحيى، خولة (2003). إرشاد ذوي الاحتياجات الخاصة - دار الفكر، عمان،الأردن.

الفصل الرابع

دور الوالدين في برامج الإرشاد والتأهيل والتدريب والعلاج لذوي الحاجات الخاصة

مقدمة:

أن الولادة طفل معاق في محيط الأسرة هو بمثابة صدمة تترتب عليها مجموعة من الضغوطات النفسية والاجتماعية والاقتصادية. الأمر الذي يجعل الأسرة في أمس الحاجة إلى أي نوع من الأنواع المساعدة والمساندة للتخفيف من أعباء وضغوطات الإعاقة والحد من توابعها سواء كانت التوابع جسمية أو صحية أو نفسية أو غيرها.

ونظرا لكون الأسرة هي المؤسسة الاجتماعية الأولى في حياة الطفل والمصدر الأول والأساسي لتلبية احتياجات النفسية والاجتماعية والبيولوجية فإنه لا بد من اعداد وتدريب الأسرة للمشاركة الفعالة في تدريب وتأهيل الطفل ذو الاحتياج الخاص للوصول به إلى أقصى درجة ممكنة من النمو وفقا لما تسمح به قدراته.

وانطلاقا من فلسفة التدخل المبكر المبنية على استغلال قدرات وامكانيات الطفل في السنوات الأولى من حياته فإنه لا بد من تقديم خدمات الدعم والارشاد والتدريب للأسرة بعد ولادة الطفل ذو الاحتياج الخاص مباشرة ومساعدة الأسرة على تخطي مرحلة الصدمة للدخول في مرحلة تحدي الاعاقة واستغلال طاقات وامكانيات الطفل للحد من توابع وآثار الاعاقة.

وفيما يلي سنستعرض أهمية تفعيل المشاركة الأسرية في برامج وتدريب تأهيل الأطفال ذوي الاحتياجات الخاصة، لمحة تعريفية حول أهمية برامج التدخل المبكر واهدافها، دور الأهل في برامج التدخل المبكر، احتياجات أسر الأطفال ذوي الاحتياجات الخاصة وكيفية تقديم الدعم لهم.

أهمية تفعيل المشاركة الأسرية في تدريب وتأهيل الأطفال ذوي الاحتياجات الخاصة:

من الملاحظ في السنوات الأخيرة الماضية أن التشريعات المنظمة للتربية الخاصة في عدد كبير من دول العالم قد جعلت عضوية الوالدين في اللجان والفرق التربوية التي يعهد إليها بتخطيط البرامج التربوية للأطفال ذوي الاحتياجات الخاصة أمرا الزاميا (د. الحديدي، ومسعود، 1997).

كذلك الحال فيما يختص بالبرامج التربوية التي تقدم لهؤلاء الأطفال فقد انتقل الحديث في الآونة الأخيرة من خطة تربوية فردية للطفل إلى خطة فردية لخدمة الطفل والأسرة وتبني من خلالها أهداف الأسرة للطفل وتوجه لهم خدمات بشكل مباشر من اجل تقديم خدمة متكاملة للطفل ذو الاحتياج الخاص وعدم قصر الخدمة على داخل المركز أو المؤسسة التربوية أو التأهيلية أو العلاجية.

وتأتي أهمية إشراك الأسرة في برامج تدريب وتأهيل الأطفال ذوي الاحتياجات الخاصة من المسوغات التالية:

1. الأسرة هي المؤسسة الاجتماعية الأولى في حياة الطفل التي تلبي احتياجاته النفسية والاجتماعية والبيولوجية.

2. الأسرة هي المدرسة الأولى للطفل حيث يتعلم العادات والتقاليد واللغة والقيم وأنماط السلوك الملائم.

3. بالاعتماد على عمليات المقارنة بين الطفل وإخوانه أو أقرانه فإن الأسرة عادة ما تكون أول من يلاحظ وجود خلل أو اختلاف في شخصية الطفل وسلوكياته.

4. يقضي الطفل مع أسرته وقت أطول من الوقت الذي يقضي في أية مؤسسة تعليمية أو تدريبية نهارية سواء كان ذلك خلال اليوم الواحد، أو على امتداد دورة حياته (د. الحديدي ومسعود، 1997).

5. إن أفضل ونجح تدريب يتلقاه الطفل ذو الاحتياج الخاص هو ذلك التدريب المتضمن في سياق حياته اليومية في اطار وظيفي، ومثل هذا التدريب لا بد وأن يتلقاه الطفل من أفراد أسرته خلال فترات تواجده معهم.

ان مبادرة الأسرة وتعاونها في البرامج التدريبية ذو علاقة وطيدة بمدى تفهم المهنيين العاملين معها لاحتياجات وخصوصية اسرة معينة عن غيرها، وتبني مبدأ المشاركة الفعلية بين الأسرة والمهنيين لتلبية احتياجات الطفل من ناحية واحتياجات اسرته من الناحية الثانية وبالتالي خلق شعور من الرضى والفائدة لدى الاسرة.

حيث ان الاسرة بحاجة لمن يشاركها همومها ويتعاطف معها ويعمل معها لتوفير المتطلبات اللازمة لتاهيل وتدريب طفلها، لذا فإنه لابد من خلق علاقة تواصلية صحية بناءة بين الاسرة والمختصين، يعمل من خلالها المختص على كسب ثقة الاسرة والاستماع الفعال لمعاناتها واحتياجاتها.

برامج التدخل المبكر:

يعرف التدخل المبكر على انه مجموعة من الخدمات الطبية والاجتماعية والتربوية والنفسية المقدمة للأطفال دون عمر السادسة الذين يعانون من اعاقة او تاخر نمائي او الذين لديهم القابلية للتاخر او الاعاقة (د. يحي،2003)، وذلك بهدف تقليل نسبة او حدوث او درجة او شبة ظروف الاعاقة او العجز الحاصل او المتوقع (د.الحديدي ومسعود1997).

وتنطلق فلسفة برامج التدخل المبكر من كون مرحلة الطفولة المبكرة هي مرحلة حاسمة لنمو الاطفال عموما والأطفال ذوي الاحتياجات الخاصة خصوصاً، وضياع الفرص المتاحة في هذه المرحلة المبكرة من حياة الطفل امر يتعذر تعويضه في المراحل العمرية اللاحقة من حياة الطفل بالإضافة الى أن:

1- التعلم الانساني في السنوات الاولى من حياة الفرد أسهل وأسرع من التعلم في أية مرحلة عمرية لاحقة.

2- والدي الطفل ذو الاحتياج الخاص بحاجة الى المساعدة في المراحل الاولى من حياة طفلهم كي لا تترسخ لديهم أنماط تنشئة غير بناءه.

3- إن التأخر النمائي قبل الخامسة من العمر هو مؤشر ذو دلالة على إمكانية معاناة الفرد من مشكلات مختلفة في باقي مراحل الحياة.

4- تلعب البيئة دور مهم في نمو وتطور الفرد وعليه لا بد من تعديل البيئة لتصبح أكثر استثارة للطفل ذو الاحتياج الخاص في المراحل الأولى من حياته.

5- إن مظاهر النمو الانساني متداخلة وبالتالي فإن عدم معالجة الضعف في أحد الجوانب النمائية تأثير سلبي على باقي الجوانب النمائية.

6- إن للتدخل المبكر دور أساسي في تخفيف المعاناة النفسية لأسرة الطفل ذو الاحتياج الخاص التي يمكن أن تواجهها في مراحل حياته اللاحقة.

7- يلعب التدخل المبكر دور مهم في تقليل النفقات المادية المخصصة للبرامج التربوية اللاحقة.

8- أثبتت الدراسات أن الأطفال الذين تلقوا الخدمات تدخل مبكر كان مستوى التطور النمائي لديهم مختلف اختلاف ذو الدلالة عن الأطفال الذين لم يتلقوا هذه الخدمة (د. الحديدي ومسعود، 1997).

وتلعب خدمات التدخل المبكر دور وقائي وحيوي في تحفيز نمو الأطفال وتحقيق أعلى درجة ممكنة لهم من النمو والتطور وفقا لما تسمح به قدراتهم.

دور الأسرة في برامج التدخل المبكر:

لتقديم خدمات التدخل المبكر فإننا بحاجة إلى فريق متكامل التخصصات بشقيه الطبي والتربوي أما الجزء الطبي فيتألف من مجموعة من الأطباء متعددي التخصصات مثل طبيب النساء والولادة و طبيب عيون، طبيب الأطفال، أخصائي القياس السمعي، والممرضات. أما الشق التربوي فيتألف من معلم التربية الخاصة، وأخصائي العلاج الوظيفي، أخصائي العلاج الطبيعي، وأخصائي التواصل، والأخصائي النفسي والاجتماعي.

وتلعب الأسرة دور الشريك المكافئ لفريق التدخل المبكر من ناحية المشاركة في وضع البرنامج وتطبيقه، وتكمن أهمية مشاركة الأسرة في برامج التدخل المبكر وفقا لما يرى (كيرك وآخرون، 2003):

أولاً: إن ملاحظات الأسرة اليومية للطفل ومعلوماتهم حول مستوى أدائه تشكل القاعدة الأساسية لوضع برنامج التدخل المبكر الخاص بالطفل واسرته.

ثانياً: تلعب الأسرة دور هام وأساسي في عملية تدريب الطفل في مراحل حياته الأولى من الولادة وحتى ست سنوات وخاصة إذا تم تدريب الأسرة على استثارة وتنمية قدرات الطفل الحركية، والتواصلية، والاجتماعية، والمهارات الحياتية والتأهيلية اللازمة لدخول المدرسة.

ثالثاً: من خلال التدريب المنظم للأسرة يصبح بإمكانها تدعيم عملية تعليم الطفل في المنزل.

وكنتاج لكل ما سبق ذكره فإن الأسرة التي تدرب أكثر مشاركة لطفلها في اهتماماته، وأكثر معرفة بقدراته، الأمر الذي يساعدها على اتخاذ القرارات السليمة فيما يختص بطفلها ومستقبله.

نماذج تقديم خدمات التدخل المبكر:

هناك عدد من النماذج الممكن من خلالها تقديم خدمات التدخل المبكر، ووفقا لما يعرضه (د. يحي، 2003) فإن منها:

1. المراكز المتخصصة النهارية:

يلتحق في المراكز من 3 - 5 ساعات يوميا، يتم فيها تقييم الطفل في بداية التحاقه، ومن ثم يوضع له برنامج فردي يلائم احتياجاته، ويتم تدريبه على المهارات المتضمنة في برنامج خلال فترة تواجده في المركز.

2. التدخل المبكر في المنزل:

ضمن إطار هذا البرنامج يتم تقديم خدمات التدخل المبكر في المنزل حيث يقوم الفريق بتدريب الأهل ليقوموا بدور المعلم لطفلهم، ويقوم أعضاء الفريق بعمل زيارات دورية للأسرة لمعرفة مدى تقدم الطفل، ومدى إنجازه لأهدافه الفردية، وعليه يتم إعطاء الأهل إرشادات وتوجيهات بالخصوص ومن أشهر البرامج المنزلية برنامج البورتج.

3. التدخل المبكر في المنزل والمركز:

يجمع هذا النموذج بين الحاق الطفل في المركز الخاص لأيام محدودة في الأسبوع، ويقوم الفريق بزيارات منزلية لأسرة الطفل بهدف تدريبهم على كيفية متابعة تدريب الطفل في المنزل.

4. التدخل المبكر في المستشفيات:

تقدم هذه الخدمة للأطفال الذين يعانون من صعوبات نمائية شديدة جدا، أو مشكلات صحية، وهنا يقوم فريق التدخل بأداء خدماته في المستشفى.

5. التدخل المبكر من خلال تقديم الاستشارات:

هنا يقوم الأهل بعمل زيارات دورية للمركز وذلك لتقييمهم ومتابعتهم وتدريبهم، ومناقشة القضايا المهمة معهم.

6. التدخل المبكر من خلال وسائل الاعلام:

ضمن إطار هذا النموذج يتم تقديم الخدمات من خلال التلفاز ووسائل الاعلام، وذلك بعرض نماذج تدريبية توضيحية للأهل تساعدهم في كيفية التعامل مع أطفالهم ذوي الاحتياجات الخاصة في جميع المجالات النمائية.

إن جميع النماذج السابقة تعطي الأسرة دور الشريك في تدريب وتعليم الطفل وتحفيز نموه في المراحل الأولى من الطفولة المبكرة، نظرا لأن الطفل لا يمكن فهمه بمعزل عن ظروفه الأسرية والاجتماعية ومدى الاستثارة المحيطة به.

هذا وتعتمد مدى استفادة الطفل من برامج التدخل المبكر على عدة عوامل منها: وقت اكتشاف الاعاقة، نوعها وشدتها، عمر الطفل عند التحاقه بخدمات التدخل المبكر، نوعية الخدمة وكيفية تقديمها، والمدة التي قضاها الطفل في البرنامج هذا بالإضافة إلى كمية ونوعية الجهد الذي تبذله الأسرة في تدريب وتحفيز نمو طفلها (كيرك وآخرون، 2003).

اعتبارات خاصة بالتعامل مع أسر الأطفال ذوي الاحتياجات الخاصة:

لتفعيل مشاركة الأسرة في تدريب وتأهيل طفلها فإنه لا بد من تحفيز هذه الأسرة لبذل أقصى الطاقات الممكنة لديها لتدريب طفلها فإنه لا بد للمهنيين العاملين مع الأسر مراعاة ما يلي:

1. التعامل مع الأهل على أنهم شركاء في الفريق التربوي والتأهيلي، وبالتالي احترام مساهماتهم واقتراحاتهم وآرائهم وأخذها بعين الاعتبار.

2. تطوير قدرة الأهل على مواجهة المشكلات وحلها.

3. قبول الأسرة كما هي ومساعدتها على التعبير عن آرائها ومشاعرها حتى لو كانت متعارضة مع اتجاهات الأخصائيين وآرائهم.

4. أعطي الأسرة الوقت الكافي لفهم مشكلة طفلها وتقبلها.

5. ناقش الأسرة في جميع البدائل المتوفرة التي تناسب إمكانيات واحتياجات طفلها وأتح لها اختيار لما تراه مناسب.

6. استخدم تقنيات الاستماع الفعال في جلسات تقييم وتدريب الأسر.

7. تجنب استخدام المصطلحات الفنية والعلمية المعقدة عند التخاطب مع الأهل، والعمل على تبسيطها في حال استخدامها.

8. لا تنتقد الأسرة ولا تلقي عليها المحاضرات وقدم دائما آراء علمية موضوعية.

9. عزز جهود الأهل وزودهم بتغذية راجعة ايجابية حول مدى تطور وتحسن أداء طفلهم.

10. لا تتوقع من الأهل التعامل مع وضع ومشكلات طفلهم بموضوعية مثلك.
11. لا تتعامل مع كل الأسر بالطريقة نفسها، فلكل أسرة خصوصيتها ونظامها الخاص.
12. أنظر دائما إلى مشكلة الطفل من وجهة نظر والديه لأن ذلك يساعدك على تفهم الصعوبات التي تواجهها الأسرة، ويطور الثقة بينك وبينهم.
13. لا تتهم الأهل أو تشعرهم بأنهم سبب مشكلة طفلهم حتى ولو تأخروا في تدريب أو تأهيل طفلهم، فما يهم حقيقة أنهم بدئوا الآن بذلك.

أساليب تدريب الأسر لتفعيل مشاركتهم في تعليم وتأهيل الأطفال ذوي الاحتياجات الخاصة:

1. التعليم الإرشادي:

يتم تدريب الأهل في هذا الأسلوب باستخدام التوجيه اللفظي المباشر وعرض الأفلام التوضيحية، إعطاء المحاضرات التثقيفية، وتوجيه النصائح المباشرة حول كيفية تأهيل وتدريب الأطفال ذوي الاحتياجات الخاصة، وكيفية تفادي المشكلات السلوكية والأزمات المتوقع مواجهتها.

2. التوجيه السلوكي:

يعمل هذا المنحى التدريبي على ملاحظة الأهل أثناء تفاعلهم مع الطفل، وتحديد نقاط القوة لديهم واحتياجياتهم التدريبية، ويتم تقديم التوجيهات والتعليمات والتغذية الراجعة للأهل بناء على ما سبق.

3. الملاحظة:

يعتمد هذا لأسلوب على تدريب الأهل على القيام بالملاحظة لفترة قصيرة نسبيا، وملاحظة سلوك معين أو نمط سلوكي محدد قابل للملاحظة والقياس وهكذا ويهدف هذا الأسلوب التدريبي إلى تقليل الحكم الذاتي للأهل على طفلهم ورفع قدرتهم على الحكم الموضوعي على الطفل سلوكياته ومستوى أدائه. كما أن هذا الأسلوب التدريبي يساعد الأهل على أن يصبحوا أكثر وعيا بتفاعلاتهم مع أطفالهم وبالتالي يسهل عليهم التعامل مع الأخصائيين وتلقي المعلومات حول الأهداف التعليمية والبرامج العلاجية.

4. النمذجة:

يتم من خلال هذا المنهج التدريبي تقديم نماذج للأهل لمشاهدتها والتعلم من خلال الملاحظة، تقدم هذه النماذج بطرق مختلفة مثل الأفلام والصور أو النمذجة الحية.

يقوم المدرب بتوضيح استجابة أو نشاط معين يقوم هو بتأديته ويقوم الأهل بالملاحظة ومن ثم مناقشة ملاحظات الأهل حول اداء المدرب.

يمارس الأب النشاط أو السلوك الذي شاهده ويقوم المدرب بالملاحظة والمتابعة.

يناقش المدرب والأب مدى فعالية الأداء ومحدداته.

استخدام منهج تعديل السلوك (الخطيب، 1994).

ضمن هذا الاطار يتم تطبيق مبادئ الاشتراط الإجرائي والتعلم الاجتماعي وذلك من خلال الخطوات التالية:

1. تحديد السلوك المستهدف: سواء كان هذا السلوك سلوك غير ملائم نرغب بالحد منه، أو سلوك ملائم نرغب بتعليمه.

2. جمع البيانات عن السلوك: هنا يتم التعرف على الظروف التي يحدث فيه السلوك، واين، ومتى، ومع من. محددين بذلك المثيرات القبلية التي تستثير السلوك، المثيرات البعدية التي تحافظ على استمرارية السلوك.

3. تحديد أهداف تعديل السلوك: خلال هذه الخطوة يتم استطلاع مدى دافعية الأسرة لتحقيق الأهداف التي سيتم العمل عليها.

4. تصميم وتنفيذ برنامج تعديل السلوك: يتم تدريب الأسرة على اختيار إحدى استراتيجيات تعديل السلوك الأساسية لتطبيقها.

5. تقييم فعالية البرنامج: أي استطلاع مدى تحقيق البرنامج للنتائج المرجوة منه، وذلك من خلال مقارنة مستوى الأداء الأولي بمستوى الأداء الحالي بعد تطبيق البرنامج.

6. لعب الأدوار والممارسة السلوكية: يتم من خلال هذا المنهج التدريبي إتاحة الفرصة للأهل لممارسة استجابات جديدة عن طريق مواقف منظمة بهدف تعريف الأهل بالاستجابات البديلة الممكنة لتلك التي يرغبون بتغييرها.

7. التدريب التعليمي: هنا يتم العمل على تحديد دقيق لما يتوقع من الأهل القيام به عند تعليم وتدريب أطفالهم. ويمكن إعطاء هذه التوجيهات باستخدام التوجيه اللفظي أو الكتابي أو الوسائل السمعية أو البصرية. وخلال هذا الأسلوب يتم استخدام التكنيكات التالية:

أ- تزويد الأهل بتوجيهات واضحة ودقيقة.

ب- البدء بالعمل على استجابات محددة وواضحة.

ج _ مكافئة جهد الأهل على الأداء.

د - اعطاء تغذية راجعة فورية للأهل حول أدائهم.

هـ - مناقشة آراء وانطباعات الأهل حول ما يطبقونه.

احتياجات أسر الأطفال ذوي الاحتياجات الخاصة... واستراتيجيات تقديم الدعم.

إن احتياجات الأسر التي لديها أطفال ذوي احتياجات خاصة لا تختلف عموما عن احتياجات باقي الأسر، إلا أن وجود الطفل لديه احتياج خاص يفرض على الأسرة بعض الاحتياجات الخاصة وجود هذا طفل.

ترتبط احتياجات الأسرة بالوظائف الأساسية التي تؤديها في المجالات السبعة الآتية:

1. المجال الاقتصادي.

2. المجال الصحي.

3. المجال الترفيهي.

4. المجال الاجتماعي.

5. المجال التربوي المهني.

6. المجال العاطفي.

7. مجال الانتماء والهوية الذاتية.

ضمن إطار الأسر التي لديها أطفال ذوي احتياجات خاصة فإن هذه الأسر تختلف بعدة متغيرات كما يذكر (ترنبل وترنبل، 1988) منها: الطفل ذو الاحتياج الخاص

نفسه من ناحية نوعية الاعاقة، عمره، خصائصه النفسية والسلوكية وعليه فإن نوعية التدريب والضغوط النفسية الناجمة عن اعاقته تختلف تبعا للفئة التشخيصية للإعاقة، وعليه يتوقع أن تختلف حاجات الأسرة بناءا عليه.

ويورد (الحديدي ومسعود، 1997) مجموعة من الحاجات المشتركة لدى معظم أسر الأطفال ذوي الاحتياجات الخاصة هي:

أولاً: الحاجة للاستفادة من الموارد التربوية المناسبة والمشاركة في التخطيط لبرامج الطفل.

ثانياً: الحاجة إلى التواصل مع الأخصائيين والعاملين مع أطفالهم فيما يختص بمشاكل أطفالهم أثرها على النظام الأسري.

ثالثاً: الحاجة إلى المعلومات عن وضع الطفل والخدمات المناسبة له وعن مستقبله أيضا، وعن كيفية الموازنة بين احتياجات الطفل ذو الاحتياج الخاص واحتياجات باقي أفراد الأسرة.

رابعاً: الحاجة إلى تعلم الاستراتيجيات الفاعلة للعناية بالطفل في البيئة الأسرية.

خامساً: الحاجة إلى الدعم العاطفي نظرا للعبئ النفسي الواقع على الوالدين والإخوة وعلى الحياة الأسرية كنتيجة لوجود طفل معاق في الأسرة.

لإشباع الحاجات السابقة للأسر فإنه لا بد من تقديم أشكال متنوعة لأسر هؤلاء الأطفال لتمكينهم من تحمل الضغوطات النفسية والاجتماعية والتكيف مع حالة الطفل والتعايش معها ومن أشكال الدعم:

1. الدعم الاجتماعي:

هو المساعدة التي تحصل عليها الأسرة من الأصدقاء أو الأسرة الممتدة أو المتطوعين أو الجيران تحمل جزء من العبء الناجم عن وجود طفل ذو احتياج خاص مما يشعر الأسرة بالمساندة والتقبل والتفهم من المحيطين، الأمر الذي يساعدها على المواجهة للضغوط والتكيف معها.

ومن أشكال الدعم:

1. دعم الأسرة والأصدقاء: إن الأسرة بحاجة لدعم الأصدقاء ومساعدتهم في تحمل جزء من الضغط الواقع عليهم، وذلك من خلال تقديم الدعم المادي المباشر لهم كتوفير الموصلات للأسرة وصول إلى أماكن تلقي الخدمات أو رعاية الطفل المعاق أو أحد إخوته عند انضمام الأسرة إحدى الندوات أو المحاضرات.

2. جماعات الدعم المتخصصة التطوعية: هي جماعات منظمة تتكون من أخصائيين نفسيين اجتماعيين متطوعين يعملون على تقديم الدعم المعنوي للأسر المنظمة ويشاركون هذه الأسر اهتمامهم، ويتبادلون النصائح بين بعضهم.

3. جماعات الدعم الوالدية: عبارة عن مجموعة من أسر الأطفال ذوي الاحتياجات الخاصة يعملون على تقديم الدعم المعنوي لبعضهم البعض من خلال مناقشة مخرجات تجاربهم الايجابية وتبادل المعلومات عن أطفالهم واحتياجاتهم.

تتميز هذه المجموعات بامدادها لأعضائها بمشاعر من الرضا النفسي ورفع القدرة على العطاء، إضافة إلى زيادة قدرة الفرد على التأثير على الآخرين، كما أنها ذات ثقل في خلق تغييرات في البيئة المحلية المتواجدة ضمنها، حيث أن معظم المراكز الخاصة أو الجمعيات الخيرية هي نتاج مطالبات وجهود مثل هذه المجموعات (كيرك وآخرون، 1993).

4. مجموعات دعم الأخوة: تهدف هذه المجموعات إلى تلبية احتياجات اخوة الطفل ذو الاحتياج الخاص وعادة ما يحتاج إلى مثل هذه المجموعات أسر الأطفال الصغار في السن أو حديثي الولادة (الحديدي ومسعود، 1997).

2. الدعم العاطفي:

أن تقبل الطفل ذو الاحتياج الخاص والتعايش مع الصعوبات التي ترافق إعاقته يعتبر من أهم الأزمات التي تواجهها الأسرة مما يجعلها بحاجة ماسة الى جميع أشكال الدعم العاطفي الممكن.

علما بان الصعوبات العاطفية التي تواجهها الأسرة تختلف باختلاف العمر الزمني لطفلهم، ففي مرحلة الطفولة المبكرة يحتاج الأهل إلى المساعدة على تفهم ردود فعلهن العاطفية المتوقعة، وكذلك الحال فيما يختص بالأزمات التي يمرون بها أثناء محاولاتهم للتكيف.

أما في مرحلة المدرسة تتمحور صعوبات الأسرة في محاولات قبول قدرات الطفل وحاجاته، القدرة على مقابلة الأخصائيين في المجالات الطبية والنفسية والتربوية.

المراجع:

1. EHLY, STEWART, ET.AL.(1985). WORKING WITH PARENG PARENTS EXCEPTIONAL CHILDREN, TIMES MIRRIRL MOSBAY COLLEGE PUB.ST . LOUS.

2. TURNBULL, ANN ET. AL (1986), FAMILES, PROFESSIOMALS, AND EXCEPTAIONALITY, ASPECIAL PARTENERSHIB, MERRILL PUB .CO , COLMBUS, OHIO.

3. KIRK, S, GALLGHER AND ANASTASIOW, N.(1993) EDUCATIONAL EXCEPTIONAL CHILDERN. BOSTON: HOUGHTON MFFLIN.

4. WWW.ENABILLCHILD.NTT.

المراجع العربية:

1. الحديدي منى ومسعود، وائل (1997) التدخل المبكر دار الفكر، عمان، الاردن.

2. يحيى، خولة (2003) ارشاد اسر ذوي الاحتياجات الخاصة دار الفكر، عمان، الاردن.

3. جويس ايفانس (مترجم) (1416هـ) العمل مع اولياء امور الاطفال المعوقين، ترجمة عبد الله الوابل وطارش الشمري. مركز الامير سلمان لابحاث الاعاقة.

الفصل الخامس
الخدمات الإرشادية لذوي الإعاقات
العقلية وأسرهم

المقدمة

كلنا يعلم بأن جميع أفراد الأسرة وخصوصا الأم والأب عندما ينتظرون مولوداً جديدا، يتأملون أن يكون هذا الطفل القادم جميلاً وذكياً وسليماً من جميع الجوانب، ولكن تكون الصدمة الكبرى عندما يخبرهم الطبيب بأن طفلهم الجديد معاقا عقليا أو قد يتوقع أن يكون معاقاً عقليا. ويقضي الآباء والأمهات الوقت الطويل في التفكير حول مستقبل طفلهم المعاق وما سيعملون معه ومن سيرعاه بعدهم إلى غير ذلك من الاستفسارات التي تشغل تفكيرهم. وكذلك يقضي أولياء أمور الأطفال المعاقين عقليا الوقت الطويل في البحث عن مصادر قد تشفي أبناءهم أو يبذلون الجهد الكبير في إيجاد الأماكن التي يعتقدون أنها أكثر ملائمة لحالة أبنائهم ويعتبر التعامل مع الإعاقة العقلية أمر مربكا وصعبا أكثر من الإعاقات الأخرى.

ويعبر (Ross) عن هذا بقوله "يستطيع الشخص المبصر أن يتخيل أنه مكفوفاً أو أن يعيش تلك التجربة بأن يعصب عينيه ويتحرك في مكان جديد بالنسبة له، وكذلك الحال مع الصمم وبقية الإعاقات الجسمية ولكن لا يمكن للإنسان أن يلغي العمليات العقلية العليا لديه أو أن يتناسى مؤقتا كل ما تعلمه" لذلك فمن الصعب جدا التعامل مع الإعاقة العقلية.

تعريف الإعاقة العقلية (Mental Retardation)

يختلف العلماء الدارسون لظاهرة الإعاقة العقلية في إيجاد تعريف شامل ومقبول للإعاقة العقلية وذلك تبعا لاختلاف ميادين تخصصهم، فالإعاقة العقلية ظاهرة تجمع بين اهتمامات عدد من ميادين العلم والمعرفة كعلم النفس، والطب، والاجتماع والقانون.

ويرجع الاختلاف في تعريف الإعاقة العقلية إلى المعيار المستخدم في تحديد الإعاقة. وأما أكثر التعاريف شيوعا وقبولا للإعاقة العقلية فهو تعريف الجمعية الأمريكية للتخلف العقلي والتي تبنت تعريف جروسمان (Grossman)، وينص هذا التعريف على ما يلي:

تمثل الإعاقة العقلية مستوى من الأداء الوظيفي العقلي، والذي يقل عن متوسط الذكاء بانحرافين معيارين ويصاحب ذلك خلل واضح في السلوك التكيفي، ويظهر في مراحل العمر النمائية منذ الميلاد وحتى سن 18 سنة" (الروسان، 1999).

وفي عام 1993 ظهر تعديل جديد لتعريف الجمعية الأمريكية للتخلف العقلي للإعاقة العقلية وهو: تمثل الإعاقة العقلية قصور في عدد من جوانب أداء الفرد دون سن الحادي والعشرين، وتبدو في التدني الواضح في القدرة العقلية على متوسط الذكاء ويرافقها قصور واضح في اثنين أو أكثر من مظاهر السلوك التكيفي كمهارات الاتصال اللغوي، والعناية بالذات، والحياة اليومية، والاجتماعية، والتوجيه الذاتي، والخدمات الاجتماعية، والمهارات الأكاديمية، والصحة والسلامة، وأوقات العمل والفراغ (الروسان، 1999).

وتصنف الجمعية الأمريكية الإعاقة العقلية إلى فئات، حسب متغيري القدرة العقلية، والسلوك التكيفي، حيث يؤخذ بعين الاعتبار في عملية تصنيف الإعاقة العقلية إلى فئات، الدرجة على مقياس الذكاء، والدرجة على مقياس السلوك التكيفي. وتصنف الإعاقة العقلية إلى بسيطة ومتوسطة وشديدة، فالفئة البسيطة يطلق عليها فئة القابلين للتعلم، والمتوسط فئة القابلين للتدريب، أما الشديدة فهي فئة الاعتماديين (الروسان، 1999).

خصائص المعاقين عقليا:

1- الخصائص الجسمية:

وتظهر من خلال تأخر نمو الجسم وتأخر في النمو الحركي، وصغر الحجم بشكل عام، كما أن وزنهم اقل من العادي، ويتصفون بصغر حجم الدماغ، كما تظهر تشوهات في شكل الجمجمة، والعينين، والفم واللسان، والأطراف، والأصابع.

2- الخصائص العقلية:

تتلخص الخصائص العقلية للمعاقين عقليا بوجه عام في تأخر النمو العقلي، وتدني نسبة الذكاء، وتأخر النمو اللغوي، وكذلك ضعف الذاكرة والانتباه والإدراك والتخيل والتفكير والقدرة على الفهم والمحاكمة والقدرة على التركيز، وهذه الخصائص تسبب ضعفا في التحصيل ونقصا في المعلومات والخبرة لدى الأفراد ذوي الإعاقة العقلية (الريحاني، 1985).

3- الخصائص الاجتماعية:

يتميز المعاقون عقليا بضعف القدرة على التكيف الاجتماعي، ونقص الميول والاهتمامات، وعدم تحمل المسؤولية وانخفاض مفهوم الذات الذي يرتبط بخبرات الفشل التي يواجهونها.

كذلك يظهر المتخلفون عقليا سلوكات غير اجتماعية مثل الانسحاب والعدوان، ويواجهون صعوبات في بناء العلاقات الاجتماعية المناسبة مع الآخرين.

4- الخصائص العاطفية والانفعالية:

يتميز المتخلفون عقليا بعدم الاتزان الانفعالي وعدم الاستقرار والهدوء وسرعة التأثر أحيانا وبطء الانفعال أحيانا أخرى، وهم اقل قدرة على تحمل القلق والإحباط (Drew, Hardman & Logan, 1996).

الحاجات النفسية والاجتماعية العامة للأطفال المعاقين عقلياً:

لا يحتاج الطفل في نموه إلى مجرد الحصول على الطعام والشراب، ولكنه يحتاج إلى جانب ذلك إلى تهيئة الجو العاطفي والانفعالي السليم الذي يدعم شخصيته. وسأتطرق إلى بعض الحاجات النفسية والاجتماعية التي من الضروري إشباعها لتدعيم نمو هذه الفئة من الأطفال المعاقين وهي:

1- الحاجة إلى الحب (Need for Love).

2- الحاجة إلى الانتماء (Need for Beloning).

3- الحاجة إلى التقبل الاجتماعي (Social Acceptance).

4- الحاجة إلى تقدير الانجاز (Need for Achievement)

5- الحاجة إلى الانتماء (Need for Attention)

6- الحاجة للشعور بالكفاءة (Need for Competence)

الحاجات الخاصة بالأفراد المعاقين عقليا:

1- الحاجة إلى الخدمات الصحية.

2- الحاجة إلى التسهيلات البيئية المختلفة.

3- الحاجة إلى الأدوات التعليمية المناسبة.

4- الحاجة إلى خدمات التأهيل المهني والتهيئة المهنية بما يتناسب مع درجة الإعاقة.

5- الحاجة إلى الدعم النفسي عن طريق توفير خدمات الإرشاد النفسي، وتقبل الإعاقة، والعمل على تطوير قدرات الفرد.

6- الحاجة إلى الدعم الاجتماعي، وتعديل الاتجاهات السلبية في المجتمع نحو الإعاقة العقلية خصوصاً، والإعاقات الأخرى عموماً.

7- الحاجة إلى الدمج في المجتمع الذي يعيش فيه المعاق.

8- الحاجة إلى العمل والاستقلالية، والالتحاق ببعض المهن التي تناسب إعاقته وشدتها (الصمادي، سرطاوي، 1998).

المشكلات الشائعة عند الأطفال المعاقين عقليا:

يبدي الأطفال المعاقون عقليا أنواعا من السلوك غير التكيفي، وأهمها العدوان والسلوك النمطي والفوضوي والتمرد وإتلاف الممتلكات وإيذاء الذات.

وقد أشارت الدراسات المتصلة بموضوع السلوك غير التكيفي أن نسبة حدوثه لدى المعاقين عقليا الملتحقين بالمؤسسات الخاصة عالية نسبيا فقد وجد ماتسون وآخرون (Metson, et al, 1984) وكذلك كولير وآخرون (Koller, et al, 1983). أن نسبة حدوث المشكلات السلوكية بين المعاقين عقليا تفوق نسبتها لدى العاديين. ومن المشكلات السلوكية بين المعاقين عقليا وبعض طرق علاجها، وتحتاج إلى الإرشاد النفسي، بالإضافة إلى العلاج الطبي. ومن أهم هذه المشكلات:

1- الاضطرابات العقلية والنفسية: حيث يعاني بعض المعاقين عقليا من اضطرابات عقلية ونفسية شديدة، مثل الفصام والاضطرابات الوجدانية كالاكتئاب. وأشارت بعض الدراسات أن معدل حدوث الأمراض النفسية بين المعاقين عقليا أعلى منه لدى غير المعاقين عقلية بما يتراوح بين (4-5) أمثال (Chevvyerel, 1997)، وهذه الاضطرابات تسبب لهم مشكلات في التكيف مع البيئة المحيطة، ولذلك فهم يحتاجون إلى العلاج المتخصص في مستشفيات الطب النفسي.

2- اضطراب النمو الانفعالي: حيث يصنف المعاقون عقليا إلى فئتين بحسب النمو الانفعالي:

- فئة مستقرة انفعاليا (Emotional Stable)، وتتميز بأنها حسنة المعشر، متعاونة ومطيعة، ولا تؤذي غيرها، ولا تتعدى مشاكلها مشاكل الأطفال العاديين.

- فئة غير مستقرة انفعاليا (Emotional un Stable) وتتميز باتها لا تستقر في نشاطات كثيرة الحركة، تثور وتغضب لأتفه الأسباب وتنتابها نوبات هياج يصعب السيطرة عليها، وهي متقلبة المزاج، فأحياناً تكون هادئه، وأحياناً أخرى تمتاز بالشراسة. وقد تؤذي نفسها والآخرين، وتحتاج هذه الفئة إلى الإرشاد والعلاج النفسي لتنمية الجوانب الايجابية في شخصيتها ومساعدتها على تكوين اتجاهات وجدانية مستقر، وقد وضع فردريك ثورن (Feredrick Thorne) برنامجا لعلاج مثل هذه الحالات يقوم أساسه على تعديل الاستجابات الوجدانية، وتدريبها على تحمل الإحباط وضبط انفعالاتها وزيادة ثقتها بنفسها عن طريق توفير فرص النجاح (الاشول، 1999).

3- مشكلات صعوبات النطق: حيث تنتشر صعوبات النطق وعيوب الكلام بين المعاقين عقليا، ففي دراسة لبيرت (Beurt, 1981) وجد أن (25%) من المعاقين عقليا يعانون من هذه الصعوبات، في حين وجد أن (75%) يعانون من عيوب في الكلام، ومن عيوب الكلام الشائعة عند المعاقين عقليا، عدم القدرة على النطق وعدم وضوح الكلام واللعثمة واضطرابات الصوت وترديد الألفاظ، وتعاني معظم حالات الإعاقة العقلية الشديدة من عدم القدرة على النطق بسبب التدني في قدرتها العقلية أما الإعاقة البسيطة والمتوسطة، فتعاني نسبة كبيرة منها من صعوبات وعيوب في النطق لأسباب عضوية ونفسية واجتماعية، ومن الأسباب العضوية (فقدان أو ضعف السمع، شذوذ في تركيب الأسنان، زيادة في تجويف الفك السفلي..... الخ).

ومن الأسباب الاجتماعية والنفسية لعيوب الكلام والنطق عند المعاقين عقليا فشلهم في اكتساب النمط السليم للكلام، وتكوين عادات كلامية خاطئة بسبب حرمانهم من المنبهات اللغوية والصوتية، فقد أشارت دراسة لفريد لاندر (Fried

Lander) أن أباء الأطفال المعاقين عقليا يبتعدون عن أبنائهم فلا يسمعونها صوتا حنونا أو قصة مشوقة لاعتقادهم أن الطفل المعاق عقليا لا يفهم الكلام ولا يصغي لمن يتحدث إليه.

ويقوم علاج صعوبات النطق وعيوب الكلام على أساس علاج أسبابها الجسمية والنفسية عن طريق تحسين علاقة الطفل بمن حوله وتدريبه على النطق السليم وإكسابه العادات الكلامية الصحيحة عن طريق توفير المنبهات اللفظية التي تنمي الحصيلة اللغوية لديه، وتشجعه على التعامل باللغة في الحياة اليومية.

4- التبول اللاإرادي: تعتبر هذه المشكلة من أهم المشكلات التي تواجه الأطفال المعاقين عقليا ولها تأثير على سوء تكيف الطفل مع نفسه ومع الآخرين. وقد تعيقه عن الدراسة والتدريب، وتعود هذه المشكلة لأسباب نفسية وجسمية ونقص في التدريب، ومن أهم استراتيجيات العلاج وضع برنامج تدريبي للطفل بتنظيم ذهابه إلى الحمام قبل وأثناء وبعد النوم، مع استخدام المعززات التي يفضلها الطفل عند الالتزام، ودراسة مشاكل الطفل النفسية، وتحسين أساليب معاملته وزيادة ثقته بنفسه، وتنمية الشعور لدى الطفل بقدرته على التخلص من المشكلة وتشجيعه على التعاون.

الإرشاد النفسي للمعاقين عقليا:

اقتصر الاهتمام في بعض المراحل الزمنية على التوجيه المهني والارشاد النفسي للمعاقين عقليا من فئة الإعاقة العقلية البسيطة فقط، على اعتبار أن الوصول إلى نتائج ايجابية مع المعاقين بدرجة شديدة أو متوسطة غير ممكن، وهكذا فان بعض الاخصائيين والمرشدين النفسيين قد يرفضون العمل مع المتخلفين عقليا لعدة أسباب كما ذكرها جيهارت وليتون (1975)، وهي:

1- يعتقد البعض أن فرص الوصول إلى نتائج ايجابية مع المعاق عقليا محدودة، وذلك بسبب تدني مهارات اللغة والاتصال اللغوي، وان المعاق عقليا غير قادر على التكيف مع المقابلة الإرشادية بسبب عدم قدرته على الاتصال مع المعالج بشكل فعال.

2- يعتقد البعض كذلك أن المعاق عقليا لا يمتلك المستوى العالي من المحاكمة العقلية والتفكير، ولذلك فإن التكيف الذي يمكن أن يحدث سيكون تكيفا مصطنعا.

3- يركز بعض الأخصائيين والمرشدين على الاستبصار كهدف أساسي للإرشاد النفسي، وهذا الهدف لا يمكن تحقيقه مع المعاقين عقليا، وذلك بسبب نقص الأداء الوظيفي الذي يعانون منه بالرغم من أن الاستبصار ليس الهدف الوحيد للإرشاد، وإنما هو احد أهدافها.

4- العملية الإرشادية مع المعاقين عقليا تستغرق وقتا كبيرا بالمقارنة مع ما تحققه من نتائج، وهكذا فانه من الأجدى كما يرى هؤلاء أن يعمل المرشد على إرشاد إنسان يتمتع بالقدرات العقلية العالية يعاني من بعض المشكلات بدلا من عناء العمل مع إنسان معاق عقلياً.

5- بعض المرشدين يتذرعون بعدم توفر الوقت الكافي لإرشاد فئة المعاقين عقليا.

وفي السنوات الأخيرة، ومع تقدم المجتمعات البشرية- التي ركزت على حقوق الأطفال المعاقين بشتى أنواع إعاقتهم- وضرورة تقديم الخدمات المناسبة لهم، وخصوصا الخدمات الإرشادية. وبالرغم من تلك الأسباب التي ذكرنا، والتي ساهمت في عزوف البعض من المرشدين والأخصائيين النفسيين عن العمل مع المعاقين عقليا، فان هناك كثير من المرشدين النفسيين لا يؤمنون بتلك المبررات للامتناع عن تقديم الخدمات الإرشادية، حيث يؤمن هؤلاء بأهمية وقيمة الإرشاد النفسي للمعاقين عقليا، وذلك للأسباب الآتية:

1- المعاق عقليا يتمتع بردود أفعال سوية لكثير من المواقف، وكذلك يتمتع بحياة عاطفية نشطة.

2- الاضطرابات العاطفية تنتشر بين المعاقين عقليا، كما أنها تنتشر بين الأسوياء غير المعاقين.

3- الضغوط النفسية ومشكلات سوء التكيف التي يتعرض لها المعاق مماثلة لتلك التي يتعرض لها الإنسان السوي.

4- الفرد المعاق عقليا يجب أن يتمتع بنفس الحقوق التي يتمتع بها الإنسان العادي من حيث تقديم الخدمات التي تساهم في تحسين قدراته.

أهداف برامج الإرشاد مع الأطفال المعاقين عقلياً:

تختلف الأهداف المرجو تحقيقها من الإرشاد بحسب درجة الإعاقة للمعاقين عقليا، فأهدافها بالنسبة للإعاقة العقلية بدرجة شديدة تختلف عن أهدافها للإعاقة العقلية بدرجة متوسطة وبسيطة، ففي حين تركز أهداف البرامج الإرشادية المقدمة للأطفال المعاقين بدرجة شديدة على العناية الشخصية واعتماد المعاق على نفسه في قضاء الحاجات الأساسية، وتنمية المهارات الحركية، والتآزر العقلي. تركز البرامج الإرشادية المقدمة للأطفال المعاقين عقليا بدرجة متوسطة على الوصول إلى التوافق مع الأسرة، والحصول على عمل بورش محمية. أما المعاقون عقليا بدرجة بسيطة فتتركز الخدمات الإرشادية المقدمة لهم على الوصول إلى ممارسة الحياة الاجتماعية، كالأشخاص العاديين وتنمية مسؤولياتهما الاجتماعية والشخصية. وعلى الرغم من الاختلاف في أهداف البرامج الإرشادية المقدمة للمعاقين عقليا؛ نظرا لاختلاف درجة الإعاقة فان هناك أهدافا عامة للإرشاد النفسي للمعاقين عقليا يشترك فيها جميع المعاقين باختلاف درجات إعاقتهم وهي (القريطي، 1999):

1- تنمية ثقة المعاق بنفسه.

2- تنمية قدرة المعاق عقليا على التعبير العاطفي.

3- تنمية قدرة المعاق عقليا على ضبط انفعالاته والتحكم بها.

4- تنمية معايير السلوك المقبول والالتزام بها.

5- تنمية القدرة على طلب المساعدة عند الحاجة إليها.

6- تنمية وتطوير اتجاهات ايجابية نحو الذات ونحو المجتمع المحيط.

7- تنمية وتطوير اتجاهات ايجابية نحو الحياة والعمل.

8- تشجيع المعاق عقليا على مواجهة مشاكله وإيجاد الحلول لها (الريحاني، 1985).

أما الطرق التي يمكن استخدامها مع المعاقين عقليا لتحقيق أهداف الإرشاد فهي:

1- التعبير، وذلك عن طريق إنهاء المهمات والتنفيس والتفريغ الانفعالي.

2- الإشباع، وذلك عن طريق الدعم والتأكيد والحماية والاحترام.

3- إزالة التهديد، وذلك عن طريق الحماية وتوفير الظروف الاقتصادية والاجتماعية والحياتية الجيدة.

4- التبصر والمعرفة والفهم.

5- تحقيق الذات.

المبادئ العامة في إرشاد المعاقين عقليا:

إن نجاح الإرشاد لا يمكن أن يتحقق إلا في إطار علاقة إرشادية بين المرشد والمعاق عقليا، وعلى المرشد أن يلتزم فيها بعدد من الاتجاهات الايجابية والمبادئ الهامة في العمل مع المعاقين عقليا، أما هذه الاتجاهات والمبادئ فهي ما يلي:

1- على المرشد أن يتقبل الفرد المعاق عقليا بغض النظر عن مشاكله وظروفه، ويساعد الطفل على تقبل ظروفه ويدربه على تحمل الإحباط.

2- على المرشد أن يؤمن بان الفرد المعاق عقليا لديه استعدادات النمو والتغيير.

3- على المرشد أن يسمح للمعاق عقليا بالمساهمة في تقرير مصيره، واتخاذ القرارات التي تخصه بشيء من الحذر وبالقدر الذي تسمح به إمكاناته وقدراته (الفرد المعاق).

4- على المرشد أن يؤمن بأهمية الخدمات الاجتماعية في معالجة المشكلات التي تواجه الفرد المعاق عقليا.

5- على المرشد أن يؤمن بأن الفرد المعاق له الحق في أن ينمي قدراته واستعداداته إلى أقصى درجة ممكنة بغض النظر عن درجة الإعاقة.

6- على المرشد أن يقتنع بان قدرة الفرد المعاق عقليا محدودة بالنسبة لحاجاته المستقبلية، فهو بحاجة إلى من يساعده في التخطيط لمستقبله.

7- على المرشد أن يدرك أن المناقشات الأولية مع المعاق عقليا قد تكون صعبة بسبب خبراته السابقة القائمة على رفض الآخرين له، لذلك على المرشد أن يقوم بتشجيعه ودعمه وتعديل اتجاهاته نحو نفسه ونحو أسرته.

8- على المرشد أن يدرك أن المعاق عقليا بحاجة إلى الخبرات الناجحة لزيادة ثقته بنفسه عن طريق توفير الأنشطة التي يستخدم فيها قدراته ومهاراته بنجاح، ويبدأ بالأعمال البسيطة التي يستطيع القيام بها.

9- يجب أن تكون الأسئلة التي يطرحها المرشد واضحة ودقيقة لمساعدة المرشد على الاستفادة من المعلومات التي يجمعها في فهم المعاق عقليا ومساعدته.

10- أثناء جلسات الإرشاد قد يحتاج المعاق عقليا لفترات زمنية طويلة لتجميع وصياغة إجابته، وذلك بسبب تدني قدرته على التركيز، لذا يجب عدم مقاطعته إلا إذا لاحظ المرشد أن سلوكه بلا هدف (الريحاني، 1985).

العوامل المؤثرة في نجاح الإرشاد للمعاقين عقليا:

تشير الدراسات والأبحاث التي تناولت موضوع أهمية الإرشاد والعلاج النفسي للمعاقين عقليا أن هناك عدة عوامل تؤثر في نجاح عملية الإرشاد، وهذه العوامل هي:

1- مستوى الذكاء:

إن نجاح خدمات الإرشاد للأفراد المعاقين عقليا يرتبط مباشرة مع مستوى الذكاء أو القدرة العقلية المتبقية لدى الفرد المعاق عقليا، حيث انه كلما زادت نسبة الذكاء أو القدرة العقلية المتبقية كلما كان الإرشاد والعلاج النفسي أنجع وأكثر قيمة بالنسبة للفرد، ففي حين يعتبر الإرشاد لمن يكون ذكاؤهم (75-90) درجة ذا قيمة كبيرة، فان الإرشاد لمن يكون ذكاؤهم ما بين (50-75) يعتبر ذا قيمة متوسطة.

2- الاتجاه النظري المستخدم في العملية الإرشادية مع المعاق عقليا:

أشارت بعض نتائج الدراسات على أن الاتجاه الانتقائي في الإرشاد بمعنى استعمال الأسلوب أو النظرية التي تناسب حالة الفرد ومشكلته دون الالتزام بنظرية معينة في العلاج هو أكثر الاتجاهات النظرية التي يستخدمها المرشدون في علاج المعاقين عقليا، ويأتي في الدرجة الثانية الاتجاه النظري المعروف باسم الاتجاه المتركز حول العميل (روجرز) ثم نظرية التعلم والاتجاه التحليلي والاتجاه العقلي والعاطفي.

3- نوع المشكلات التي يعاني منها المعاق عقليا:

دلت الدراسة التي قام بها كل من ماتسون وآخرون (Matson, et al, 1984) وكذلك كولير وآخرون (Koller, et al, 1983) أن نسبة حدوث المشكلات السلوكية بين المعاقين

عقليا تفوق نسبتها لدى العاديين، وأنها أي المشاكل السلوكية والتفاعل مع الآخرين احتلت المرتبة الأولى تبعا لنوع المشكلات التي يعاني منها المعاقين عقليا، واحتلت مشكلات العلاقات الأسرية المرتبة الثانية والتكيف مع حياة المؤسسة المرتبة الثالثة والمشكلات المهنية المرتبة الرابعة، ومشكلات الشخصية المرتبة الخامسة.

4- أساليب الإرشاد والعلاج المستخدم:

دلت الدراسة التي قام بها كل من وودي وبيلي أن الإرشاد الفردي يحتل المرتبة الأولى في الأهمية من حيث قيمته في الإرشاد والعلاج النفسي للمعاقين عقليا، ويحتل المرتبة الثانية استعمال الإرشاد الفردي والجمعي معا. أما الإرشاد الجمعي لوحده فقد احتل المرتبة الثالثة في هذه الدراسة.

أساليب الإرشاد النفسي المستخدمة مع المعاقين عقليا:

1- الإرشاد الفردي:

يتطلب الإرشاد الفردي أن يكون المرشد يتصف بالإخلاص والصدق والتعاطف، وأن يكون مدركا بحدود قدرات الطفل المعاق عقليا.

ونجاح عملية الإرشاد الفردي يعتمد على قدرة المرشد في تقبل المسترشد بغض النظر عن مشكلاته وظروفه، وأن يحترم كرامة المسترشد ويؤمن بقدرته على النمو مدركا حدود إمكانياته ومؤمنا بقيمة الخدمات التي يقدمها.

2- الإرشاد الجماعي أو الجمعي:

يتطلب الإرشاد الجماعي من المرشد الالتزام ببعض المحددات التي تفرضها احتياجات الجماعة العلاجية أو المجموعة الإرشادية، ومن هذه المحددات:

1- الأفضل ألا يزيد عدد أفراد المجموعة الإرشاد عن ستة أفراد.

2- يفضل وضع الأفراد الذين يعانون من مشكلات مشابهة في مجموعة واحدة.

3- يفضل تحديد الوقت للمجموعة الإرشادية لبداية العمل.

4- يجب أن يكون أفراد المجموعة الإرشادية في الإرشاد الجماعي من نفس الفئة العمرية والمستوى العقلي ما أمكن (يحيى، 2002).

3- العلاج باللعب:

يعتبر العلاج عن طريق اللعب مهم جدا بالنسبة للمعاقين عقليا، وخاصة في مجال تعديل السلوكيات غير المرغوبة أو اللاجتماعية التي يصدرها هؤلاء الأطفال، ولذلك ينصح بتخصيص غرفة للعلاج باللعب تحتوي على أنواع وأشكال مختلفة من الألعاب المصنوعة من الخشب أو البلاستيك غير القابلة للكسر.

4- العلاج عن طريق الفن:

يعتبر العلاج عن طريق ممارسة النشاط الفني، وخاصة الرسم من الوسائل المهم التي تمكن الطفل المعاق عقليا من التعبير المباشر والحر عن عالمه الخاص ومشاكله وانفعالاته في جو يخلو من التهديد، ويمكن أن يكون العلاج عن طريق الفن والرسم أساسا للتشخيص.

5- العلاج عن طريق التمثيل:

حيث يعتبر هذا النوع من العلاج وسيلة مناسبة يستطيع المعاق عقليا من خلالها أن يعبر عن مختلف العواطف والانفعالات والرغبات المكبوتة لديه بشكل حر. ويمكن أن يستخدم العلاج عن طريق التمثيل بصورة فردية أو جماعية، ويكون على شكل مقيد أو حر. ويستخدم الشكل المقيد من هذا العلاج عندما يرغب المعالج في الكشف عن جوانب حقيقية من سلوك المسترشد أو تعليمه أساليب سلوكية معينة.

ويستخدم حرا وذلك عندما يكون الغرض من العلاج هو تفريغ الشحنات الانفعالية والعاطفية المكبوتة. ويعتبر هذا النوع من العلاج مهما في معالجة مشكلات سوء التكيف الاجتماعي والأسري عند المعاقين عقليا (الريحاني، 1985).

ردود فعل الوالدين واتجاهاتهم نحو وجود طفل معاق عقليا في الأسرة:

بناء على الوضع النفسي والجسدي المرهق الذي تعيشه الأسرة يمكن لنا أن نتصور الاتجاهات التي تتكون عند هذه الأسر. ويمكن أن نلخص ردود فعل الأسرة أو اتجاهاتها نحو الطفل المعاق إلى ما يلي:

1- الاتجاه السلبي أو الاتجاه الرافض: نلاحظ أن بعض الأسر لم تكن تتوقع أن يكون لها طفل معاق ولذلك فهي لا تتقبل هذا الوضع المؤلم وتتهرب منه وترفضه بأشكال شتى كأن يتبادل الزوجان التهم حول السبب في وجود

الطفل المعاق، وقد يستمر ذلك طويلا وتتحول البيئة الأسرية إلى جحيم لا يطاق يسبب مزيدا من الألم والتعاسة للزوجين وللأبناء الآخرين، وقد يطلب الزوجان أو احدهما الطلاق. قد أشارت الدراسات أن نسبة الطلاق بين أسر ذوي المعاقين أعلى من الأسر العادية.

2- عدم الاكتراث والإهمال: لوحظ أن بعض الأسر أو بعض أفرادها تكون لديهم اتجاهات سلبية نحو طفلهم المعاق. فلا يتقبلونه أطلاقا، وهذا الاتجاه يؤدي إلى إهمالهم له بدرجة كبيرة، فلا يكترثون لمظهره وملابسه وطعامه ولا يوفرون له العناية الصحية الكافية ويحاولون إخفائه من حياتهم اليومية، كوضعه في مؤسسة داخلية للمعاقين أو أبعاده عن أنشطة الأسرة، وخصوصا الاجتماعية منها.

3- الاهتمام الزائد بالطفل المعاق: يتكون لدى بعض الأسر اتجاهات مغايرة للاتجاهات الواردة سابقا، حيث أن احد الوالدين أو كلاهما يبدي اهتماما زائدا في الرعاية والعناية بطفله المعاق، مما يعيق برامجه التعليمية والتدريبية وتنشئته تنشئة السليمة، ويعود ذلك لشعور الوالدين بالإثم والذنب حيث يعتقد احد الوالدين أو كلاهما بأنه السبب في وجود الإعاقة عند الطفل. وبصورة خاصة عندما تنجب الأم طفلا معاقا وهي في سن الأربعين أو أكثر، أو لاعتقادها بأنها تناولت دواء في مرحلة الحمل، أو كانت تكثر من المشروبات أو التدخين، أو أنها تعرضت لأشعة اكس خلال الحمل، إلى غير ذلك من الاعتقادات التي تسيطر على الأم (سالم، 1994).

حاجات اسر الأطفال المعاقين عقليا:

تتباين حاجات الوالدين بناء على جملة من العوامل منها:

1- طبيعة إعاقة الطفل وشدتها.

2- موقف المحيط الخارجي من أسرة المعاق.

طبيعة الخدمات التي تحصل عليها الأسرة وبناء على ما سبق يمكن تصنيف الحاجات إلى:

1- الحاجة إلى المعلومات: يشكل الحصول على المعلومات حاجة ملحة بالنسبة للوالدين، وتتمركز هذه الحاجة حول المعلومات على مستقبل الطفل المعاق

وكيفية مساعدته بما يتناسب مع إعاقته، وكيفية تفسير إعاقة الطفل لأخوته الأخرين، وكيفية التعايش مع هذه الحالة.

2- الحاجة إلى الدعم: وتتنوع مصادر الدعم؛ فمنها ما هو رسمي؛ كأن يلجأ الوالدان إلى أحد المتخصصين لمساعدتهم في التخلص من أحد مسببات الضغوط المرتبطة بإعاقة الطفل، وقد يكون الدعم بلقاءات بين الأسر التي تعنى بحاجات الدعم وتسهم في التخفيف من وطأة المشكلات بتبادل الخبرات بين هذه الأسر في كيفية التعامل مع المشكلات.

3- الحاجات الاجتماعية: قد يتعرض الوالدان إلى عزلة اجتماعية جراء وجود الطفل المعاق عقليا وخوفا من نظرات الشفقة والحزن على الطفل التي قد تبدو من بعض الأفراد المحيطين بالأسرة، وهذه الحاجة تستدعي مساعدة الوالدين في الخروج من العزلة ومحاولة إعادة دمجهم مع المحيط الخارجي بتوفير المساندة الكاملة من المجتمع المحلي.

4- الحاجات المالية: يضيف الطفل المعاق إلى أسرته أعباء مالية نتيجة ما يحتاج إليه من أدوات (الدواء، والزيارة المستمرة للطبيب، أو الحاجة إلى إلحاقه بأحد مراكز التربية الخاصة)، وبما أن بعض الأسر تعاني من تدني المستوى الاقتصادي لها، فهذا يجبرها أحيانا على طلب المساعدات المالية من الجهات المختصة، وهنا تظهر أهمية المسؤولين والمهنيين الذين يسهمون في التخفيف من حدة المشكلة الواقعة على كاهل الأسرة.

5- الحاجات المرتبطة بالوظيفة الأسرية: قد يحتاج الوالدان إلى إدراك المشكلة المرتبطة بوظيفة الأسرة وفهمها وحل المشكلات وتحديد الأدوار، إضافة إلى توفير الدعم الداخلي للأسرة، وإيجاد أنشطة ترفيهية لها (الخطيب والحسن، 1999).

المشكلات الشائعة عند اسر الأطفال المعاقين عقليا:

أشار هوف (Hoff) إلى أن أباء الأطفال المعاقين عقليا يمكن أن يتعرضوا إلى عدد من الأزمات لا تقع عند ولادة الطفل فقط، وإنما تتجدد وتحدث في أوقات عدة مثلما هو الحال عندما يدخل الطفل المدرسة ولا ينجح في الصف العادي، وعندما تظهر لدى الطفل مشكلات سلوكية غير مألوفة، وحين يصبح راشدا، كذلك عندما يصبح من الضروري وضعه في مؤسسات رعاية خاصة (Stewart, 1996).

وتتعدد المشكلات التي يعاني منها ذوو المعاقين عقليا وتزداد حدة هذه المشكلات في حال كانت الأسرة تعاني من ضغوطات قبل ولادة الطفل المعاق، مثل التفكك الأسري أو ضغوطات في مسيرة حياة العائلة. وفيما يلي بعض الدراسات التي تطرقت لهذا الموضوع فقد أشار شيلد (,Schild 1982) في دراسته أن الأسرة تصاب بحالة من اليأس والإحباط وفقدان الأمن حيال بطئ التقدم الذي يحرزه طفلهم المعاق عقليا.

وأشارت الدراسة التي قام روسي وآخرون (Rousey, et al, 1992) أن حدة الضغوط تزداد في الأسر ذات المستوى التعليمي المتدني، ومن الدراسات العربية التي تطرقت إلى موضوع المشكلات الأسرية لدى اسر الأطفال المعاقين الدراسات التي قامت بها يحيى (1998) فقد أشارت هذه الدراسة أن المشكلات النفسية تأتي في المرتبة الأولى ضمن المشكلات كافة، وتتمثل في الشعور بالقلق على المستقبل والنظرة الدونية والحزن والشفقة على الأسرة والطفل، وأن وجود هذا الطفل يسبب الشعور بالكآبة والأسى والتوتر الذي يؤثر سلبا على الاتزان العاطفي للزوجين.

ويمكن تصنيف المشكلات التي تعاني اسر الأطفال المعاقين عقليا إلى:

1- مشكلات اجتماعية:

حيث إن وجود الطفل المعاق في الأسرة يؤثر على طبيعة العلاقات الاجتماعية بين أفراد الأسرة بعضهم ببعض، وبين أفراد الأسرة والآخرين خارج نطاق الأسرة، وتتمثل أهم هذه المشكلات ما يلي:

- قضاء معظم وقت الوالدين في رعاية الطفل، وخصوصا في حالات الإعاقة الشديدة حيث يتطلب جهدا كبيرا على أفراد الأسرة، وخصوصا الأم مما ينعكس على قلة الاهتمام ببقية الأبناء.

- العزل الاجتماعي والحراك الاجتماعي المحدود: حيث أن خوف الأسرة من الوهم الذي يلحق بالأسرة جراء وجود طفل معاق فيها، والخوف على الطفل نفسه، كل ذلك قد يسهم في انطواء الأسرة على نفسها وانقطاع العلاقات الخارجية لها.

- قد يؤثر وجود هذا الطفل على العلاقات الزوجية بسبب الضغط الهائل على الأم خاصة، والأسرة بشكل عام، خصوصا إذا كانت هذه العلاقات غير قوية قبل ولادة الطفل المعاق (سعود، 1987).

2- المشكلات النفسية:

أشارت معظم الدراسات التي اهتمت بالجانب النفسي لأسر المعاقين عقليا، أن معظم هذه الأسر تتعرض لضغوط نفسية شديدة، وتتمثل هذه المشكلات فيما يلي:

- شعور الأسرة بالكآبة والأسى المزمن الذي يؤثر سلبا على الاتزان العاطفي للزوجين.

- تعرض الوالدين لبعض الضغوط النفسية التي قد تؤدي إلى الضغط والسكري وأمراض الأعصاب (الخطيب، الحديدي، 1992).

- شعور الأسرة بالخجل من المجتمع المحلي بسبب النظرة السلبية من أفراد هذا المجتمع.

- ردود الفعل السلبية والتشاؤم لدى أمهات الأطفال المعاقين عقليا حيث تزداد لديهم مشاعر الذنب والقلق على مستقبل الطفل (Rouscy, et al, 1992).

3- المشكلات الاقتصادية:

حيث تعاني اسر الأطفال المعاقين عقليا من ضغوط مادية نتيجة ما تستلزمه رعاية الطفل من كلفة مالية كبيرة وما يترتب على ذلك من استنزاف معظم موارد الأسرة، وخصوصا حاجة الطفل للرعاية الطبية المستمرة والتكاليف المالية المتعلقة بتسجيله في احد مراكز التربية الخاصة وتزدد حدة هذه المشكلات لدى الأسر ذات الدخل المتدني وفي حالات الإعاقة الشديدة.

طورت بعض النماذج الإرشادية لتدريب اسر الأطفال المعاقين عموما والمعاقين عقليا خصوصا على كيفية مواجهة المشكلات والضغوط التي تواجهها الأسرة نتيجة لوجود الطفل المعاق فيها، ومن هذه النماذج ما قدمه سينجر وآخرون (Singer, et al, 1988)، ويتضمن عدة استراتيجيات تتمثل في تدريب الوالدين على ما يلي:

- مهارات القياس الذاتي للضغوط عن طريق التعرف على أعراضها الفسيولوجية والجسمية والنفسية.

- مهارات الاسترخاء العضلي لمواجهة الضغوط.

- الوعي بالأفكار الخاطئة والمبالغ فيها والمعتقدات غير المنطقة الناتجة عن الشعور بالمشكلات والضغوط والتعديل المعرفي لها عن طريق تسجيلها وفهمها وتقييمها والتدريب على تغييرها وإحلال أفكار أكثر عقلانية وواقعية وايجابية (Stewart, 1996).

الإرشاد النفسي لأسر المعاقين عقليا:

يعرف جاك ستيورات (Stewart, 1996) إرشاد اسر الأطفال ذوي الاحتياجات الخاصة بأنه علاقة مساعدة بين أخصائي مدرب من ذوي الخبرة الواسعة وأسر الأطفال غير عاديين ممن يسعون للوصول إلى فهم أفضل لهمومهم ومشاكلهم ومشاعرهم الخاصة، وهو عملية تعليمية تركز على استثارة النمو الشخصي لهذه الأسر الذين يتعلمون لاكتساب الاتجاهات والمهارات الضرورية وتطويرها واستخدامها للوصول إلى حلول مرضية لمشاكلهم ولمساعدتهم على أن يكونوا مكتملي الفاعلية في خدمة أطفالهم وفي تحقيق التوافق الأسري الجيد.

وهكذا يمكن أن يشير مفهوم الإرشاد النفسي لآباء الطفل المعاق عقليا وأسرته إلى تلك العملية التي يستخدم من خلالها المرشد خبراته وكفاءته المهنية في مساعدة أباء وأخوة الطفل على الوعي بمشاعرهم نحوه وتفهم حالته وتقبلها وتطوير اكبر قدر مما لديهم من إمكانات للنمو والتعلم والتغيير في اكتساب المهارات اللازمة لمواجهة المشكلات والضغوط الناتجة عن وجوده بالأسرة والمشاركة بفاعلية في دمجه وتعليمه وتدريبه والتعاون المثمر مع مصادر تقديم الخدمات بما يحقق له أقصى إمكانات النمو والتوافق.

أهمية الإرشاد المبكر لأسر المعاقين عقليا:

إن كثيرا من اسر الأطفال المعاقين عقليا لا يحسنون رعاية أطفالهم أما لجهل بحالة الطفل واحتياجاته أو لنقص في الخبرة بتعليم الطفل المعاق عقليا أو لفهم خاطئ لمسؤوليات الأسرة، أو لإهمال في أداء الواجبات، أو لعدم توافر إمكانات الرعاية والعناية بالطفل.

ويمكن النظر إلى عملية إرشاد اسر الأطفال المعاقين عقليا بأنها يجب أن تكون جزءا أصيلا ضمن برنامج التدخل المبكر لرعاية الطفل، حيث يسهم الإسراع بتقديم الخدمات الإرشادية للوالدين والأسرة في التعجيل بتخفيف الآثار النفسية السلبية المترتبة على ميلاد الطفل وتوجيه الوالدين نحو تقبل الطفل والاندماج معه وزيادة مستوى رضا الوالدين، كذلك تسهم الخدمات الإرشادية لأسر الأطفال المعاقين عقليا وأسرهم مشاركة الآباء مبكرا أو بصورة ايجابية في خطة تعليم الطفل داخل البيئة الأسرية مما يؤدي إلى الاستقلال الأمثل للسنوات التكوينية الأولى في تطوير

استعدادات الطفل، ويقلل من احتمالات تدهورها، كما يقلل أيضا من مضاعفات الإعاقة سواء على جوانب النمو الأخرى لدى الطفل أو على الحياة اليومية لأسرته.

أهداف إرشاد اسر الأطفال المعاقين عقليا:

ويمكن تصنيف أهداف البرامج الإرشادية التي تقدم لأسر الأطفال المعاقين عقليا إلى:

1- الأهداف المعرفية (أعطاء المعلومات): وتنصب الخدمات في هذا المستوى على توفير الحقائق والمعلومات الأساسية اللازمة للآباء فيما يتعلق بحالة الطفل الراهنة ومستقبله والخدمات المتاحة وتوجيههم إلى كيفية البحث عن مصادر هذه المعلومات.

2- الأهداف الوجدانية (الإرشاد النفسي العلاجي): ويهدف الإرشاد في هذا المستوى إلى إشباع الاحتياجات الوجدانية لآباء وأفراد الأسرة ومساعدتهم على فهم ذواتهم والوعي بمشاعرهم وردود أفعالهم واتجاهاتهم وقيمهم ومعتقداتهم بخصوص مشكلة الطفل، وعلاج ما قد يترتب على ذلك كله من خبرات فشل وصراعات وسوء تكيف ومشكلات بالنسبة للأسرة.

3- الأهداف السلوكية (تدريب الوالدين والأسرة): وتختص خدمات الإرشاد في هذا المستوى بمساعدة الوالدين وأعضاء الأسرة على التخلص من الاستجابات السلوكية غير الملائمة للتعامل مع المشكلة وتطوير مهارات أكثر فاعلية في رعاية الطفل سواء بالمشاركة في خطط تعليمية وتدريبه في البيت، أم بمتابعة تعليمية في المراكز الخاصة (الأشول، 1999).

الأهداف التي يتعين على المرشد النفسي انجازها:

1- فهم شخصيات الوالدين ودوافعهم، وما يمارسونه من أساليب دفاعية ويعكسونه من ردود أفعال، وإشباع مطالبهم الانفعالية:

وقد يتحقق ذلك عن طريق انجاز الأهداف الفرعية التالية:

- تهيئة الجو المناسب لتمكين الوالدين والإخوة من التعبير عن مشاعرهم السلبية الحقيقية فيما يتعلق بالطفل، والتنفيس عنها بدلا من كبتها.

- مساعدة الوالدين على فهم أنفسهم والوعي والاستبصار بمشاعرهم نحو الطفل والتخلص منها أو تعديلها.

- الإصغاء الجيد لما يطرحه الوالدان من تساؤلات، وما يبديانه من مخاوف وشكوك.

- مساعدة الوالدين على التخفيف من مشاعر الصدمة بمقدم الطفل، وعلى تجاوزها إلى الاعتراف بتخلف الطفل، وتقبله والاهتمام الايجابي به اهتماما غير مشروط.

- تشجيع الاتصال مع جماعات الآباء ذوي الأطفال المتخلفين عقليا في البيئة المحلية لتقاسم الهموم وتبادل الخبرات والتجارب.

2- زيادة استبصار الوالدين بحالة الطفل عن طريق تزويدهما بحصيلة مناسبة من الحقائق العلمية والمعلومات اللازمة عن:

- مشكلة الطفل وأسبابها.

- خصائص الطفل وإمكاناته (جوانب قوته وقصوره، مدى اختلافه عن الطفل العادي).

- مطالب نمو الطفل واحتياجاته الخاصة.

- سبل إشباع احتياجاته واستراتيجيات التعامل مع مشكلاته.

3- تعريف الوالدين بحقوقهم كآباء لأطفال متخلفين عقليا من خلال:

- إمداد الوالدين بالمعلومات الخاصة ببرامج التعليم والتدريب والتأهيل والتشغيل المناسبة لحالة الطفل.

- تشجيع الوالدين على الاتصال بمصادر الخدمات المجتمعية (Community Resources) المشبعة للاحتياجات الخاصة لدى الطفل سواء في البيئة المحلية أم المجتمع، كالمراكز والعيادات والجمعيات والمؤسسات والمدارس الممكن إيفاده إليها.

4- توعية الوالدين بواجباتهم في رعاية الطفل المتخلف عقليا، وتطوير المهارات الوالدية اللازمة للمشاركة الفعّالة في تعليمه وتدريبه في كنف الأسرة، وقد يتحقق ذلك عن طريق الأهداف الفرعية التالية:

- تشجيع الوالدين على متابعة نمو الطفل في المجالات المختلفة الجسمية والحركية والحسية، والعقلية والانفعالية والاجتماعية.
- تدريب الوالدين على مهارات التعامل مع مشكلات السلوك اليومي للطفل.
- تدريب الوالدين على الاعتماد على الذات في حدود استعداداته.
- تشجيع الوالدين على دمج الطفل في أنشطة الأسرة والمناسبات الاجتماعية.
5- مساعدة الوالدين وأعضاء الأسرة على استبصار بطبيعة الضغوط وعوامل الإجهاد المرتبطة بإعاقة الطفل وانعكاساتها السلبية على أداء الأسرة لوظائفها الاجتماعية، وعلى تهيئة مناخ اسري صحي وموقف عائلي متماسك أكثر تفهما لاحتياجات أبنائها عموما وطفلها المتخلف خصوصاً، وأكثر توجها نحو إشباع هذه الاحتياجات.
ومما يحقق ذلك انجاز الأهداف الفرعية التالية:
- تنمية وعي الوالدين وإخوة الطفل بطبيعة الضغوط الانفعالية الناجمة عن وجود طفل متخلف عقليا، وتدريبهم على مهارات التعامل معها.
- مساعدة أعضاء الأسرة على تغيير أنماط التفاعل السلبية داخل الأسرة، وتبني اتجاهات موجبة نحو الطفل المتخلف.
- زيادة أواصر الاتصال والتفاهم بين الوالدين، وأعضاء الأسرة ككل.
- توجيه الأسرة على ضرورة التوازن بين رعاية الطفل المتخلف عقليا وإشباع احتياجاته الخاصة من جانب، والوفاء باحتياجات بقية الأعضاء ومستلزمات الحياة اليومية من جانب أخر.
- تشجيع الاتصال والتفاعل وتبادل الخبرات مع جماعات اسر الأطفال المتخلفين عقليا (القريطي، 1999).
عملية الإرشاد لأسر الأطفال المعاقين عقلياً:
هناك بعض الأمور التي تشكل جوانب هامة في عملية إرشاد اسر الأطفال المعاقين عقليا والتي يعتمد عليها نجاح عملية الإرشاد لهذه الأسرة، وهذه الجوانب هي:

1- أهمية الإصغاء: على المرشد أعطاء الفرصة لأسرة المعاق لكل تتحدث عن مشاكلها، وعلى المرشد أن يصغي وخصوصاً في المقابلات الأولى من عملية الإرشاد.

2- استخدام المصطلحات: أن استخدام الوالدين مصطلحات مفهومة عند الحديث عن طفلهما المعاق يسهل على المرشد استخدام نفس المفاهيم مما يزيد من فهمهما لمشكلة الطفل.

3- التقبل غير المشروط: على المرشد تجنب توجيه الانتقادات لأسرة الطفل المعاق لأن ذلك يؤدي إلى ردود فعل سلبية من قبلهم تتسم بالرفض والاستهجان تجاه المرشد.

4- أهمية المشاعر والاتجاهات: على المرشد أن يكون واعيا ومدركا باتجاهات ومشاعر الأسرة السلبية، وأن يهتم بكيفية تغيير تلك الاتجاهات والمشاعر بصورة ايجابية نحو أنفسهم من جهة، ونحو الطفل المعاق من جهة أخرى.

5- أهمية التفسير: يحتاج المرشد إلى تفسير الكثير من المعلومات التشخيصية للوالدين عن طبيعة الإعاقة بلغة يستطيعون فهمها، ولذا يجب على المرشد أن يكون حذراً في تفسيراته ودقيقاً فيها.

6- أهمية التخطيط: حيث أن الخطط المحددة بشأن مستقبل الطفل المعاق والخدمات التي ستقدم له يجب أن تعد في اقصر وقت ممكن، وضرورة مراجعة هذه الخطط والبرامج في ضوء تقدم حالة الطفل المعاق عقليا (الريحاني، 1985).

7- أهمية إرشاد جميع أفراد الأسرة: أن مشاركة جميع أفراد الأسرة في المقابلة الإرشادية يسهل عليه فهم مشكلات الطفل، كما يساعد في فهم وحل المشكلات الانفعالية داخل الأسرة.

8- أهمية الإرشاد الجمعي: حيث أن الإرشاد الجمعي يتيح الفرصة أمام الوالدين للتعرف على مشاعرهم ومشاعر غيرهم من الآباء الذين يشتركون معهم بنفس المشكلة، كما يتيح لهم فرصة التعرف على الطرق والوسائل المختلفة في التعامل مع أطفالهم المعاقين.

أساليب الإرشاد النفسي المستخدمة في اسر الأطفال المعاقين عقليا:

1- الإرشاد النفسي الفردي (Individual Technique): لعل من بين أهم العوامل التي تحتم الإرشاد الفردي كطريقة للعمل مع أباء المتخلفين عقليا وأسرهم ما يكلفه من خصوصية في العلاقة الإرشادية من جانب، وتنوع الاحتياجات الإرشادية للمسترشدين والفروق الواسعة فيما بينها من جانب أخر، ذلك أن حاجات الآباء القلقين المتوترين تختلف عن حاجات المتشككين في التشخيص، وحاجات الآباء غير المتبصرين تختلف عن حاجات المتبصرين بالمشكلة. فالفئة الأولى في حاجة إلى المساعدة على التخلص من القلق ومشاعر الذنب واليأس، والثانية في حاجة إلى الإقناع والتبصير بالحكمة والموعظة الحسنة، والثالثة في حاجة إلى التبصير والحصول على المعلومات، أما الفئة الرابعة ففي حاجة إلى تشجيع على الاستمرار في رعاية الطفل (مرسي، 1996).

2- الإرشاد النفسي الجماعي (Group Technique): وهو احد أهم طرق الإرشاد النفسي المكملة للإرشاد الفردي، حيث تتم العملية الإرشادية في موقف جماعي مع أباء الأطفال المتخلفين عقليا أو أعضاء أسرهم لمناقشة همومهم وانفعالاتهم، وخبراتهم وهمومهم المشتركة بهدف زيادة فهمهم لها وإدراكهم لأنفسهم، ومساعدتهم على تعديل أو تغيير اتجاهاتهم، وتطوير قدراتهم على التعامل مع مشكلاتهم على أسس واقعية وبطريقة بناءة. ويتميز الإرشاد الجماعي لآباء المتخلفين عقليا وأسرهم بمميزات عديدة من أهمها مايلي:

- كسر طوق العزلة الاجتماعية، والانفتاح على الآخرين ممن لهم ظروف مماثلة، وتبادل التجارب والخبرات معهم، مما يسهم في تحسين توافقها من جانب، وتعلم واكتساب مهارات وأنماط سلوكية جديدة تزيد من درجة التكيف مع الصعوبات التي تواجهها من جانب أخر.

- الحد من مقاومة الوالدين وأعضاء الأسر طرح مشاعرهم وأحاسيسهم بخصوص الطفل ومشكلته، ومساعدتهم على التنفيس الانفعالي عنها في مناخ يتسم بالود والفهم، مما يتيح مزيد من الفرص لتخفيف حدة التوتر والقلق والضغوط الانفعالية ويساعد على عدم الاستغراق في لوم الذات.

- أشعار الوالدين بالمساندة والتأييد والدعم الانفعالي والطمأنينة من خلال شعورهما المتزايد بأنهما ليس الوحيدان اللذان يعانيان بمفردهما من مشكلات الطفل المتخلف عقليا.

- يتضمن الإرشاد النفسي الجماعي قدرا اقل من الشعور بالتهديد لا سيما بالنسبة للآباء الذين يتحرجون من التعبير اللفظي عن مشاعرهم، ويتجنبون الإرشاد الفردي المباشر.

3- الإرشاد النفسي المباشر (الموجه) (Directive Technique): يطلق على هذه الطريقة أيضا المتمركز حول المرشد (Counselor Centered)، حيث يتضمن الافتراض الاساسي لها أن على الناس اتخاذ قرارات غالبا ما يتطلب معرفة وخبرة يكون المسترشد قادرا على اكتسابها، ولكن لا تتوافر لديه الفرصة لذلك ربما لتوتره أو تعجله وعدم معرفته، وباستخدام خبرة المرشد المدرب، ومعلوماته وكفاءته المهنية يستطيع المسترشد تعلم كيفية اتخاذ القرارات واختبارها معهم، (ستيورات، 1996). ومهما يكن من شأن القول بان طريقة الإرشاد الموجه أو المباشر يكون دور المرشد فيها أكثر ايجابية من دور المسترشد، وأن من شانها تعزيز الاعتماد على المتخصص، فان هذه الطريقة تعد الأكثر جدوى في تحقيق أهداف المستوى العقلي المعرفي من الخدمات الإرشادية، وفي إشباع الاحتياجات التعليمية والمهارية لآباء الأطفال المتخلفين عقليا وأسرهم، حيث يفترض أنهم يعانون من عدم التأكد وغموض الأفكار، ومن الاعتقادات الخاطئة عن حالة الطفل، كما يعانون من قصور المعرفة بالأساليب التي تساعدهم على حل مشكلاتهم العملية اليومية التي يواجهونها، وبالطرق المناسبة لتدريب الطفل. لذا فان أكثر ما يحتاجونه هو المعلومات الأساسية عن معنى الإعاقة، ودرجته، وقدرات الطفل وإمكاناته الحقيقية، وحاجاته، وتأثيرات الإعاقة على جوانب نموه الأخرى، وعلى إخوته وحياة أسرته، وكيفية تعليمه وتدريبه.

4- الإرشاد النفسي غير المباشر (غير الموجه) (Noun- Directive Technique): ويطلق عليه أيضا الإرشاد المتمركز حول المسترشد (Counselor Centered)، ويقوم على افتراض أن المسترشد يملك حق تقرير مصيره، كما يملك بداخله طاقات كافية للنمو الشخصي، وإمكانات ومصادر

ذاتية ايجابية إذا ما أحسن استثمارها واستخدامها في ظروف بيئية مشجعة خالية من التهديد، فإنه يستطيع إعادة تنظيم نفسه وخبراته، وتغيير أساليب سلوكه كي يستعيد اتزانه وتوافقه دون اعتماد على مصدر خارجي.

وبناء عليه يتمثل دور المرشد في هذه الطريقة غير المباشرة في تقبل المسترشد كما هو، والاصغاء التام له، ومساعدته على طرح مشاعره الحقيقية، وتفهمها كما يدركها المسترشد، وفي تهيئة مناخ إرشادي يقوم على التسامح دون تدخل مباشر بإعطاء نصائح أو تقديم حلول جاهزة، حتى يتسنى للمسترشد اكتشاف ذاته على حقيقتها، ويخبر شعوريا العوامل التي ادت إلى سوء توافقه، ويصل إلى فهم أكثر لمشكلاته، ويزداد اعتماده على نفسه في تحمل مسؤولياته واتخاذ قرارات مناسبة بنفسه لحل هذه المشكلات.

ويغلب أن يكون الإرشاد النفسي غير المباشر أكثر فاعلية في تحقيق أهداف المستوى الوجداني من الخدمات الإرشادية بالنسبة لآباء الأطفال المتخلفين عقليا وأسرهم، وذلك لما يمكن أن يسهم به في حل مشكلاتهم الانفعالية وتحقيق المزيد من توافقهم وصحتهم النفسية.

5- الإرشاد النفسي الديني: يعد الإرشاد الديني من أنجح أساليب الإرشاد في مساعدة الوالدين في التخفيف من مشاعر الصدمة، وتحريكهما صوب الرضا بما أصابهما وتقبل ابنهما المتخلف عقليا، لا سيما مع ما سبقت الإشارة إليه من أن تدين الوالدين هو أحد العوامل الهامة المؤثرة في نمط استجابتهما وطبيعة ردود أفعالهما إزاء أزمة التخلف العقلي، وعلى أساس أن الإيمان بقضاء الـلـه وقدره هو من أهم مصادر السكينة والطمأنينة والأمن النفسي، والتكيف مع المتغيرات والأحداث من حولنا، والسيطرة على مشاعر القلق والخوف والجزع واليأس التي تولدها المصائب والأحداث من حولنا، والسيطرة على مشاعر القلق والخوف والجزع واليأس التي تولدها المصائب والأحداث الأليمة والمفجعة في حياتنا، وذلك بالصبر على المكاره، والتحرر من مشاعر الإثم، والتحلي بروح الأمل والتفاؤل، والأخذ بالأسباب وتحمل المسؤولية عن طريق العمل الموضوعي في مواجهتها ابتغاء لرحمة الـلـه ومثوبته.

الأفراد المعاقون عقليا المشكلات الشائعة	أسرة الطفل المعاق عقليا المشكلات الشائعة
- اضطرابات عقلية ونفسية - اضطرابات النمو الانفعالي - صعوبات في النطق - اضطرابات سلوكية (عدوان، نشاط زائد، تبول لا إرادي... وغيرها)	- مشكلات اجتماعية - مشكلات نفسية - مشكلات اقتصادية
الحاجات	**الحاجات**
- الحاجة إلى الدعم النفسي - الحاجة إلى الدعم الاجتماعية - الحاجة إلى الخدمات الصحية - الحاجة إلى التسهيلات البيئية - الحاجة إلى خدمة التأهيل المهني - الحاجة إلى العمل والاستقلالية	- الحاجة إلى المعلومات - الحاجة إلى الدعم - الحاجات الاجتماعية - الحاجات المالية - الحاجات المرتبطة بوظيفة الأسرة
طرق الإرشاد	**طرق الإرشاد**
- الإرشاد الفردي - الإرشاد الجمعي - العلاج عن طريق الفن - العلاج عن طريق التمثيل	- الإرشاد الفردي - الإرشاد الجمعي - الإرشاد غير المباشر - الإرشاد الديني

المراجع العربية:

- الصمادي، جميل، السرطاوي، عبد العزيز. (1998). الإعاقات الجسمية والصحية.

- الريحاني، سليمان، (1985). التخلف العقلي، مطابع الدستور التجارية، عمان، الأردن.

- الروسان، فاروق، (1999). مقدمة في الإعاقة العقلية، دار الفكر، عمان، الأردن.

- سالم، ياسر، (1994). رعاية ذوي الحاجات الخاصة، جامعة القدس المفتوحة.

- الخطيب، جمال، الحسن، محمد، (1999). حاجات آباء الأطفال المعوقين وأمهاتهم في الأردن، مجلة دراسات، مج (27).

- يحيى، خولة، (1998). المشكلات التي يواجهها ذوو المعاقين عقليا وسمعيا وحركيا الملتحقين بالمراكز الخاصة، دراسات، مج (26)، ص92، 108.

- مسعود، وائل، (1987). اثر الإعاقة على التكيف الأسري، مركز البحث والتطوير التربوي، جامعة اليرموك.

- الأشول، عادل، (1985). موسوعة التربية الخاصة، مكتبة الانجلو، القاهرة.

- ستيورات، جاك، (1996). إرشاد الآباء ذوي الأطفال غير العاديين. ترجمة: الأغبر وآل مشرف، جامعة الملك سعود، الرياض، السعودية.

- القريطي، عبد المطلب، (1999). الإرشاد النفسي لأثر المعاقين. بحوث ندوة الإرشاد النفسي، مسقط، عُمان.

المراجع الأجنبية

-Matson, J. L. (1984). Behavioral Treatment of Psychometric Complaints of Mentally Retarded Adults, American Journal of Mental Deficiency, Vol.88, No.6, pp.638-646.

-Koller, H. Richardson (1983). Behavior Distortable Since Childhood Among 5-Year of Mental Retard, American Journal of Mental Deficiency, Vol.87, pp.286-393.

-Rousey, A. S. and Blacker (1992). Mothers and Fathers Perceptions of Stress and Copying with Children Who Have Sever Disabilities, American Journal of Mental Deficiency, pp.99-109.

الفصل السادس
الخدمات الإرشادية لذوي الإعاقة السمعية وأسرهم

مفهوم الإعاقة السمعية (The Concept of Hearing Impairment):

الإعاقة السمعية (Hearing Impairment):

هي مستويات متفاوتة من الضعف السمعي تتراوح بين ضعف سمعي بسيط وضعف سمعي شديد جداً"، وخلاف الاعتقادات البعض بأن الضعف السمعي ظاهرة يعاني منها الكبار في السن فقط، تؤكد الإحصائيات على أن مشكلات سمعية متنوعة تحدث لدى الأطفال والشباب، ولذلك يصف كثيرون الإعاقة السمعية بأنها إعاقة نمائية يعني أنها تحدث في مرحلة النمو. (الخطيب، 1998).

هذا وتتراوح نسبة انتشار الإعاقة السمعية بين 0.5% -1% (الروسان، 2000)، كما ويمكن التمييز بين عدد محدد من تعريفات الإعاقة السمعية وهي:

1- الفرد الأصم كلياً (Deaf Individual): وهو ذلك الفرد الذي فقد قدرته السمعية في السنوات الثلاث الأولى من عمره، ونتيجة لذلك لم يستطع اكتساب اللغة ويطلق على هذا الفرد الأصم الأبكم (Deaf Mute).

2- الفرد الأصم جزئيا (Hard of Hearing): وهو ذلك الفرد الذي فقد جزءاً من قدرته السمعية، ونتيجة لذلك فهو يسمع عند درجة معينة، كما ينطق اللغة وفق مستوى معين يتناسب ودرجة إعاقته السمعية. (القمش، 2000).

تصنيف الإعاقة السمعية:

تصنف الإعاقة السمعية وفق بعدين رئيسيين هما:

1- مدى الخسارة السمعية: وتصنف الإعاقة السمعية وفق هذا البعد إلى أربع فئات حسب درجة الخسارة السمعية والتي تقاس بوحدات تسمى (ديسبل)، وهذه الفئات هي:

- فئة الإعاقة السمعية البسيطة (Mild Hearing Impaired): وتتراوح قيمة الخسارة السمعية لدى هذه الفئة ما بين 20 -40 وحدة ديسبل.

- فئة الإعاقة السمعية المتوسطة (Moderately Hearing Impaired): وتتراوح قيمة الخسارة السمعية لدى هذه الفئة ما بين 40- 70 وحدة ديسبل.

- فئة الإعاقة السمعية الشديدة (Severely Hearing Impaired): وتتراوح قيمة الخسارة السمعية لدى هذه الفئة ما بين 70 -90 وحدة ديسبل.

- فئة الإعاقة السمعية الشديدة جدا (Profoundly Hearing Impaired): وتزيد قيمة الخسارة السمعية لدى هذه الفئة عن 92 وحدة ديسبل (الروسان، 2000).

2- العمر الذي حدثت فيه الإعاقة، وتصنف الإعاقة وفق هذا البعد إلى:

صمم ما قبل تعلم اللغة (Prelingual Deafness): ويطلق هذا التصنيف على تلك الفئة من المعاقين سمعيا الذين فقدوا قدرتهم السمعية قبل اكتساب اللغة، أي قبل سن الثالثة من العمر، وتتميز هذه الفئة بعدم قدرتها على الكلام لأنها لم تسمع اللغة.

صمم ما بعد تعلم اللغة (Post Lingual Deafuese): ويطلق هذا التصنيف على تلك الفئة من المعاقين سمعيا الذين فقدوا قدرتهم السمعية كلها أو بعضها بعد اكتساب اللغة وتتميز هذه الفئة بقدرتها على الكلام لأنها سمعت وتعلمت اللغة.

أهم الخصائص المميزة للمعوقين سمعيا:

يؤثر فقدان القدرة اللغوية- نتيجة للإعاقة السمعية- بشكل فعال على المظاهر السلوكية الأخرى للفرد مثل المظاهر العقلية والاجتماعية والانفعالية.. الخ، وفيما يلي نبذة عن تلك الخصائص مع التركيز على الجوانب الاجتماعية الانفعالية للمعوقين سمعيا:

1- اثر الإعاقة السمعية على الجانب اللغوي: يعتبر النمو اللغوي أكثر مظاهر النمو تأثرا بالإعاقة السمعية، حيث أن هناك علاقة طردية واضحة بين درجة الإعاقة السمعية من جهة ومظاهر النمو اللغوي من جهة أخرى، كما يذكر هلهان وكوفمان (Hallahan & Kauffman, 1994) ثلاثة آثار سلبية للإعاقة السمعية على النمو اللغوي، وخاصة لدى الأفراد الذين يولدون صما، هي:

- لا يتلقى الطفل الأصم أي رد فعل سمعي من الآخرين عندما يصدر أي صوت من الأصوات.
- لا يتلقى الطفل الأصم أي تعزيز لفظي من الآخرين عندما يصدر أي صوت من الأصوات.

- لا يتمكن الطفل الأصم من سماع النماذج الكلامية من قبل الكبار كي يقلدها. (الروسان، 2000)، (Hallahan & Kauffman, 1994).

2- اثر الإعاقة السمعية على القدرة العقلية: يشير علماء النفس التربوي إلى ارتباط القدرة العقلية بالقدرة اللغوية ويعني ذلك تدني أداء المعوقين سمعيا من الناحية اللغوية، ولذا ليس من المستغرب تدني أداء المعوقين سمعيا على اختبارات الذكاء، وذلك بسبب تشبع تلك الاختبارات بالناحية اللفظية، كذلك يواجه الصم صعوبات في التعبير عن بعض المفاهيم وخاصة المجردة منها. (Hallahan & Kauffman, 1994).

3- اثر الإعاقة السمعية على الخصائص الاجتماعية- الانفعالية: أشارت الدراسات المختلفة إلى أن أداء الأشخاص المعوقين سمعيا من الناحية الاجتماعية منخفض مقارنة بالأشخاص العاديين وذلك بسبب افتقارهم إلى القدرة على التواصل الاجتماعي مع الآخرين وكذلك أنماط التنشئة الأسرية التي قد تقود إلى عدم النضج الاجتماعي والاعتمادية.

ومن جهة أخرى يتميز المعوقين سمعيا بتدني مفهوم الذات وكذلك والديهم عن غيرهم من الفئات (Schlesinger, 1982)، (الخطيب 1997).

وتشير الدراسات إلى أن المعوقين سمعيا الملتحقين بمؤسسات خاصة للإعاقة السمعية أو الذين يعاني آبائهم أو أمهاتهم من الإعاقة السمعية لديهم مفهوم ذات أفضل من غيرهم من المعوقين سمعيا.

ويميل المعوق سمعيا للتفاعل مع الأشخاص الذين يعانون من نفس الإعاقة وهم يفعلون ذلك أكثر من أي فئة أخرى من فئات الإعاقة المختلفة. ربما يرجع ذلك إلى حاجتهم إلى التفاعل الاجتماعي والشعور بالقبول من الأشخاص الآخرين، فإذا لم يتمكنوا من التفاعل مع الآخرين وذلك ما يحصل في كثير من الأوقات فهم يتواصلون مع الآخرين من المعوقين سمعيا.

كما أن المعوقين سمعيا كثيرا ما يتجاهلون مشاعر الآخرين ويسيئون فهم تصرفاتهم. (الخطيب، 1997).

أما من الناحية الانفعالية، فيشير عدد كبير من الأخصائيين والباحثين والمهتمين بهذا المجال على أن نسبة كبيرة من الأطفال المعوقين سمعيا يظهرون أنماطا سلوكية

غير تكيفية تتم عن سوء توافق انفعالي نتيجة لإصابتهم بالإعاقة. كما يعتقدون أنهم يتصفون بخصائص انفعالية واجتماعية مميزة لهم.

حيث يشير مورس (Moores) إلى أن ابرز أثار الخسارة السمعية على الفرد كما اجمع عليها الأخصائيون هي الأنماط السلوكية غير التكيفية.. ويرى بنتر (Pinter) أن ابرز هذه الأنماط هي أنهم:

- غير مستقرين انفعاليا.
- أكثر إذعانا من أقرانهم السامعين.
- أكثر تمركزا حول الذات من أقرانهم السامعين(Moores, 1992)،(الخطيب 1997).

وأشار كل من شلنجر (Schlesinger) ومايكل بست (Mykelbust) وليفن (Levine) وميدو (Meadow) إلى أن ابرز ما يميز الأفراد المعوقين سمعيا هو إظهارهم لدرجات عالية من عدم النضج الانفعالي. ((Harold, 1982، Moores, 1992))، (الخطيب، 1997).

أما شلنجر (Schlesinger) فتؤكد أن عدم النضج الانفعالي هو أوضح صفات الأفراد المعوقين سمعيا من البالغين والذي يتمثل في تأخر نمائي عاطفي وعدم القدرة على إقامة علاقات فعالة مع الآخرين والتهور ونقص التعاطف مع الآخرين (Harold, 1982).

أما من حيث الخصائص النفسية- الانفعالية فلا أحد ينكر حقيقة أن الإعاقة السمعية قد تؤثر بشكل مباشر وغير مباشر على التنظيم السيكولوجي الكلي للفرد. وأشار كل من بنتر وفيزفيلد وبرينسونك (Pinter, Fusfeld & Brunswig) إلى أن الأفراد المعوقين سمعيا هم:

- أكثر عصابية
- أقل تأكيدا لذواتهم.
- وأقل سيطرة من الأفراد السامعين. (Moores, 1992).

أوضحت دراسة كنتسون (Knurson) إلى أن الصمم المكتسب غالبا ما يؤدي إلى اضطرابات نفسية كما يؤثر على الوظائف النفسية من خلال سلوكهم مع الأفراد السامعين في مواقف التواصل وتظهر في شكل قلق زائد، كآبة، عزلة، فقدان الحزم،

الشك في الآخرين، والإعاقة السمعية قد تؤثر بشكل أو بآخر على البناء النفسي للإنسان وهذا لا يعني أنها تقود إلى سوء التوافق النفسي. (عبد الواحد، 2001).

ويشير كل من دينمارك وألدريدج (Denmark & Eldridge) إلى أن التهور والسلوك العدواني من الأنماط السلوكية البارزة لدى الأفراد المعوقين سمعيا ويشير هذان الباحثان على أن الأنماط السلوكية غير المناسبة وسوء التكيف من أكثر المشاكل التي يواجهها الأفراد المعوقين بصريا بصورة متكررة. (Moores, 1992)

ويمكن تلخيص أهم الخصائص الاجتماعية - الانفعالية للمعوقين سمعيا بما يلي:

1- عدم النضج الاجتماعي/ عدم القدرة على التفاعل الاجتماعي.

2- التمركز حول الذات/ ولا يكونون صداقات حقيقية.

3- تدني مفهوم الذات.

4- أقل تأكيدا لذواتهم وأقل سيطرة من الأفراد السامعين.

5- التهور والسلوك العدواني.

6- الانسحاب الاجتماعي بسبب تدني قدراتهم اللغوية.

7- العزلة والوحدة.

8- نقص القدرة على التوجيه الذاتي.

9- الشك في الآخرين.

10- الميل إلى الاختلاط بجماعات من الأفراد المعوقين سمعيا.

ابرز صفات الأفراد الذين أصيبوا بالإعاقة السمعية منذ الولادة- كما تشير الدراسات- هي:

عدم النضج الانفعالي.

العدوانية.

التهور.

العصبية.

الشك في الآخرين.

ابرز صفات الأفراد الصم الذين أصيبوا بالإعاقة السمعية في مرحلة لاحقة من العمر- غالبا تكون لديهم بقايا سمعية- هي:

1- الشعور بالاكتئاب والحزن: وذلك نتيجة ما خسروه من قدرة سمعية.

2- الشعور بالعزلة وعدم الأمن: وذلك بسبب الإعاقة وما يصاحبها من حرمان حسي يؤدي إلى اضطـرابات في نظـم التواصـل التي كـان يتبعهـا الفـرد في العادة. وهذا بالتـالي يؤثر على قدرة الفرد المعاق على التفاعل الاجتماعي مما يؤدي إلى لجوء الفرد إلى الانسحاب وتجنب الاختلاط بالآخرين (جفال، 1994).

حاجات المعوقين سمعيا.

الحاجات الخاصة بالأفراد المعوقين سمعيا.

فأفراد هذه الفئة (المعوقين سمعيا) بحاجة إلى:

1- تدريب سمعي مبكر (التدريب على استخدام السماعة).

2- تدريب نطقي في مرحلة متقدمة، فهم بحاجة إلى أن يتحدث معهم الآخرون المحيطون بهم باستمرار لتدريبهم على نطق كلمات مفهومة.

3- تعلم قراءة الشفاه ولغة الإشارة (أو الطريقة الكلية) حتى يستطيع التعبير عن أفكاره (المغيري، 1999).

4- الأدوات والأجهزة التعليمية اللازمة لعملية التواصل والتعلم.

5- خدمات التأهيل المهني والتهيئة المهنية بما يتناسب مع طبيعة الإعاقة.

6- الدعم النفسي عن طريق توفير خدمات الإرشاد النفسي وتقبل الإعاقة والعمل على تطوير قدرات الفرد المعوق سمعيا.

7- الدعم الاجتماعي وتعديل الاتجاهات السلبية في المجتمع نحو المعوقين سمعيا وجعلها أكثر ايجابية وتقبل حالة المعوق.

8- الدمج في المجتمع الذي يعيش فيه المعوقين سمعيا وتقديم الخدمات التربوية والعلاجية والتأهيلية ضمن الإطار المجتمعي مع أقرانهم العاديين.

9- العمل والاستقلالية والالتحاق بمهن تناسب الإعاقة (السرطاوي والصمادي، 1998).

أساليب الإرشاد والعلاج النفسي المستخدمة مع ذوي الحاجات الخاصة بشكل عام بمن فيهم الأفراد المعوقين سمعيا:

لما كان وضع الطفل من ذوي الحاجات الخاصة خاصا، فهو بهذا المعنى يحتاج إلى أساليب متخصصة تساعد على التخفيف من الآثار السلبية الاستثنائية، والواقع أن هذه الأساليب وان كانت لا تختلف في جوهرها عن تلك التي تستخدم مع الأسوياء، إلا أن الاعتماد على هذه الأساليب في حالة ذوي الاحتياجات الخاصة يعتبر ضروريا ومساعدا على تحقيق التغير المنشور في سلوكاتهم واتجاهاتهم بشكل عام أكثر منه في حالة الأسوياء، وأن قيمة هذه الأساليب مختلفة حيث اعتبر الإرشاد الفردي من أكثر الأساليب قيمة، وجاء أسلوب الجمع بين الإرشاد الفردي والجمعي في المقام الثاني.

فلذلك سوف نشير إلى هذه الأساليب مرتبة حسب قيمتها وأهميتها في إرشاد ذوي الحاجات الخاصة وهي:

1- الإرشاد الفردي: يتطلب الإرشاد الفردي اتجاها انتقائيا يستطيع معه المرشد أن يستخدم الأسلوب العلاجي المناسب مع كل حالة في ضوء طبيعة المشكلة من جهة وخصائص الفرد من جهة ثانية، ويتطلب الإرشاد الفردي أن يكون المرشد إنساناً يتصف بالاخلاص والصدق والدفء والتعاطف بالإضافة إلى إدراك حدود الطفل ذوي الاحتياجات الخاصة وإمكانياته، وإن نجاح المرشد في إنشاء علاقة إرشادية سليمة وناجحة بينه وبين المسترشد يتطلب منه أن يكون قادرا على تقبل المسترشد بغض النظر عن مشكلاته وظروفه وأن يحترم كرامة المسترشد ويؤمن بقدرته على النمو مدركا حدود إمكانياته ومؤمنا بقيمة الخدمات التي يقدمها له.

2- الإرشاد الجمعي: يستخدم هذا الأسلوب عند وجود مشكلة مشتركة بين مجموعة من ذوي الحاجات الخاصة الذين يشتركون في خصائص متشابهة من حيث العمر العقلي والزمني، وعادة ما تتألف المجموعة من 7-8 أشخاص ويحدد المرشد مع أعضاء المجموعة طبيعة اللقاءات ومواعيدها.

3- العلاج التعبيري: ويمكن أن يكون ذلك عن طريق:

- اللعب: هذا النوع من الإرشاد له أهمية وفائدة مع ذوي الاحتياجات الخاصة خاصة عند التعامل مع السلوكات العدوانية أو اللاجتماعية

ويمكن أن يكون هذا النوع من الإرشاد فرديا أو جماعيا من خلال استخدام وسائل لعب آمنة.

- الفن: يساعد هذا النوع من الإرشاد ذوي الحاجات الخاصة على التعبير عن عالمهم الخاصة ومشاكلهم وانفعالاتهم في جو خال من التهدد، ويمكن أن يتعامل المرشد مع الرسومات من خلال التحليل والمناقشة في بداية العملية الإرشادية لمساعدته على التشخيص.

- التمثيل: يمكن أن يكون هذا الأسلوب أما إرشاد فرديا أو جمعياً، ويستخدم لتعليم الأطفال نماذج من السلوكات من خلال التمثيل ويستخدم كذلك للتعبير عن الانفعالات والمخاوف والرغبات المكبوتة لديه بشكل حر، والتي قد لا يستطيع التعبير عنها في الظروف العادية، ويستخدم في حالات سوء التكيف الاجتماعي الأسري. (الريحاني، 1985).

4- الإرشاد الجيني: يعتبر من أهم الخدمات الوقائية التي يمكن أن تقدم للوالدين بشكل عام أو للوالدين الذين أنجبوا أطفالا من ذوي الاحتياجات الخاصة، وجاء تطور هذا النوع من الإرشاد نتيجة للتطور الهائل في معرفة الإنسان العلمية في مجال الطب الوقائي، خاصة في دور الوراثة وما تلعبه الجينات من دور في نقل الخصائص الوراثية السوية منها أو المرضية. (Bowen, 1998).

جدول رقم (1)

ملخص لبعض خصائص وحاجات المعوقين سمعيا واستراتجيات الإرشاد المقترحة =

الخصائص السلبية	الأسباب	الحاجات	استراتيجيات الإرشاد (المقترحة)
نقص القدرة اللغوية	1- فقدان السمع. 2- التأخر في الاكتشاف	1- التدريب النطقي. 2- الاكتشاف المبكر. 3- الحاجة لمعينات سمعية	1-الإرشاد السلوكي. 2- التعزيز. 3- التشكيل والتسلسل.

العزلة (التمركز حول الذات))الانسحاب الاجتماعي)	- السخرية من قبل الآخرين. - الشعور بالنقص. - عدم الثقة بالنفس. - عدم القدرة على التفاعل الاجتماعي	- زيادة الثقة بالنفس - توعية الآخرين (تغير الاتجاهات).	-الإرشاد الجمعي. -الإرشاد الفردي. -الأسلوب المباشر/ وليامسون.
التهور والسلوك العدواني	- السخرية من الآخرين. - الشعور بالنقص. - عدم القدرة على فهم كلام الآخرين	- تقوية الجوانب الايجابية لديه	-إرشاد جمعي. -إرشاد فردي. -إرشاد سلوكي (تعزيز السلوك المرغوب)
تدني مفهوم الذات	- الشعور بالنقص. - عدم قدرته بالقيام بما يقوم به الآخرين	- تقوية الجوانب الايجابية لديه	-بناء الثقة من خلال.. تعزيز السلوك الايجابي وعدم التركيز على الإعاقة نفسها. -إعادة مفهوم الذات.
الشك بالآخرين	- عدم القدرة على التواصل مع الآخرين وفهمهم. - الشعور بالنقص .	- الحاجة للاتصال مع الآخرين (لغة الإشارة، لغة الشفاه). - توعية الآخرين بمشكلة المعوقين سمعيا	-إرشاد جمعي. - العمل الجماعي (العمل مع الآخرين في مجالات الحياة). -التعبير عن نفسه ومشكلاته (أسلوب روجرز).
زيادة مستوى القلق	- الخوف من المستقبل. - الشعور بالنقص. - عدم الاتصال مع الآخرين (عدم فهم الآخرين).	- زيادة الثقة بالنفس. - تفهم الآخرين. - التدريب على طرق التواصل	-الإرشاد السلوكي. -الإرشاد الجمعي. -الإرشاد المباشر.

الحاجات الخاصة بأسر المعوقين سمعياً:

أن أسر الأفراد المعوقين سمعيا بحاجة إلى:

1- الدعم النفسي بسبب ما تعانيه الأسرة من وجود فرد معوق سمعيا كأحد أفراد الأسرة وتوفير هذا الدعم عن طريق إجراءات الإرشاد الأسري للوصول للتكيف مع حالة الإعاقة، ويجب أن يشمل الدعم الوالدين، الإخوة والأخوات.

2- الدعم الاجتماعي بسبب ما تعانيه الأسرة من تميز ضدها نظرا لوجود فرد من أفراد الأسرة يعاني من إعاقة سمعية والعمل على أن يتقبل المجتمع الفرد المعوق وأن لا يتم التمييز ضده وتعديل الاتجاهات السلبية في المجتمع نحو الإعاقة والمعوقين.

3- توفير المعلومات العلمية الدقيقة عن طبيعة الإعاقة التي يعاني منها احد أفراد الأسرة وكيفية التعامل مع هذه الحالات، وكذلك توفير معلومات عن المدارس والمراكز التي تقدم خدمات يحتاج إليها الطفل.

4- الراحة والاستمتاع بأوقات الفراغ بسبب استنزاف طاقات أفراد الأسرة ووقتهم لرعاية الفرد المعوق سمعيا وخاصة الشديدة منها والتعرف على المراكز التي يمكن أن ترعى الطفل لفترة محددة يستطيع الوالدين ممارسة نشاطات اجتماعية أو ترفيهية هم بحاجة إليها.

5- الدعم المادي وتوفير الأموال اللازمة للعناية بالفرد المعوق سمعيا وشراء المستلزمات التي تساعده على التكيف وذلك أن التكلفة قد تكون مرتفعة جدا.

6- تشكيل جمعية أو جمعيات أو نواد تضم أفراد أسر المعوقين سمعيا لتبادل المعلومات ودعم بعضهم البعض والدفاع عن حقوق أبنائهم بتوفير ما يحتاجون، (السرطاوي، الصمادي، 1998).

أما أهم الاهتمامات والاحتياجات الإرشادية لأخوة الأطفال المعوقين كما أسفرت عنها نتائج البحوث هي:

- الحاجة إلى المعلومات.
- الحاجة إلى الفهم والعمل من خلال ردود الأفعال الانفعالية.
- الحاجة إلى الوعي بالهوية الذاتية وادوارها.
- الحاجة إلى استراتيجيات فعالة للتكيف . (ستيورات، 1996).

مشكلات اسر الأفراد ذوي الإعاقة السمعية:

أشارت الدراسة التي قامت بها يحيى (1999) للتعرف على المشكلات الناجمة عن الإعاقة التي يعاني منها ذوو الطلبة المعاقين سمعيا وبصريا وحركيا، إلى أن ذوو المعاقين سمعيا هم الأكثر معاناة للمشكلات.

وقد أشارت نتائج الدراسة إلى أن ترتيب فئات المشكلات حسب رأي الأفراد هي كالتالي:

1- مشكلات انفعالية

2- مشكلات اجتماعية

3- مشكلات اقتصادية

وتمثلت أبرز المشكلات الانفعالية في:

1- الشعور بالقلق على مستقبل المعاق.

2- نظرة الآخرين بالدونية لأسرة المعاق.

3- الحزن والشفقة على المعاق.

4- الشعور بأن وجود المعاق هو ابتلاء من الـلـه.

5- استجابته العفوية للمثيرات مما يسبب لهم المضايقة مما يجعل ذويه تحت ضغوط نفسية شديدة.

أما ابرز المشكلات الاجتماعية فتمثلت في:

1- منع الأسرة لأصدقاء أبنائها من زيارتهم واللعب معهم في المنزل.

2- منع الفرد المعاق من الجلوس مع المعاق.

3- عدم تفضيل الوالدين حضور اجتماعات الأهالي التي يعقدها مركز التربية الخاصة.

4- انعدام نشاط الأسرة الاجتماعي من حيث الرحالات والزيارات. (يحيى، 1999).

الاستراتيجيات الإرشادية مع أسرة الطفل المعوق سمعيا:

يبدأ المرشد العلاقة الإرشادية مع أسرة الطفل المعوق سمعيا من خلال الاستراتيجيات التالية:

1- بناء الثقة: حيث تعتبر المرحلة الأولى من عملية الإرشاد، وقد يكون بناء العلاقة أمرا صعبا في بداية الأمر وذلك لأن الوالدان يكونان منهمكين في مشاعر الحزن والأسى والشعور بالذنب ومشاعر الخوف. وهنا على المرشد أن يطمئن الوالدين ويحثهما على التعبير عن مخاوفهما. وتحتاج هذه المرحلة فترة زمنية ليست قصيرة وهنا يمكن للمرشد أن يسرع في بناء الثقة من خلال الأساليب الإرشادية التي يمكن أن يستخدمها مع الوالدين كاهتمام المرشد الحقيقي بالطفل والأسرة واستخدام التعزيز مع الوالدين لتواصلهما مع الطفل كل ذلك يساعد الأسرة على الثقة بالمرشد وتقبل التفاعل معه.

2- تفهم حاجات الأسرة: على المرشد أن يكون متفهما وواعيا لحاجات الأسرة، وان يعي المراحل التي تمر بها الأسرة وتعرض الوالدين للنكوص وعليه أن يستخدم مهارات الاتصال خاصة في مرحلة الاسى والحزن التي يمر بها الوالدين، وان يكون المرشد ديناميكيا وفاعلا في تسهيل تكيف الوالدين مع الوضع الذي يعيشانه، وأن يعمل المرشد على تقييم المواقف تقييما موضوعيا، وأن يقدم وصفا لوضع الطفل، وأن لا يحاول قتل آمال الوالدين، وعليه أن يوجد جوا مريحا يساعد الوالدين على التعبير عما في داخلهما وأن يتقبل غضبهما ويحاول توجيهه نحو الخارج وليس نحو بعضهما البعض.

وعلى المرشد الفعال أن يكون في النهاية أسلوبه الخاص الفردي الذي يعبر من خلاله لأسرة الطفل غير العادي عن فهمه وإدراكه للموقف الكلي.

3- أن يبذل المرشد جهدا لمحاولة التعامل مع شعور الوالدين: من خلال إبراز الأبعاد الايجابية للموقف دون أن يقلل من حجم المشكلة، وأن يشجع الوالدين للتعبير عن الانفعالات المرتبطة بالإخفاق وان يتقبلها كاملة، وعليه أن يستخدم التعزيز لأنه أقوى الاستراتيجيات لبناء علاقة متينة مع الوالدين.

لأن الوالدين في هذه المرحلة يشعرون بتدني مفهوم الذات واستخدام أسلوب التعزيز الايجابي سوف يساعد على رفع مستوى تقدير الذات مثل أن يعزز سلوك الأم لعنايتها بطفلها أو إرضاعه وتعزيز الأب لعنايته بأطفاله. (الخطيب، 1992).

4- أن يركز المرشد على المعلومات التي يعطيها الوالدين ومدى أهميتها: وأن يعمل على اشتراكهما في عملية الإرشاد، لأن هذا بدوره يسهل الاتصال بينهما ويقلل احتمالات الاختلاف فيما يتعلق بسلوك الطفل، وأن يعمل المرشد على استمرار العلاقة الإرشادية وتوجيه الأهل إلى الحصول على الخدمات الإرشادية من مصدر واحد لأن تعدد المصادر يقود إلى الحيرة والإرباك.

5- مساعدة المرشد للوالدين على التكيف: من خلال تقليل المشاعر السلبية الهدامة التي يعاني منها أفراد الأسرة وتؤثر على صحتهم النفسية وعلاقتهم بالطفل، وهنا يتركز دور المرشد حول تغيير المعتقدات واتجاهات الوالدين واستبدالهما بمواقف ايجابية من خلال أسلوب العلاج العقلي العاطفي، إن اهتمام المرشد بالأسرة يختلف باختلاف المراحل التي تمر بها الأسرة. (الريحاني، 1985).

أشار فاندر، زاندن، وبيس (Vander, Zanden and Pace) إلى أن اغلب استراتيجيات إرشاد الآباء تقع ضمن ثلاث فئات هي:

1- برامج المعلومات، التي توفر للآباء الحقائق عن حالة طفلهم.

2- برامج علاج نفسية لمساعدة الآباء في التعامل مع مشكلات الطفل وفهمها.

3- برامج التدريب للآباء لمساعدتهم على تطوير مهارات فعالة لتعليم الطفل. (الأغبري، 1996).

جدول رقم (2)

ملخص لبعض مشكلات وحاجات أسر المعوقين سمعيا واستراتيجيات الإرشاد المقترحة

المشكلات	الحاجات	استراتيجيات الإرشاد الأسري المقترحة
التفكك الأسري	-الحاجة إلى الدعم بكافة أشكاله. -الحاجة إلى المعلومات.	-الإرشاد الجمعي. -الإرشاد المباشر (نشرات، ندوات).
مشكلة التسوق	-الحاجة إلى المعلومات. -معرفة طبيعة الإعاقة	-إرشاد مباشر (نشرات، ندوات، محاضرات).
العزلة عن الآخرين (عدم التفاعل مع الآخرين)	-توعية الآخرين (تغيير الاتجاهات). -زيادة الثقة بالنفس. -زيادة المعلومات عن الإعاقة	-إرشاد جمعي. -إرشاد فردي. -إرشاد مباشر (نشرات، دورات....).
الحماية الزائدة	-الحاجة إلى المعلومات -التدريب على كيفية التعامل مع الطفل. -تقوية علاقات أفراد الأسرة.	-الإرشاد الجمعي. -الإرشاد المباشر
الشعور بالذنب	-زيادة الثقة بالنفس -الحاجة إلى المعلومات	-الإرشاد الجمعي. -الإرشاد العقلي العاطفي.
عدم مساهمة الأسرة في تدريب وتربية الطفل	-دورات تدريبية. -تعزيز عملهم (تعزيز الأم والأب لعنايتهم بالطفل).	-الإرشاد المباشر. -الإرشاد السلوكي. -الإرشاد الجمعي
الترفيه والاستمتاع بالإجازة	-الدعم الاجتماعي (الأسرة، الأصدقاء، الجيران). -وجود مؤسسات رعاية لفترة محددة	-توجيه الوالدين إلى أهمية النشاطات الترفيهية والترويحية.

الفصل السابع
الخدمات الإرشادية لذوي الإعاقة
البصرية وأسرهم

مفهوم الإعاقة البصرية The Concept of Visual Impairment

من أكثر التعاريف المستخدمة في تعريف الإعاقة البصرية هو تعريف باراجا (Barraga, 1979) والذي ينص على: " أن الأطفال المعوقين بصريا هم الأطفال الذين يحتاجون إلى تربية خاصة بسبب مشكلاتهم البصرية الأمر الذي يستدعي إحداث تعديلات خاصة على أساليب التدريس والمناهج ليستطيعوا النجاح تربوياً" (الحديدي، 1998).

أما التعريف الطبي للإعاقة البصرية فهو يعتمد على حدة البصر. والمقصود بحدة الإبصار (Acuity of Vision) قدرة الفرد على رؤية الأشياء وتمييز تفاصيلها وخصائصها المختلفة (محمد، 2004).

فالمكفوف هو شخص لديه حدة بصر تلبغ200/20 أو اقل في العين الأقوى بعد اتخاذ الإجراءات التصحيحية اللازمة أو لديه حقل إبصار (مجال بصري) محدود لا يزيد عن 20 درجة.

أما ضعيف البصر (المبصر جزئيا) فهو شخص لديه حدة بصر أفضل من 200/20 ولكن أقل من 70/20 في العين الأقوى بعد إجراء التصحيح اللازم. (الحديدي، 1998).

أما التعريف التربوي فيشير إلى أن المكفوف هو الذي لا يستطيع أن يقرأ أو يكتب إلا بطريقة برايل (الروسان، 2000).

أهم الخصائص المميزة لذوي الإعاقة البصرية:

الخصائص اللغوية:

إن الإعاقة البصرية لا تؤثر تأثيراً مباشراً على اكتساب اللغة لدى الفرد المعاق بصرياً إذ تشير الدراسات انه لا توجد فروق ذات دلالة بين طريقة اكتساب الكفيف والفرد العادي للغة المنطوقة إذ يسمع كل منهما اللغة المنطوقة في حين توجد فروق ذات دلالة بين كل منهما في طريقة كتابة اللغة إذ يكتب كل منهما بطريقة مختلفة، حيث يكتب الفرد العادي اللغة بالرموز الهجائية المعروفة والكفيف بطريقة بريل.

ومن الخصائص اللغوية للمكفوفين ظاهرة اللفظية Verbalism أي المبالغة في وصف خبرة ما وقد تعبر مثل هذه الظاهرة عن رغبة الكفيف في أشعار الآخرين بمعرفته في تلك الخبرة.

كما أن المكفوف يستقبل المعلومات من الكلمات لا من الإيماءات والتعبيرات الوجهية لفقده خاصة البصر التي تستقبل مثل هذه المثيرات لذا تعد حاسة السمع بالنسبة للكفيف من أهم الحواس علاقة باللغة وبسبب علاقتها باللغة والاتصال فهو يحافظ على اتصاله بالبيئة عن طريقها. (المعايطة وآخرون، 2000).

الخصائص الانفعالية- الاجتماعية:

- إن الإعاقة البصرية لا تؤثر بشكل مباشر على النمو الاجتماعي (ولا يعني ذلك انه لا توجد فروق بين المكفوفين والمبصرين في النواحي الاجتماعية) ونعني ذلك أن الفروق عندما توجد لا تعزى للإعاقة بحد ذاتها وإنما للأثر الذي قد تتركه على ديناميكية النمو الاجتماعي، فعملية النمو عملية تفاعلية يشارك فيها الأشخاص بفاعلية وبناء على ذلك فإن ردود فعل الآخرين للمعوق بصريا تلعب دوراًَ بالغا في نموه الاجتماعي. كما أن البصر يلعب دوراً مهما في تطور المهارات الاجتماعية.

- أجريت العديد من الدراسات حول موضوع القلق عند المعوقين بصريا وأشارت نتائجها أن مستويات القلق لدى المكفوفين أعلى منها مقارنة بالمبصرين وبخاصة لدى الإناث في فترة المراهقة، وقد وجد أن العامل الحاسم ليس فقدان البصر بحد ذاته وإنما المعنى الشخصي للفقدان البصري بالنسبة للفرد.

- كما وأجريت دراسات حول التوافق الاجتماعي لدى المعاقين بصريا وبينت الدراسات أن لدى المكفوفين سوء توافق انفعالي أكثر من المبصرين، وإنهم أكثر عرضة للمشكلات الانفعالية من المبصرين. وتشير دراسات إلى أن المعوقين بصريا الملتحقين بمؤسسات خاصة يواجهون مشكلات انفعالية أكثر من تلك التي يواجهها الملتحقون بالمدارس العادية، وان الذين لديهم إعاقة بصرية جزئية لديهم مشكلات انفعالية أكثر من المكفوفين كليا.

- يقول الباحث المكفوف كتسفورث (Cutsdorth, 1951) والذي كان من الأوائل الذين اشاروا إلى أن الإعاقة البصرية تؤثر على التقييم السيكولوجي الكلي

للفرد. فقد كتب هذا الباحث في كتابه المعروف بعنوان "المكفوف في المدرسة والمجتمع" إن كف البصر يغير ويعيد تنظيم الحياة العقلية للفرد بأكملها. وكلما حدث هذا الوضع المولد للإحباط مبكرا أكثر كانت الحاجة إلى إعادة التنظيم أكثر.

ولكن هناك باحثين آخرين لا يوافقونه الرأي حيث يصر هؤلاء على أن المكفوفين كمجموعة يتمتعون بالكفاية العقلية والاستقرار النفسي والتكيف الاجتماعي وبذلك فان حاجاتهم تشبه حاجات الأفراد المبصرين العاديين اللذين وجدوا أنفسهم في ظروف جسمية واجتماعية غير مواتية، وعلى أي حال يؤكد كتسفورث إن سوء التوافق السيكولوجي الذي قد يحدث للإنسان المكفوف غالبا ما ينجم عن طريقة معاملة المجتمع له.

- وهناك الكثير من الأدلة المتناقشة فيما يتعلق بمستوى تكيف الأشخاص المكفوفين مقارنة بالأشخاص المبصرين، وتعتمد استجابة الإنسان للفقدان البصري المكتسب على:

- سيكولوجية الفرد قبل حدوث الإعاقة.

- الظروف البيئية.

- إن المكفوفين لا ينتمون لمجموعات خاصة بهم (كما هو الحال بالنسبة للصم) على أن البعض يقول عكس ذلك. (الحديدي، 1998).

الحاجات الخاصة بالأطفال المعوقين بصريا:

توجد حاجات مشتركة لدى المعوقين بصريا إلا أنهم لا يمثلون فئة متجانسة فهم يختلفون اختلافا كبيرا عن بعضهم البعض ونظرا لافتقار الطفل المكفوف بصريا إلى حاسة البصر فهو بحاجة إلى تعلم عدة نقاط أساسية منها:

- طريقة برايل للقراءة والكتابة وطريقة بتلر في الحساب.

- مهارات التنقل .... الخ.

- مهارات الحياة اليومية.

- تحديد مصادر الأصوات في البيئة.

1- إدراك طبيعة الأشياء المحيطة به بواسطة الحواس الأخرى وتنميتها، وأيضا يحتاج إلى معرفة مواقع الأشياء واتجاهاتهم، وأبعادها، ومسافاتها. (المغيري، 1999)، (المعايطة وآخرون، 2000).

2- احتياجات جسدية: حيث يكون المعوق بصريا بحاجة إلى الأجهزة التي تساعده على استعادة لياقته الجسدية وتعويضه عما فقده بسبب الإعاقة التي حدثت له. فالمعوق بصريا بحاجة إلى نظارات طبية، عدسات، أدوات للتنقل مثل (العصى، ...) حتى يعوض عما فقد من بصر بسبب الإعاقة.

3- احتياجات اجتماعية: إن هذا النوع يتمثل في توثيق وتقوية علاقة المعوق بصريا وصلاته بالمجتمع الذي يعيش فيه وتعديل نظرة المجتمع إليه حتى يكون بالإمكان توفير فرص الاحتكاك والتفاعل المتكافئ مع الآخرين من حوله والعمل على دمجه في المجتمع بالإضافة إلى تمكينه من علاقات أسرية عادية.

4- احتياجات مهنية: الطفل أو الفرد المعوق بصريا بحاجة إلى التوجيه المهني المبكر والاستمرار فيه حتى ينتهي من العملية التأهيلية. (نصر الله، 2002).

تتأثر طبيعة حاجات وخصائص الكفيف بعوامل كثيرة وخاصة:

1- العمر عن الإصابة:

العمر عند الإصابة يحدد لنا وجود أو عدم وجود التخيل البصري للأشياء، فالشخص الذي فقد بصره قبل سن الخامسة لا يستطيع أن يسترجع الخبرات البصرية التي مر بها بينما يبقى لدى من فقد بصره في وقت لاحق من حياته بعض التخيل الذي يمكن استخدامه في عملية التعلم.

2- شخصية التكيف:

تعتبر الخصائص الشخصية للمكفوف من أهم العوامل التي تحدد مدى نجاح أو فشل الشخص في التكيف مع الإعاقة (كف البصر).

3- شدة الإصابة:

إذا كان لدى الطالب المعاق بصريا عمى كلي فهو بحاجة إلى التعلم عن طريق استخدام الحواس الأخرى، ويحتاج إلى التعلم عن طريق العمل واستخدام النماذج المتنوعة والخبرات المختلفة.

4- العمى وراثي أم مكتسب:

تختلف المشكلات الاجتماعية والنفسية التي يواجهها الأشخاص الذين ولدوا مكفوفين عن تلك التي يواجهها الذين فقدوا بصرهم في مراحل عمرية أخرى ويحتاج المعلم التمييز بين هذه المشكلات لأنها تتطلب خدمات وبرامج تدريب مختلفة.

5- موقف الكفيف من العمى (الإصابة): (الخطيب، الحديدي، 1997).

المشكلات التي تواجه المعوقين بصريا:

يشير جيرنيجان (Jernigan, 1995) إلى أنه عندما يفقد أحد الأفراد بصره تواجهه مشكلتان أساسيتان هما:

1- انه يجب عليه أن يتعلم المهارات والأساليب التي يمكن بمقتضاها من القيام بدوره في المجتمع كمواطن عادي منتج.

2- انه يجب أن يكون على وعي باتجاهات الآخرين ومفاهيمهم الخاطئة عن الإعاقة البصرية، وأن يتمكن من مسايرتها.

وتعد المشكلة الأولى أيسر بكثير من المشكلة الثانية التي يمكن التغلب عليها إذا تم تدريبه بشكل مناسب، وتوفرت له الفرص المناسبة لذلك إلى جانب توفر الفرص المناسبة للقيام بالمهام المختلفة وبالتالي فان الفرد الكفيف سيكون بإمكانه أن يقوم بالمهام اليومية بشكل جيد.

ومن ثم فالمشكلة الأساسية التي يواجهها الكفيف هي اتجاهات العاديين نحو المكفوفين وهذه تعد مشكلة خطيرة بالنسبة للمكفوفين، ومن المعروف بأن اتجاهات المبصرين نحو المكفوفين لها أثر عميق على شخصياتهم وما يقومون به من أعمال، ومدى مشاركتهم في المجتمع الذي يعيشون فيه. وهناك تأكيد على أن حوالي 25% من المشكلات التي يواجهها الشخص الكفيف إنما تنتج عن فقدان البصر من جانبه. بينما تنتج 75% من المشكلات التي يواجهونها عن اتجاهات المبصرين ونحوهم وفهمهم الخاطئ لهم إذ أن مثل هذه الاتجاهات من جانب المبصرين للأشخاص المكفوفين تتضمن مكونات وعناصر سلبية أكثر بكثير من مثيلاتها الايجابية. (محمد، 2004).

وفي هذا الإطار يمكن أن نجمل أهم المشكلات التي تحدثها الإعاقة البصرية في الجانب الاجتماعي-الانفعالي:

1- نقص في المهارات الاجتماعية وهذا يقود إلى سوء التكيف الاجتماعي.

2- الشعور بالعزلة والانطواء.

3- زيادة مستوى القلق.

4- سلوكات غير مدعمة (الصمادي، 1999).

5- الشعور بالنقص وتدني مفهوم الذات.

6- مشكلات تتعلق في التنقل والحركة.

7- الخوف وعدم الثقة بالآخرين (الزبيدي، 1995).

- كذلك تظهر لدى المكفوفين بعض الحركات النمطية منها: هزهزة الرأس- وضع الأصابع في العين باستمرار- انحناء الرأس إلى الأمام باستمرار- حركة اليدين أمام الوجه باستمرار. (الحديدي، 1998).

أساليب الإرشاد المستخدمة مع المعوقين بصريا:

1- الإرشاد الفردي:

يتطلب الإرشاد الفردي اتجاها انتقائيا يستطيع معه المرشد أن يستخدم الأسلوب العلاجي المناسب مع كل حالة في ضوء طبيعة المشكلة من جهة وخصائص الفرد من جهة ثانية، ويتطلب الإرشاد الفرد أن يكون المرشد إنساناً يتصف بالإخلاص والصدق والدفء والتعاطف بالإضافة إلى إدراك حدود الطفل ذوي الاحتياجات الخاصة وإمكانياته، وإن نجاح المرشد في إنشاء علاقة إرشادية سليمة وناجحة بينه وبين المسترشد يتطلب منه أن يكون قادرا على تقبل المسترشد بغض النظر عن مشكلاته وظروفه وان يحترم كرامة المسترشد ويؤمن بقدرته على النمو مدركا حدود إمكانياته ومؤمنا بقيمة الخدمات التي يقدمها له.

2- الإرشاد الجمعي:

يستخدم هذا الأسلوب عند وجود مشكلة مشتركة بين مجموعة من ذوي الحاجات الخاصة للذين يشتركون في خصائص متشابه من حيث العمر العقلي

والزمني، وعادة ما تتألف المجموعة من 7-8 أشخاص ويتحدث المرشد مع أعضاء المجموعة عن طبيعة اللقاءات ومواعيدها.

3- الإرشاد المعرفي السلوكي:

تعتبر أساليب الإرشاد المعرفي السلوكي من أكثر الأساليب الفاعلة/الفعالة مع الأفراد ذوي الإعاقة البصرية. ويركز هذا الشكل من أشكال الإرشاد النفسي على التفكير والمعارف وما يرتبط به من تعديل السلوك فالأفكار تؤثر في المشاعر والسلوك وإذا ما غير الفرد من طريقة تفكيره فان مشاعره وأنماط سلوكه ستتغير نتيجة لذلك.

جدول رقم (3)

ملخص لبعض خصائص وحاجات المعوقين بصريا واستراتجيات الإرشاد المقترحة

الخصائص السلبية	الأسباب	الحاجات	استراتيجيات الإرشاد
الحركات النمطية (حركة اليدين، هز الراس...).	-عدم شعوره بالتوازن. -الحرمان الحسي (حرمات الإثارة الجسدية من عالمهم الخارجي). -عدم الحصول على الاهتمام الاجتماعي.	-التدريب للتخلص من هذه الحركات أو التقليل منها . -زيادة الثقة بالنفس	استراتيجيات الإرشاد -التدريب السلوكي لتقليل هذه الحركات (استراتيجيات تعديل السلوك). -الإرشاد الفردي. -الإرشاد العقلي العاطفي
الشعور بالانطواء والعزلة	-الشعور بالنقص. -عدم الاتصال البصري مع الآخرين	-تقوية الثقة بالذات. -تغيير الاتجاهات	-الإرشاد الجمعي. - الإرشاد العقلي العاطفي. -الإرشاد الروجري ونظرية الذات.
الخجل الشديد	-الشعور بالنقص. -النظرة السلبية للذات.	-تقوية الثقة بالنفس. -تقوية الجوانب الايجابية لديه	-الإرشاد الجمعي. -التدريب السلوكي (تقليل الحساسية التدريجي).

مشكلات التنقل والحركة	-نقص الاتصال البصري. -نقص الخبرة	-الحاجة إلى المعرفة بالبيئة. -التدريب على التنقل. -الحاجة إلى الأدوات المساعدة. -الحاجة إلى تعديل البيئة	-التدريب السلوكي (تشكيل).
نقص في المفاهيم المعرفية (الكل، الجزء، الحجم،...)	-لأن ذلك يعتمد على الإدراك البصري.	-التدريب على معرفة مفاهيم الحجم والمسافة	-استراتيجيات تعديل السلوك من خلال استخدام الحواس (الحواس المتعددة).
التفاعل الاجتماعي مع الآخرين واكتساب المهارات الاجتماعية	-اعتماد ذلك على البصر.	-الحاجة للتدريب. -زيادة الثقة بالنفس. -توعية الآخرين. -اشتراكه بالمناسبات الاجتماعية	-الإرشاد الجمعي. -الإرشاد الفردي. -الإرشاد العقلي العاطفي
انخفاض مستوى التكيف	-نقص الثقة بالنفس. -ضعف دعم الآخرين خاصة الأسرة. -عدم وجود إبصار (فقدان البصر الكلي أقل قدرة على التكيف من فقدان البصر الجزئي).	-تدعيم الثقة بالذات. -تفهم الآخرين للمشكلة	-الإرشاد الجمعي. -الإرشاد العقلي العاطفي. -الإرشاد المباشر.
زيادة مستوى القلق	-الشعور بالنقص (الدونية) -الخوف من المستقبل. -التغذية الراجعة من الآخرين	-تدعيم الثقة بالنفس. -تفهم الآخرين للمشكلة	-الإرشاد العقلي العاطفي. -الإرشاد الجمعي. -الإرشاد الفردي. -الإرشاد الزوجي.

الحاجات الخاصة بأسر الأطفال المعوقين بصريا:

1- الحاجة إلى توفير المعلومات العالمية: الدقيقة عن طبيعة الإعاقة التي يعاني منها احد أفراد الأسرة وكيفية التعامل مع هذه الحالات وكذلك توفير معلومات عن المدارس والمراكز التي تقدم خدمات يحتاج إليها الطفل.

2- الحاجة إلى الدعم: يحتاج والدي الطفل المعاق بصريا للدعم من قبل المهنيين والأخصائيين والأسر التي لديها مشكلات مماثلة، ويمكن أن تكون مصادر الدعم رسمية كالأخصائيين والمهنيين أو غير رسمية كالجيران والأصدقاء والأقارب...

3- الحاجات الاجتماعية: من الضروري مساعدة أولياء أمور المعوقين بصريا في التفاعل الاجتماعي والعمل على توفير خدمات في البيوت ومساندة المجتمع المحلي لهما من جميع المصادر المختلفة.

4- الحاجة إلى الخدمات المجتمعية: وتشمل على الزيارات المنزلية والخدمات الإرشادية والتوجيهية.

5- الحاجة المرتبطة بوظيفة الأسرة: لا بد من توفير أنظمة دعم داخلية في الأسرة لمساعدة أعضاء الأسرة على العيش بشكل طبيعي قدر الامكان رغم الصعوبات نتيجة وجود فرد معاق بصريا، وكثيرا منها ومن أسرهم لا يحصلون على الخدمات المناسبة بسبب تمركز الخدمات في مناطق جغرافية معينة قد يصعب على الوالدين من الوصول إليها.

6- الحاجة إلى تشكيل نوادي وجمعيات تضم اسر المعاقين بصريا وذلك لتبادل المعلومات وتشكيل جماعات ضغط للدفاع عن حقوق أبنائهم ومطالبة الجهات الرسمية بتوفير ما يحتاجه أبنائهم في كافة الأصعدة .

7- الحاجة إلى الاستمتاع بوقت الفراغ والراحة. (يحيى، 2003)، (السرطاوي وآخرون، 1998).

الاستراتيجيات الإرشادية مع أسرة الطفل المعوق بصريا:

يبدأ المرشد العلاقات الإرشادية مع أسرة الطفل المعوق بصريا من خلال الاستراتيجيات التالية:

1- بناء الثقة: حيث تعتبر المرحلة الأولى في عملية الإرشاد، وقد يكون بناء العلاقة أمرا صعبا في بداية الأمر وذلك لأن الوالدان يكونان منهمكين في مشاعر الحزن والأسى والشعور بالذنب ومشاعر الخوف، وهنا على المرشد أن يطمئن الوالدين ويحثهما على التعبير عن مخاوفهما. وتحتاج هذه المرحلة فترة زمنية ليست قصيرة وهنا يمكن أن يستخدمها مع الوالدين كاهتمام المرشد الحقيقي بالطفل والأسرة واستخدام التعزيز مع الوالدين لتواصلهما مع الطفل كل ذلك يساعد الأسرة على الثقة بالمرشد وتقبل التفاعل معه.

2- تفهم حاجات الأسرة: على المرشد أن يكون متفهما وواعيا لحاجات الأسرة، وان يعي المراحل التي تمر بها الأسرة وتعرض الوالدين للنكوص وعليه أن يستخدم مهارات الاتصال خاصة في مرحلة الأسى والحزن التي يمر بها الوالدين، وان يكون المرشد ديناميكيا وفاعلا في تسهيل تكيف الوالدين مع الوضع الذي يعيشانه، وان يعمل المرشد ديناميكيا وفاعلا في تسهيل تكيف الوالدين مع الوضع الذي يعيشانه، وأن يعمل المرشد على تقييم المواقف تقييما موضوعيا، وأن يقدم وصفا لوضع الطفل، وأن لا يحاول قتل آمال الوالدين، وعليه أن يوجد جوا مريحا يساعد الوالدين على التعبير عما في داخلهما وأن يتقبل غضبهما ويحاول توجيهه نحو الخارج وليس نحو بعضهما البعض. وعلى المرشد الفعال أن يكور في النهاية أسلوبه الخاص الفردي الذي يعبر من خلاله لأسرة الطفل غير العادي عن فهمه وإدراكه.

3- أن يبذل المرشد جهدا لمحاولة التعامل مع شعور الوالدين بالذنب: من خلال إبراز الأبعاد الايجابية للموقف دون أن يقلل من حجم المشكلة، وأن يشجع الوالدين للتعبير عن الانفعالات المرتبطة بالإخفاق وأن يتقبلها كاملة، وعليه أن يستخدم التعزيز لأنه أقوى الاستراتيجيات لبناء علاقة متينة مع الوالدين. لأن الوالدين في هذه المرحلة يشعرون بتدني مفهوم الذات باستخدام أسلوب التعزيز الايجابي سوف يساعد على رفع مستوى تقدير الذات مثل أن يعزز سلوك الأم لعنايتها بطفلها أو أرضاعه وتعزيز الأب لعنايته بأطفاله. (الخطيب، 1992).

4- أن يركز المرشد على المعلومات التي يعطيها الوالدين ومدى أهميتها: وأن يعمل على اشتراكهما في عملية الإرشاد، لأن هذا بدوره يسهل الاتصال بينهما ويقلل احتمالات الاختلاف فيما يتعلق بسلوك الطفل، وأن يعمل

المرشد على استمرار العلاقة الإرشادية وتوجيه الأهل إلى الحصول على الخدمات الإرشادية من مصدر واحد لأن تعدد المصادر يقود إلى الحيرة والإرباك.

5- مساعد المرشد للوالدين على التكيف: من خلال تقليل المشاعر السلبية الهدامة التي يعاني منها أفراد الأسرة وتؤثر على صحتهم النفسية وعلاقتهم بالطفل، وهكذا يتركز دور المرشد حول تغيير المعتقدات واتجاهات الوالدين واستبدالهما بمواقف ايجابية من خلال أسلوب العلاج العقلي العاطفي، إن اهتمام المرشد بالأسرة يختلف باختلاف المراحل التي تمر بها الأسرة (الريحاني، 1985).

أشار فاندر، زاندن، وبيس (Vander, Zanden and Pace) إلى أن اغلب استراتيجيات إرشاد الآباء تقع ضمن ثلاث فئات هي:

1- برامج المعلومات التي توفر للآباء الحقائق عن حالة طفلهم.

2- برامج علاج نفسية لمساعدة الآباء في التعامل مع مشكلات الطفل وفهمها.

3- برامج تدريب للآباء لمساعدتهم على تطوير مهارات فعالة لتعليم الطفل (الأغبري، 1996).

جدول رقم (4)

ملخص المشكلات وحاجات أسر المعوقين بصريا واستراتيجيات الإرشاد المقترحة

المشكلات	الحاجات	استراتيجيات الإرشاد الأسري المقترحة
التفكك الأسري	-الحاجة إلى الدعم بكافة اشكاله. -الحاجة إلى المعلومات	-الإرشاد الجمعي. -الإرشاد المباشر (نشرات، ندوات).
مشكلة التسوق	-الحاج إلى المعلومات، -معرفة طبيعة الإعاقة	-إرشاد مباشر (نشرات، ندوات، محاضرات).

العزلة عن الآخرين (عدم التفاعل مع الآخرين)	-توعية الآخرين (تغيير الاتجاهات). -زيادة الثقة بالنفس. -زيادة المعلومات عن الإعاقة	-إرشاد جمعي. -إرشاد فردي. -إرشاد مباشر (نشرات، دورات،...).
الحماية الزائدة	-الحاجة إلى المعلومات. -التدريب على كيفية التعامل مع الطفل. -تقوية علاقات أفراد الأسرة	-الإرشاد الجمعي. -الإرشاد المباشر
الشعور بالذنب	-زيادة الثقة بالنفس. -الحاجة إلى المعلومات	-الإرشاد الجمعي. -الإرشاد العقلي العاطفي
عدم مساهمة الأسرة في تدريب وتربية الطفل	-دورات تدريبية. -تعزيز عملهم (تعزيز الأم والأب لعنايتهم بالطفل).	-الإرشاد المباشر. -الإرشاد السلوكي. -الإرشاد الجمعي
الترفيه والاستمتاع بالإجازة	-الدعم الاجتماعي)الأسرة، الأصدقاء، الجيران...). -وجود مؤسسات رعاية لفترة محددة	-توجيه الوالدين إلى أهمية النشاطات الترفيهية والترويحية.

المراجع:

المراجع العربية:

- الاغبري، آل مشرف. (1996). إرشاد الآباء ذوي الأطفال غير العاديين، دار الزهراء، السعودية.

- جفال، عبير. (1994). السلوكات غير التكيفية لدى المعوقين سمعيا، رسالة ماجستير غير منشورة، الجامعة الأردنية، عمان- الأردن.

- الحديدي، منى. (1998). الإعاقة البصرية الأبعاد السيكولوجية والتربوية، دار الفكر للنشر والتوزيع، عمان - الأردن.

- الخطيب، جمال، (1998). الإعاقة السمعية، دار الفكر للنشر والتوزيع، عمان- الأردن.

- الخطيب، جمال، الحديدي، منى. (1997)، المدخل إلى التربية الخاصة، مكتبة الفلاح للنشر والتوزيع، الإمارات.

- الروسان، فاروق. (2000). سيكولوجية الأطفال غير العاديين (مدخل إلى التربية الخاصة)، دار الفكر للطباعة والنشر والتوزيع، عمان- الأردن.

- الريحاني، سليمان (1985).، التخلف العقلي، مطبعة الدستور، عمان- الأردن.

- الزبيدي، هيام (1995)، السلوك الاجتماعي المدرسي للتلاميذ ذوي الحاجات الخاصة، رسالة ماجستير غير منشورة، الجامعة الأردنية، عمان- الأردن.

- ستيورات، جاك (1996). إرشاد الآباء ذوي الأطفال غير العاديين، ترجمة: عبد الصمد الأغبري، فريدة آل مشرف، النشر العلمي بجامعة الملك سعود، الرياض.

- الصمادي، جميل (1999)، الإرشاد النفسي للأفراد ذوي الاحتياجات الخاصة وأسرهم، ندوة للإرشاد النفسي المهني من اجل نوعية أفضل لحياة الأشخاص ذوي الاحتياجات الخاصة، مسقط- عمان.

- القمش، مصطفى (2000). الإعاقة السمعية واضطرابات النطق واللغة، دار الفكر للطباعة والنشر والتوزيع، عمان- الأردن.

- محمد، عادل (2004)، الإعاقة الحسية، دار الرشاد، القاهرة- مصر.

- المعايطة، خليل، القمش، مصطفى، البواليز، محمد (2000)، الإعاقة البصرية، دار الفكر للطباعة والنشر والتوزيع، عمان- الأردن.

- السرطاوي، عبد العزيز، الصمادي، جميل (1998)، الإعاقات الجسمية والصحية، مكتبة الفلاح للنشر والتوزيع، الإمارات.

- المغيري، أصيلة (1999)، ورقة عمل وزارة الشئون الاجتماعية والعمل والتدريب المهني بسلطنة عُمان، ندوة الإرشاد النفسي والمهني من اجل نوعية أفضل لحياة الأشخاص ذوي الاحتياجات الخاصة، مسقط- عُمان.

- نصر الله، عمر (2002)، الأطفال ذوي الاحتياجات الخاصة وتأثيرهم على الأسرة والمجتمع، دار وائل للنشر والتوزيع، عمان- الأردن.

- يحيى، خولة (2003). إرشاد اسر ذوي الحاجات الخاصة، دار الفكر للنشر والتوزيع، عمان- الأردن.

- يحيى، خولة (1999). المشكلات التي يواجهها ذوو المعاقين عقليا وسمعيا وحركيا الملتحقين بالمراكز الخاصة بهذه الإعاقات، دراسات، العلوم التربوية، المجلد 26، العدد1.

المراجع الأجنبية:

Bowen, L. Mack, and Glenn, E.,(1998) Counseling Interventions for Students who have Mild Disabilities. Professional School Counseling, p 16-24.

Hallahan, D. Kauffman, J. (1994) Exceptional Children, Introduction to Special Education, Englewood Cliffs, New Jersey.U.S.A.

Harlod(ED) (1982), Adjustment to Adult Hearing Loss, College Hill Press Inc., U.S.A.

Meadow, K.P., and Dyssegard, B., (1983), "Teachers Ratings of Deaf Children": An American Danish Comparison; American Anuals of the Deaf, Vol. 124, p 900-0908.

Moores, Donald, F., (1992), Educating the Deaf: Psychology Principles and Practices "(3rd. Ed) Houghton Mifflin Company, Boston, U.S.A.

Schlesinger, Hilde, S. (1982) "The Psychology of Hearing Loss, In Orlance, Harlod (ED), Adjustment to Adult Hearing Loss, College- Hill press Inc., U.S.A.

الفصل الثامن
الخدمات الإرشادية لذوي الإعاقات
الجسمية والحركية وأسرهم

المقدمة:

يترتب على ولادة الطفل المعاق مجموعة من الضغوطات النفسية والاجتماعية والاقتصادية. مما يجعل الأسرة في أمس الحاجة إلى المساعدة لتخفيف الأعباء والضغوطات الناتجة عن الإعاقة والحد من توابعها.

ولكي يتوفر الإرشاد الواضح لتلك الفئة لا بد للمرشد من معرفة المعلومات الأساسية عن ذوي الحاجات الخاصة وظروفهم وما هي الأعراض والخصائص العامة لهم. ولا بد له أيضا من معرفة مشكلاتهم وطبيعة تلك المشكلات. وحيث أن أسر ذوي الحاجات الخاصة تواجه العديد من الضغوطات النفسية والاجتماعية والمادية التي تؤثر غالبا في كيفية تعايش هذه الأسر مع الإعاقة وفي ردود أفعالها واتجاهاتها نحو الطفل ذوي الحاجات الخاصة كان لا بد من تقديم المساعدة والإرشاد بحيث يلعب المرشد دور الداعم لها عند الحاجة له. ولتحقيق هذا الهدف، لا بد من توفر عدد من الخدمات المتخصصة، وبعض هذه الخدمات لا تكون كافية ومفيدة إذا اقتصر تقديمها فقط لذوي الحاجات الخاصة، بل يجب أن تشمل هذه الخدمات أولئك الذين يتأثرون ويؤثرون فيهم وبدرجة خاصة اسر ذوي الحاجات الخاصة.

تعريف الإعاقة الحركية:

الإعاقة الحركية هي حالة ضعف حركي شديد يؤثر سلبا على الأداء التربوي للطفل، ويشمل المصطلح حالات الضعف الناتجة عن التشوه الولادي وحالات الضعف الناتجة عن المرض أو لأسباب أخرى.

ويرتبط بمصطلح الإعاقة الحركية مصطلح الضعف الصحي، ولا يشير إلى محدودية القدرة أو التحمل الجسدي أو الانتباه واليقظة بسبب الإصابة بأمراض جسمية مزمنة أو حادة تؤثر سلبا على الأداء التربوي للطفل. ومن تلك الحالات التشوهات القلبية، والشلل الدماغي، والحمى الروماتزمية، والربو والصرع وغيرها. (الخطيب، الحديدي،1992).

ويمكن تصنيفها حسب موقع الإصابة أو الأجهزة المصابة كما يلي:

1- إصابات الجهاز العصبي Neurological Impairments:

أولا:

- الشلل الدماغي Cerebaral Palsy.

- الشلل الدماغي اصطلاح يصف مجموعة من الاضطرابات عند الأطفال الصغار يسببها تلف في بعض مناطق الدماغ المسؤولة عن الحركة وتؤدي إلى العجز في الوظائف الحركية، والعجز الحركي قد يكون شبه شلل أو حركات غير إرادية أو عدم تناسق في الحركة ويستثنى من ذلك جميع المشاكل الحركية الناجمة النخاع الشوكي.

أنواع الشلل الدماغي:

1- الشلل الدماغي التقلصي Spasticity: وهو أكثر أنواع الشلل الدماغي شيوعا وتصل نسبته الإصابة به إلى حوالي 70%. ويصف هذا النوع من الشلل إلى أربعة أنواع.

- الشلل الدماغي التقلصي الرباعي: أي إصابة الأطراف الأربعة، هنا قد تكون الإصابة متناظرة أو قد تكون غير متناظرة.

- الشلل الدماغي التقلصي الثنائي: هنا تكون الأطراف السفلى مصابة أكثر من الأطراف العليا.

- الشلل الدماغي النصفي: تكون الإصابة في القسم الأيمن أو الأيسر من الجسم.

- شلل طرف واحد: وهو اضطراب نادر الحدوث.

2- الشلل الدماغي التخبطي Ayhetosis: تصل نسبة الإصابة بهذا النوع إلى 11 % وهو يتميز بظهور حركات لا إرادية.

3- الشلل الدماغي غير التوازني Ataxia: تبلغ نسبة الإصابة بهذا النوع حوالي 7% وهو ينتج عن إصابة المخيخ المسؤول عن التناسق الحركي- الحسي والتوازن.

4- الشلل الدماغي المختلط Mixed Type: تبلغ نسبة الإصابة بهذا النوع حوالي 12% وهو ينتج عن إصابة مجموعة من المراكز الدماغية المسؤولة عن

الحركة فقد يكون الطفل مصابا بالشلل الدماغي التقلصي بصورة رئيسية مع فقدان التوازن (الكسواني، 1994).

2- الشق الشوكي أو الصلب المفتوح Spinal Bifida:

ويصنف إلى ثلاثة أنواع حسب شدة الإصابة: بسيط، متوسط، شديد.

النوع الأول: تباعد فقرات العمود الفقري عن بعضها، وهو من النوع البسيط.

النوع الثاني: بروز نتوء في العمود الفقري المملوء بسائل النخاع الشوكي والذي لا يحتوي أنسجة عصبية.

النوع الثالث: غالبا ما ترتبط حالات اضطرابات العمود الفقري بحالات أخرى مثل حالة استسقاء الدماغ والتي تمثل شكلا من أشكال الإعاقة العقلية. كما قد ترتبط بحالات التهابات الدماغ أو التهابات السحايا (التهابات العمود الفقري).

3- إصابة الحبل الشوكي Spinal cord injury.

4- استسقاء الدماغ Hydrocephalus.

5- الصراع Epilepsy

تحدث على شكل نوبات يتأثر فيها الإحساس أو السلوك الحركي، وهي عبارة عن زيادة في موجات الدماغ.

ثانيا: إصابات الهيكل العظمي Skeletal Impairments:

1- تشوه العمود الفقري Scoliosis

2- الخلع الوركي

3- بتر الأطراف

4- عدم إكتمال نمو العظام والتهاب العظام

5- تشوه القدم

ثالثا: إصابات العضلات (Muscular)

1- ضمور العضلات..... يعمل هذا المرض على تحليل عضلات الجسم

واستبدلها بأنسجة دهنية.

2- ضمور العضلات للنخاع الشوكي......

3- شلل الاطفال (.....): تناقص عدد حالات الأطفال المصابون بهذا المرض نتيجة إعطاء المطاعيم المضسادة لهذا الفيروس مجاناً (الروسان1998).

رابعا: الإصابات الصحية.............:

1- الربو.......

2- غصابات القلب

3- السكري والسرطان (الروسان1998)

المشكلات التي يواجهها الأفراد ذوي الإعاقات الجسمية

إن سيكولوجية الإعاقة لا تحتلف عن سيكولوجية كون الفرد إنساناً. ولقد اتفق معظم علماء التربية الخاصة على أنه لاتوجد أدلة على أن الإعاقات الجسمية المختلفة ترتبط بأنماط معينة من الشخصية أو أن رد فعل الشخص للإعاقة يرتبط بشدة الإصابة وأن أوجه الشبه أكيد من أوجه الإختلاف بيننا. ورغم أن الشخص ذوي الإحتياجات الخاصة يشبه الشخص غير المعوق أكثر مما يختلف عنه، فهو مرغم على التعامل مع مثيرات غير تقليدية.

ويمكن الإشارة هنا إلى بعض المشكلات الخاصة للأفراد ذوي الحاجات الخاصة وهي:

1- إنهم يشعرون بإحباطات كبيرة وصعوبات في حل المشكلات.

2- إنهم يواجهون الرفض والتميز أكثر من الأشخاص العاديين.

3- وسوف نتناول هنا المشكلات المرتبطة بمفهوم الذات والتصور الجسمي، والإحباط والغضب والإعتمادية والدافعية.(كاشف،2001).

1- مفهوم الذات:

يتأثر مفهوم الذات بغض النظر سواء كانت الإعاقة كاملة أو متوسطة، فمفهوم الذات من العوامل المرتبطة بكيفية ادراكنا لأنفسنا وتقيمنا لذواتنا، وذلك من خلال

التفاعل مع الاخرين،فطريقة استجابة الافراد وتعايشهم مع الضغوط قد تعكس طريقة لاستجابة اسرهم لها،فالاسرة قد تؤثر ايجابا او سلبا على مفهوم الذات،فقد لا تسمح الاسرة للطفل المصاب بصعود ونزول الدرج لوحده وبطريقته الخاصة خوفا من أن يؤذي نفسه، والحماية الزائدة قد تسهم في اضعاف مفهوم الذات.كما يرتبط تأثير الاعاقة الجسمية على مفهوم الذات ايضا بشخصية الفرد قبل حدوث الاعاقة،ولذلك ففي حالة الاعاقات المكتسبة من المفيد للمرشد ان يتعرف على شخصية الفرد قبل الاصابة.

2- التصور الجسمي

يرتبط التصور الجسمي ارتباطاً وثيقا بمفهوم الذات، كما ان الادراكات الجسمية تعكس مشاعر عن النفس. فاتجاهات الفرد نحو جسمه غالبا ما تكون انعكاسا ونتيجة للعلاقات مع الاخرين، (وغالبا ما يتصور الاشخاص المعوقين اجسادهم من خلال تشجيع افراد الاسرة لهم على تطوير المهارات المعرفية والاجتماعية ويشجعوهم على استكشاف اجسادهم.

وبالنسبة لبعض المراهقين المعوقين جسميا كثيرا من التفاوت بين مظهرهم الجسمي والمظهر الجسمي للمراهقين الاخرين يكون امرا مزعجا. ولذلك فعلاوة على عدم الشعور بالطمأنينة اثناء المراهقة، والذي يشكل ظاهرة عصابية، هناك عدم شعور بالطمأنينة يتصل بالواقع، وهذا الشعور يتعاظم عندما يدرك الشاب عدم قدرته على ان يصبح ذا مظهر طبيعي فإن استطاع المرشد مساعدة الشخص المعوق على تقبل جسمه وقبول الاعاقة فإن الخوف والنكران ينخفضان. وهذا يعني انه سوف يتم دمج الاعاقة مع مفهوم الذات الكلي لدى الشخص المعاق. وقد اقترح كولب وولدت (Kolb and Wouldt 1977) استراتيجيتين يمكن استخدامهما للتعامل مع التصور الجسم للشخص المعاق.

1- مساعدته على الاتصال بجسمه من خلال التخيل والاستكشاف الذاتي والسيكودراما والانماط الحركية المعدلة والتركيز على الجوانب التي يتصف بها الاحساس بالخلل، وهنا يمكن ان يقوم المرشد بتوجيه المعاق من خلال ممارسة نشاطات لتطوير الوعي الجسمي تركز على كل اجزاء الجسم، ثم يناقش المرشد بعد ذلك معتقداته السابقة حول مواطن القوة والضعف في شخصيته وكيف يمكن لهذه المعتقدات ان تؤثر على سلوكه.

2- تشجيع الاشخاص المعاقين على التواصل مع شخص آخر من خلال الاستكشاف الجسمي التبادلي والتعبير غير اللفظي من اجل ارسال واستقبال المعلومات الحسية. من فوائد قيام المعاقين بتبادل العـواطف جسمـيا مع بعضهم البعض قد يكون ممارسته تساعد على الاستبصار والتمييـز.

والتمرينات البسيطة مثل المشي والعيون معصـوبة. رفع الايـدي الى اعلـى من خلال العد 1.2.3 وببطء، يعطي هذا التمرين الاحساس الكامل بكل حركة. وضع الجسم او جزء منه في ماء بارد ثم وضعه في ماء دافيء(الخطيب،الحديدي،1992)

3- الاحباط والغضب:

إن استجابة الغضب قد تنجم عن مواقف محبطة تهدد فيها مشاعر الكفاية والامن، او موقف يدرك فيها المعاق ذاته بأنه لايرقى الى مستوى توقعات الآخرين، واحياناً لا يميل بعض الاشخاص العاديين الى التعامل مع ذوي الحاجات الخاصة وغالبا ما يتجنبونهم، او ينظرون اليهم كعاجزين واعتماديين وغير قادرين على العناية بأنفسهم، وغالبا لايعبر ذوي الحاجات الخاصة عن احباطهم وغضبهم عن طريق السخرية والتهكم، لذلك فان هذا السلوك قد لايشجع على تكوبين صداقات معهم، وقد يكون لديهم مستوى شديد لايشجع الاخرين على تكوين صداقات معهم، وقد يكون لديهم مستوى شديد من القلق ويصفون انفسهم باوصاف سلبية، لذلك على المرشد ان لا يتعامل مع التهكم والسخرية بل يتعامل مباشرة مع الاحباط المسؤول عن هذه الاتجاهات. ويصبح دور المرشدمساعد الشخص المعوق على تغيير افكاره واتجاهاته ومعتقداته غير العقلانية وأيضا يستطيع المرشد مساعدة الشخص في التعبير السلكوي عن المشاعر فالعلاج التعبيري الحديث يسهل عملية التنفيس عن الغضب من خلال اساليب مثل الصراخ او الركل وما الى ذلك. والسيكودراما المستخدمة لتصريف الغضب يمكن لها ان تؤدي الى تزايد القدرة على الاحساس بالغضب وبالتالي مساعدة الشخص على اكتشاف طرق اجتماعية مقبولة لتوجيه الغضب.

4- الاعتمادية والدافعية:

من الصعوبات التي يواجها مرشدو الاشخاص ذو الحاجات الخاصة الاعتمادية، وتعني افتقار الشخص ذوي الحاجت الخاصة الى الدافعية من خلال الاساليب التي يتم التعامل معه بها والذي غالبا مايطور دورا سلبيا وليس نشطا، فالحماية الزائدة تساعد على بقاء الفرد في مستويات متدنية من التفاعل الاجتماعي والتكيف،لذلك لا بد ان يكون اللارشاد في هذه الحالة تعاونية تتضمن اشخاص عديدين في بيئة ذوي الحاجات الخاصة، كالاسرة، والمعلمين، وذلك لتحقيق الاستقلالية، فالفرد الذي يفتقر الى الدافعية يظهر التردد للاشتراك في برامج التأهيل أو والارشاد. ويقدم كون (cowen 1979) مثالا جشطالتيا يهدف إلى مساعدة الأشخاص المعوقين على وعي ترددهم يطلب من الشخص المعوق أن يحدد ثلاثة اهداف حياتية هامة وأن يكتب تلك الأهداف وتتضمن عملية الكتابة على الورقة مشاعر الشخص وقد تزيد التزامه بالأهداف، وبعد ذلك يستطيع المرشد أن يطلب من الشخص المعوق كتابة حاجة يمكن تحقيقها في ذلك اليوم ثم يقترح المرشد على الشخص أن يجرب كتابة أهداف مناقضة لتلك التي كتبها سابقا أن التعبير عن موقف ومن ثم التعبير عن موقف نقيض له يسهل عملية وعي الحاجات والرغبات المتضاربة وأخيرا يقيم الشخص المعوق ما إذا كان السلوك الحالي ينسجم مع العبارات السلبية أم العبارات الإيجابية.

5. النظرة السائدة بين الناس تجاههم:

تتمثل واحدة من أكبر المشكلات التي يواجهونها في النظرة السائدة بين الناس تجاههم، وفي ضعف الاهتمام الذي يولي لهم في عمليات التخطيط بما يضمن تلبية حاجاتهم أيضا ولا شك أنهم ينفرون من وصفهم بالمعتقين، ومما يزيد الأمر سوءا أن كلمة (معاق) أصبحت تستخدم في مجال التنابز بالألقاب بين الناس العاديين (يونسيف، 1988). إذا سلمنا بأن الأمثال تمثل روح المجتمع على الرغم من تناقضها، فإنه ينبغي عندها التوقف عند ترددها ومن الأمثلة (وين ما شفت أعمى دبه، أنت مش أرحم من ربه).

6. ردود فعل انفعالية:

على شكل مستويات عالية من القلق والشعور بالذنب والعدوان، وهي استجابات تصدر عن الطلبة ذوي الاحتياجات الخاصة بفعل اتجاهات الآخرين نحوهم

وتوقعاتهم منهم والتي تتضمن الرفض والعزل أو الحماية الزائدة. (الخطيب، مترجم، 1992).

خصائص الأشخاص ذوي الإعاقات الجسمية والحركية:

تتميز الإعاقات الحركي والجسمية في التفكير المعاصر بأنها متفاوتة ومتغايرة ولا يجمع بينهما ناظم بعينه. ذلك أن كل إعاقة حركية موجودة في شخص ما تعطيه تميز عن الأشخاص الآخرين لكن هذه الخصائص تتمحور حول مجالات متعددة وهي:

أولا: في مجال الخصائص الجسمية

1. اضطراب في نمو عضلات الجسم.
2. مشكلات في تشوه العظام.
3. مشكلات في القدرة على العناية بالذات ونشاطات الحياة اليومي.
4. ضعف في التآزر والتوازن الحركي.
5. تعبير وجه غير عادية.
6. سيلان اللعاب من الفم.
7. صعوبة في الحراك الاجتماعي.
8. ضعف المهارات الدقيقة (مثل عدم مسك القلم بطريقة صحيحة أو استخدام المقص).
9. ضعف المهارات الكبيرة (عدم القدرة على المشي بطريقة طبيعية، وعدم المشي بتوازن وضعف في التآزر البصري الحركي).

ثانيا: الخصائص النفسية

1. الانسحاب والخجل.
2. الانطواء على الذات.
3. الاكتئاب والحزن.
4. عدم الرضا عن الذات.
5. الشعور بالعجز والاعتمادية والقلق.

6. ضعف في الاتصال مع الآخرين.

7. عدم وجود أصدقاء.

8. عدم توكيد الذات والمقدرة (سليجمان ودارلنج، مترجم 2001).

ثالثا: الخصائص التعليمية

1. لديهم مشكلات في الانتباه. يعاني الطلبة ذوي الاحتياجات الخاصة بشكل عام من ضعف القدرة على الانتباه والقدرة العالية للتشتت وهذا في كثير من الأحيان يفسر عدم مثابرتهم أو مواصلتهم الأداء في المواقف التعليمية أو الاجتماعية، خاصة إذا استغرق الموقف فترة زمنية (الروسان 1989).

2. الذاكرة: يواجه الطلبة ذوي الاحتياجات الخاصة صعوبات في التذكر خاصة في الذاكرة قصيرة المدى مثل تذكر الأحداث بشكل صحيح أو بترتيب غير صحيح ويكون التذكر بطئ وغير فعال وتعتبر مشكلة التذكر من أكثر المشكلات حدة إذا تقل قدرتهم على التذكر مقارنتهم مع الطلبة الذي يناظرونهم في العمر الزمني ويعود السبب في ذلك إلى ضعف قدرتهم على استعمال وسائل واستراتيجيات أو وسائط حسية للتذكر كما يفعل الطالب العادي كما أن الصعوبة تكمن في مرحلة استقبال المعلومات المرتبطة بدرجة الانتباه التي يفتقر إليها الطالب ذو الحاجة الخاصة، والانتقال من نشاط لآخر دون إنهاء الأول. (الروسان 1989).

3. الشعور بالفشل: إن أهم قضية نفسية اجتماعية يعاني منها الطلبة ذوي الاحتياجات الخاصة هي أنهم يرون أنفسهم فاشلين، مثل هذا الشعور يشكل عائق أمام تفاعلهم مع الآخرين أو في مواقف التعلم وحتى أمام نجاح العملية الإرشادية، فكثير منهم ينظر لنفسه بسلبية، بحيث هذه السلبية تشكل الطبيعة الثابتة لديهم.

4. انتقال أثر التعليم: يواجه الطلبة ذوي الاحتياجات الخاصة صعوبة في نقل اثر التعلم من موقف إلى آخر، ويبدو السبب في ذلك في فشل التعرف على أوجه الشبه والاختلاف بين التعلم السابق والموقف الجديد، فهم يخفقون في تطبيق المهارات والمعارف التي يكتسبونه لأداء مهارة ما او لحل مشكلة ما في تادية المهارات وحل المشاكل الاخرى المماثلة، بعبارة أخرى ان قدرتهم على التعميم محدودة، وتزداد بزيادة حدة الاعاقة. (القريوتي1995)

5- مشكلات في الادراك البصري والسمعي: تتنوع مشاكلهم في الادراك السمعي والبصري ويخلق صعوبات في القراءة او الكتابة. (كيراك وكالفنت،1998)

6- مشكلات الكتابة: وهي ناتجة عن ضعف المهارات الحركية الدقيقة.

ومن ابرز المشاكل:

- عدم القدرة على مسك القلم بطريقة صحيحة.
- رداءة الخط. (الكسواني 1993)

7- الموانع الطبيعية: تتضمن الموانع الجسدية في البيئة، فالافراد ذوي الاعاقات الجسدية يمكن ان يجدوا صعوبة او يمنعوا من المشاركة الاجتماعية والتعليمية بواسطة السلالم والابواب الضيقة والتلال والمرتفعات، فالمجتمع مصمم اجتماعياً وطبيعيا لمقابلة وتلبية حاجات الافراد العادين، وبالرغم من أن إمكانية الوصول الى أماكن متعددة زادت في الآونة الأخيرة، فإن أسر الاطفال ذوي الاعاقات الجسدية مازالت مقيدة في الخيارات المنزلية والمدارس والحرية العامة للحركة. (الكاشف،2001)

الخصائص العصبية:

1- لديهم مشاكل تتعلق بتلف الدماغ او الحبل الشوكي.

2- لدى البعض مشاكل خاصة كالصرع والاضطرابات العقلية.

3- لديهم مشاكل في النمو العضلي العصبي.

المشكلات الأسرية الناجمة عن الإعاقة

1- البحث عن المؤسسات التعليمية التي ترعى هذه الفئة من الاطفال.

2- صعوبة تهيئة الطفل للإندماج مع البرامج الخاصة به.

3- عدم وضوح أساليب رعاية الطفل وتربيته.

4- صعوبة التواصل مع الأسر الأخرى.

5- عدم القدرة على متابعة الطفل في المنزل لإنشغال الآباء بالعمل أو بتربية باقي افراد الأسرة. (سيلجمان و دارلنج،مترجم،2001).

ماهي الأساليب الإرشادية المستخدمة

1- الإرشاد الفردي والجمعي ويكون من خلال:

أ- عقد دورات تدريبية للأهل.

ب- اعطاء المحاضرات وعرض الأفلام التوضيحية.

ج- عقد لقاءات بين أسر ذوي الإحتياجات الخاصة لتبادل الخبرات.

د- ايضاح مبادئ النو الطبيعي وتشجيع الأهل على ملاحظة مجموعة من الأطفال من أجل فهم الفروق بينهم وملاحظة الأخصائيين في كيفية التكامل مع الأطفال.

2- الإرشاد باللعب.

3- اساليب تعديل السلوك.

4- لعب الأدوار والنمذجة.

5- التدريس المباشر.

6- أسلوب ضبط الذات. (إبراهيم وزملائها2001).

الدعم الروحي (الاستفادة من التفسيرات الروحية، والنصيحة من رجال الدين). (الكاشف، 2001).

الإستراتيجيات الإرشادية في التعامل مع الأطفال ذوي الإعاقات الحركية

يعتبر التعامل مع الطلبة ذوي الإعاقات الجسمية والحركية أكبر تحد يمكن أن يواجه المرشد على اعتبار أنهم فريدين ولهم من الحقوق والواجبات كما هو الطلبة العاديين وفيما يلي محاولة لعرض أهم الأساليب والاستراتيجيات الإرشادية المناسبة للتعامل مع مختلف الصعوبات والمشكلات التي تواجه فئات الطلبة ذوي الإعاقات الجسمية والحركية.

1- اشعر الطالب ذوي الحاجة الخاصة بأنك مهتم بحديثه ومصغي له، من خلال:

- الايماء برأسك أثناء الاستماع إليه على أنك تصغي له.

- الانتظار عليه حتى ينهي كلامه.

- إعادة ما قاله المسترشد بالتركيز على الأفكار الرئيسة. (جرادات، 1996).

2. اشتقاق حلول المشكلة: غالبا ما يكن للمشكلة التي يواجهها الطالب ذو الحاجة الخاصة مجموعة من الحلول، وأن تعرف على هذه الحلول والإحاطة بها تساعده على اختيار للحل الأنسب، وكلما زاد عدد الحلول المقدمة، زادت حرية اختيار الحل الأفضل، وحتى يتمكن من اشتقاق اكبر عدد من الحلول يجب أن لا يطلق أحكاما مسبقة عليها. (جرادات، 1996).

3. حتى تساعد الطالب ذو الإعاقة الحركية على التعبير عن المشاعر الإيجابية والسلبية التي تتشكل لديه نتيجة الإعاقة، حاول أن تطبق معه الاستراتيجيات والطرق الإرشادية التالي:

- قدم تعريفا مختصرا لمهارة التعبير عن المشاعر على النحو التالي:

إظهار حقيقة ما يشعر به الإنسان بطريقة صادقة و مقبولة اجتماعيا، فالإنسان له الحق في التعبير عن مشاعره الايجابية والسلبية إذ أن إطار هذه المشاعر يساعد على تحقيق التوافق والانسجام بين ما يقوله وما يشعر به، كما أن التعبير عن المشاعر الايجابية (الفرح، السرور، الرضا) تجاه ما يقوم به الآخرون نحونا، يزيد من احتمال قيامهم بهذا السلوك في المرات القادمة، والتعبير عن المشاعر السلبية (الانزعاج،الغضب، الخوف) من التصرفات الآخرين نحونا، يقلل من احتمال قيامهم بهذه التصرفات مستقبلا كما أن عدم إظهار المشاعر لا يمكن الآخرين من معرفة ما نحب أو نكره في تصرفاتهم. (جرادات، 1996).

- اطلب من أفراد المجموعة تعريف مهارة التعبير عن المشاعر بلغتهم الخاصة من خلال الرسم أو غيرها.

- اطلب من أفراد المجموعة تحديد سبب هذه الأحاسيس والمشاعر مثلا:

1. الحزن لأن الجميع يركض وأنا لا أستطيع.

2. غضب وتوتر حيال عدم تفهم زملائي لوضعي.

3. اطلب منهم تحديد الشخص أو الجهة المسئولة عن ذلك.

هل هو: الأهل، المعلم، أحد الزملاء.

4. للتخلص من العزلة والانسحاب والخجل بسبب الإعاقة الظاهرة التي تجعل بعض الطلبة مختلفين عن غيرهم.

من الممكن أن يتبع المرشد الأساليب التالية:

- يشير المرشد إلى أن العزلة قضية ترتبط بأفكار الفرد وتوقعاته عن ذاته وأن الألفاظ والعبارات الذاتية السلبية التي يرددها الفرد تؤدي إلى مجموعة من التشويهات في الإدراك والتشويهات الادراكية تعني: أن الفرد ينظر إلى الموقف والأحداث بطريقة مخالفة للواقع لا تنطبق مع المعطيات الموجودة في الموقف.

- يطرح المرشد للنقاش مظاهر الادراك الخاطئ التي تبدو لدى الفرد المنعزل ويشجع الطلبة على الاستعانة بخبراتهم الشخصية قدر الإمكان ويبدأ بتلخيصها على النحو التالي:

1. السلبية: ويقصد بها المغالاة في التركيز على المظاهر السلبية وإغفال المظاهر الايجابية. فعلى سبيل المثال:

أنا إنسان فاشل لا استطيع التعلم كما يتعلم زملائي.

2. جعل الشيء شخصيا: شعور الفرد أنه موضع تفحص من قبل الآخرين، وأنهم يلاحظون السلوكات السلبية التي يعتقد أنها واضحة لهم، تماما كوضوحها له. (المصري، 1992). فعلى سبيل المثال:

تبرر فريال عدم ذهابها إلى زيارة الأقارب، بالخوف من سخريتهم من كلامها أو اسلوبها في الحديث، لأنها تعتقد أنها غير قادرة على التفاعل مع الآخرين من خلال الكلام.

3. التعميم الزائد: يعني استنتاج تعميمات من حادثة واحدة محددة.

4. التفكير إما أسود أو ابيض: فعلى سبيل المثال:

إن زميلي لا يحبني إطلاقا.

5. تصنيف الذات: كأن تعتبر نفسك شخصية غير متكاملة وليس لديك الكفاءة للعيش بفاعلية. فعلى سبيل المثال:

أنا لا أستحق التقدير لأني لا استطيع الركض (لديه إعاقة حركية).

ولمساعدة الطالب ذو الإعاقة الحركية والجسمية على تحسين مفهومه لذاته لا بد من الأخذ ببعض الاستراتيجيات والأساليب التالية ضمن المجموعة يشير المرشد إلى أن:

- مفهوم الذات هو عبارة عن مجموعة من الأفكار التي يحملها الفرد عن نفسه

وتكون هذه الأفكار الاتجاهات مختلفة عن فكرة الآخرين.

كما ان مفهوم الذات ينقسم إلى:

1. الذات المثالي وهو نوعية الفرد الذي يود أن يكون عليه أو يتمناه.

مثال: أنا انسان عاجز لا استطيع المشاركة في مباراة كرة القدم، الذات كما يدركها.

صحيح إنني لا استطيع المشاركة في مباراة كرة القدم لكني مبدع وموهوب في مجال الشطرنج فقد حصلت على اكثر من ميدالية وكان لي دور كبير في تجميع الكؤوس للمدرسة في لعبة الشطرنج وعلى مستوى المديرية.

2. يناقش المرشد مع الطلبة خلال المجموعة أو الطالب الارشاد الفردي بأنه لا يوجد شخص كله جيد أو ليس هناك من هو كامل وكلنا نقع في الخطأ ولا نستطيع أن نؤدي كل المهمات ولكن هذا لا يغير من صفات أو خصائص الفرد.

أهم الأسباب:

- نقص المهارة في كثير من الأوقات لدى الفرد العادي كما هي لدى الفرد ذو الحاجة الخاصة.

- النقص في المعلومات حول المهمة وكيف أدائها والاعتماد على بدائل الكتابة في القلم مثل عدم الاعتماد على اليد اليمنى فقط وإنما يستطيع الفرد الكتابة باليد اليسرى أو بالفم أو بالقدم.

- أثر العبارات الذاتية Self Statements على سلوكنا وتصرفاتنا فالكلام الداخلي الذي يقوله الفرد يلعب دورا مهما لأنه يؤثر على سلوكاته ومشاعره. ويمكن أن تتغير هذه السلوكيات والمشاعر عن طريق ما يقوله الفرد لنفسه قبل وبعد قيامه بالسلوك.

تدريب الفرد على بعض العبارات التي يمكن أن يلقنها لنفسه عندما يطلق عليه الآخرين أسماء لا يحبها أو توجه له عبارات سلبية مثل:

- لا يهم ما تقوله.

- أنا لا أقلق لذلك.

- أن لا أحب أن يطلق علي اسم عاجز، ولكن هذا يؤذني.

- أثر التعزيز والثناء على مفهوم الذات:

يجب على الفرد أن يكون هو نفسه المقيم والمعزز، ويجب عليه أن يطور المهارات مثل: الاستمتاع بنشاطات مسلية بينما التعليقات اللفظية فهي داخلية وهي دائما متوفرة للفرد وعندما يتعلم الفرد أن يقدم لنفسه ثناء أو تعزيزا لفظيا فإن التعزيز يستمر حتى بدون تعزيز خارجي. (مقدم، 1989). مساعدة الطالب على الشعور بالكفاءة والقدرة والأهمية وذلك من خلال إظهار قدرته على التحكم الفعال بالبيئة إذ ينبغي أن يعطي مهارات فيها تحد بسيط بحيث يتكرر شعوره بالنجاح (شيفر ميلمان، 1989).

الحب والانتباه لا يفسد الأطفال وكل زيادة في الحب والتقبل تعتبر أفضل لذا زود الطفل بجو من التقبل والدفء أسمح له ان يقول (لا) في المواقف التي يستطيع ممارسة الاختيار فيها. (شيفر، ميلمان، 1989).

5. لمساعدة الطالب ذو الحاجة الخاصة على نقل أثر التعلم ما على المرشد العمل مع المعلم والأهل في التخطيط وتوظيف استراتيجيات تعمل على نقل أثر التعلم كي يستفيد الطالب ويطبق المهارات التي تعلمها في الحياة العامة، ومن هذه الاستراتيجيات:

- زيادة فاعلية الطالب في العملية التعليمية من خلال الاندماج في النقاش.

- تطبق المهمة في أكثر من طريقة داخل الصف وفي المدرسة ومن ثم في المنزل والعمل التعاوني يتم التدريب عليه في الصف ثم خارج الصف. (SMITH,1991).

6. على المرشد تولي مهمة إثارة الوعي لدى الطلبة بشكل عـــام بأهميـــة التعامل مع الطلبة ذوي الاعاقات الحركية والجسمية بوصفهم مواطنين كاملي العضـــوية في المجتـــمع وأن الجميع يتحملـــون المسؤوليـــة تجاه رعايتهـــم ومساعدتهـــم في الانخـــراط في الأنشطـــة المختلفة مع غيرهم. (اليونيسيف، 1988).

7. يمكن مساعدة الطفل لينمو انفعاليا عن طريق لعب الاغاظة مثال:

(من المؤسف أنك ضعيف إلى درجة لا تمكنك من رمي الكرة). إن الطفل يتعلم

كيف يتقبل الاغاظة ويرمي الكرة ويشعر الفخر والاغاظة يجب ان لا تكون في المجالات المرتبطة بالحساسية الزائدة بل في المجالات التي يمكن للطفل أن ينجح فيها مع بعض الجهد. (شيفرميلمان، 1989).

8. على المرشد إيلاء الاهتمام لكل العلاقات العائلية العلاقات بين الأخوة والأخوات بين الوالدين بين الأبناء والوالدين والطفل ذو الإعاقة الحركية وبين العائلة والأصدقاء أو المعلمين. حيث أن العائلة تمثل صورة مصغرة للمجتمع والتي من خلالها يتم تنمية الاتجاهات الاجتماعية.

9. مساعدة الطالب على القيام بعمل يخشاه، يشجعه المرشد على التصرف كما لو أن العمل سوف ينجح. هذا الأسلوب يساعد على القيام بعمل يخشاه أو يشعر بأنه سوف يفشل حيث يعطي المرشد الطالب مهمة صريحة مباشرة ويطلب منه اتمامها يتطلب من المرشد في البداية معاونة الطالب وتعزيز كل استجابة صحيحة لتشجيعه على الانتقال للمهمة التالية.

10. مساعدة الطالب ذو الاعاقة الحركية على التعامل مع مشاعر القلق والخوف من خلال ممارسة تمارين الاسترخاء العضلي القائمة على التمييز ما بين العضلات المشدودة في حين ارتباط الاسترخاء والتخلص من مشاعر القلق من خلال العضلات المسترخية (الزعبي، 1999).

11. تدريب الطالب ذو الاعاقة الحركية على مهارات الذات التي تنبني على التعبير عن رأي والمعارضة والاحتجاج والتعبير عن المشاعر الايجابية أو السلبية:

ـ اشعر بالضيق والألم عندما تشير إلى عجزي.

ـ أنا لست عاجز كما تسميني أنا لي اسم هو عماد ولي مشاعر فأنا أشعر بالضيق الشديد والحزن حين تناديني بالعاجز.

12. توفير الفرص اللازمة للتفاعلات الاجتماعية والبيئية المناسبة واشراكه في مجموعات اللعب، واصطحابه في الأعمال والمهمات التطوعية الجماعية (لجان خدمة البيئة المدرسية). (الخطيب 1993).

13. كمرشد اعمل على ان يحصل الطالب على اكثر ما يمكن من الخبرات السعيدة والمبهجة في علاقاته مع الرفاق.

14. لتجنيب الطالب ذو الاعاقة الحركة الاعتماد الزائد على الآخرين والاحساس بالفشل والاحباط الشعور العام بعدم القيمة من المكان تطبيق

قائمة النشاط الاثباتي. أي النشاط الذي ينتهي بإثابة الطالب لسهولته أو لأنه يخلق الفرصة لتدعيم الطالب واثابته اجتماعيا من قبل الأسرة والمدرسة عند أدائه فضلا أنه يعطي الطالب فرصة لتحقيق بعض المكاسب وتذوق طعم النجاح وذلك بمشاركة الطالب بنشاطات متعددة ومحددة قصيرة يستطيع دائما أداؤها بنجاح. (القريوتي، 1995).

أهداف ارشاد ذوي الاعاقات الحركية والجسمية:

للإرشاد التربوي أهداف عامة من الضروري العمل على تحقيقها أثناء ارشاد كافة مستويات وفئات الطلبة بالاضافة إلى مجموعة من الأهداف الخاصة التي يعمل المرشد على تحقيقها لدى هذه الفئات للوصول بهم إلى المدرسة (مدير المدرسة، المعلمون، معلم غرفة المصادر، الأسرة، الطلبة).

1. الهدف الرئيسي يتجه نحو العمل على قبول أفراد هذه الفئات في المدرسة فالضغط الذي يشكله وجود طفل ذو حاجة خاصة في الأسرة يولد أزمة يجب أن تتعامل معها الأسرة قد يؤدي ذلك إلى تحطيم الأسرة و بالتالي فإن بقاء الطفل في المنزل يشعر كلا من الطفل والأسرة بالفشل والاحباط ومثل هذا الشعور لا يخلق مناخا اجتماعيا ايجابيا صحيا بل يزيد من مشاعر العزلة وتلبية احتياجات الأساسية.

أما الأهداف الفرعية الأخرى فهي:

1. التعاون مع المعلمين في حصر الطلبة ذوي الاحتياجات الخاصة في ضوء نتائج الاختبارات التشخيصية والمساهمة في إعداد البرامج الفردية والجماعية التي تلبي حاجاتهم الخاصة التربوية والتعليمية وغيرها.

2. المساهمة في إعداد الوسائل التعليمية والتقنية الضرورية.

3. المساهمة في إعداد وتنفيذ البرامج الوقائية الخاصة بهم.

4. المساهمة في علاج مشكلاتهم السلوكية وتكيفهم الاجتماعي.

5. مساعدة الأفراد المهمين في حياة الطلبة ذوي الاحتياجات الخاصة في تحقيق الفهم الأفضل لمشكلاتهم وتحديد مواطن القوة والضعف لديهم، وتقبلهم في المجتمع ومحاولة إزالة المعوقات المختلفة التي تحول دون تكيفهم واندماجهم في المجتمع.

6. المساهمة في تنمية قدراتهم للاستفادة من الفرص التعليمية المتاحة لهم ضمن قدراتهم وتطوير المهارات الحياتية التي تساعدهم على الاستقلال وعدم الاعتمادية على الآخرين.

7. التعرف على المؤسسات التربوية والاجتماعية والصحية التي تقدم خدمات لأفراد هذه الفئات وإحالة الطلبة من ذوي الاعاقات إلى المكان المناسب في حالة تعذر توافر البرامج التربوية والعلاجية في المدرسة العادية.

إرشاد أسر ذوي الاعاقات الحركية والجسمية:

1. يقدم الارشاد على شكل معلومات إرشادية تتعلق بإجراء الفحوصات الطبية تفاديا لحدوث إعاقات أخرى.

2. مساعدة الأسرة على فهم ردود فعلهم تجاه الطفل المعاق وكيفية مواجهتها.

3. التخفيف من الآثار السلبية التي تتركها ردود الفعل على الطفل وأسرته.

4. إعانتهم على الاستمرار في حياتهم بصورة طبيعية حتى مع وجود الطفل المعاق. (الريحاني، 1985).

5. تدريب الأسرة بطرق التعامل مع كل حالة بشكل تربوي وبشكل لائق ومناسب.

6. إثراء بيئة الطفل بكل ما يساعد على تنمية قدراته.

7. إرشاد الأسرة للاستعانة من خبرات الأسر الأخرى. (الكاشف، ترجمة، 2001).

8. المساعدة على دمج الطفل مع الأطفال الآخرين.

9. تعريف الأسرة بالإرشادات والقوانين والأنظمة المتعلقة بالطفل المعاق.

10. تعليم الأسرة كيفية التعرف على مشكلات التي تواجه الطفل.

11. تشجيع الأسرة على متابعة حالة الطفل.

12. الاهتمام بنظافة الطفل ومنظره وطرق تغذيته.

13. أهمية تفعيل المشاركة الأسرية في تدريب وتأهيل الأطفال ذو الإعاقات الحركية والجسمية.

14. شرح أهمية دور الأسرة في برامج التدخل المبكر. (يحيى، 2003).

15. متابعة العلاج والعناية الصحية في المنزل.

الحاجات الضرورية للمعاقين وأسرهم:

حاجات عامة:

وهي الحاجات الأساسية المشتركة بين المعاقين وغير المعاقين، حسب هرم ماسو

للحاجات، وهي: الحاجة إلى الطعام والشراب، والدفء والحماية والأمن والطمأنينة، والانتماء والتقدير الذاتي، والشعور بالأهمية، والقدرة على العطاء. (يحي، 2003).

حاجات خاصة:

1. الخدمات الصحية والطبية المساندة: العلاج الطبيعي والوظيفي.
2. الحاجات لتعديلات البيئية المناسبة: تعديل طرق، حمامات.
3. توفير الأدوات المساعدة: الكراسي المتحركة والجبائر.
4. الحاجة إلى أدوات تعليمية غير عادية.
5. التأهيل المهني والتهيئة المهنية وخدماتها.
6. الدعم النفسي: الخدمات النفسية والإرشادية لتقبل الإعاقة وتطوير القدرات.
7. الدعم الاجتماعي: ويتمثل بتعديل الاتجاهات السلبية في المجتمع نحو المعاق وأسرته وجعلها إيجابية وكذلك حاجة اسرته إلى المعلومات الدقيقة عن الاعاقة وطبيعتها والتعامل معها، والحاجة لمعلومات عن المؤسسات والمصادر الداعمة.
8. الحاجة للدعم المادي وتوفير ما يلزم لشراء حاجياته.
9. الحاجة للدمج وذلك بتقديم الخدمات ضمن الاطار المجتمعي والمدرسي.
10. الحاجة للعمل والاستقلالية والالتحاق بمهن تناسب اعاقته.
11. الحاجة إلى الإرشاد التربوي والنفسي للولدين والأخوة.
12. توفير مراكز علاجية وتأهيلية لهم.

13. توفير نوادي ترفيهية خاصة للأطفال ذوي الاعاقات الحركية. (الصمادي 1999).

14. تدريب الأهل على كيفية حمل الطفل وإطعامه.

المراجع

المراجع العربية:

1. ابراهيم، عبد الستار، والدخيل، عبد العزيز، ابراهيم، رضوي (1993).

2. ابراهيم، فوليت وآخرون، (2001) دراسات في سيكولوجية الاعاقة، مكتبة زهراء الشرق، عمان، الأردن.

3. الخطيب، جمال، (1993)، تعديل سلوك الأطفال المعوقين، دليل الآباء والمعلمين، إشراق للنشر والتوزيع، عمان الأردن.

4. الخطيب، جمال، الحديدي منى، السرطاوي عبد العزيز، (1992)، إرشاد أسر الأطفال ذوي الاحتياجات الخاصة، قرارات حديثة، دار حنين، عمان الأردن.

5. الروسان، فاروق، (1998)، سيكولوجية الأطفال غير العاديين، جمعية عمال المطابع التعاونية، عمان، الأردن.

6. الزعبي، أسعد، (1999)، الإرشاد التأهيلي، الجامعة الأردنية، (ورقة).

7. الريحاني، سليمان (1985)، التخلف العقلي، مطبعة الدستور، عمان، الأردن.

8. جرادات، فواز، (1996) أثر برنامج إرشادي في تعديل السلوك العدواني، رسالة دكتوراه، بغداد، العراق.

9. شيفر ميلمان، ترجمة (نسيمة داوود، نزيه حمدي) 1989، مشكلات الأطفال والمراهقين واساليب المساعدة فيها، منشورات الجامعة الأردنية، ط الأولى، عمان ـ الأردن.

10. كيرك وكالفنت، (1998)، صعوبات التعلم الأكاديمية والنمائية، ترجمة (زيدان السرطاوي، عبد العزيز السرطاوي)، مكتبة الصفحات الذهبية، الرياض ـ السعودية.

11. سليجمان ودارلنج، (2001)، إعداد الأسرة والطفل لمواجهة الاعاقة، ترجمة ايمان الكاشف، دار قباء للطباعة والنشر، القاهرة ـ مصر.

12. القريوتي، يوسف عبد العزيز، والصمادي، جميل، (1995)، مدخل إلى التربية الخاصة، دار القلم للنشر والتوزيع، دبي، دولة الإمارات.

13. المصري ايناس، (1994)، فاعلية برنامج إرشاد جمعي في خفض سلوك العزلة لدى طالبات المراهقة الوسطى، رسالة ماجستير (غير منشورة) عمان ـ الأردن

14 مقدم فاطمة، (1989) المشاركة لإرشاد الجمعي وفي برنامج النشاط على تحسين مفهوم الذات، رسالة ماجستير (غير منشورة) عمان الأردن.

15، الكسواني، نادر (1993) الشلل الدماغي: التطوير الحركي والادراكي، زهران للنشر والتوزيع، عمان ـ الأردن.

16. يحيى، خولة (2003)، إرشاد أسر ذوي الاحتياجات الخاصة، دار الفكر، عمان، الأردن.

17. اليونيسيف، (1988)، هذا من حقنا.

المراجع الانجليزية:

.SHARF, S.RICHARD (1996) TRAINING FOR COUNSELING .1

SMITH , DEBORAH , AND LUCKASSON, R(1991) , INTRODUCTION TO SPECIAL EDUCATION, .2 .ALLYNAND BACON, MA, USA

الفصل التاسع
الخدمات الارشادية لذوي اضطرابات الكلام واللغه
والتواصل وأسرهم

مقدمة:

إن فهم اللغة أمر لعملية التعلم، فبدون اللغة لا نستطيع أن نفهم ما يدور حولنا وبالتالي لا يمكن لنا أن نتعلم، وحتى نحن لا نزال أطفالا فإننا نعمل على تطوير لغة داخلية او صورة للأشياء التي ندركها من حولنا، وبمرور الزمن نعمل على مطابقة كلمات معينة لتلك الصور الذهنية التي نكونها ثم نعبر شفويا بتلك الكلمات ويصبح بوسعنا في نهاية الأمر أن نتعلم رموزا للتعبير عن تلك الصور والكلمات وفي مرحلة لاحقة نتعلم كيف نمثل كتابيا ما نريد قوله، وقد قال الفيلسوف الإنجليزي "ستيورات ميل": "إن اللغة هي منارة العقل، فيها تشرق الذات الواعية وبها تقوى على الإفصاح عن مكنونات وعينا لهم مع الآخرين في إنسانيتنا وعقلانيتنا وإبداعنا".

ويعرف السعيد (2002) اللغة بأنها: نظام من الرموز الصوتية نستخدمه لنقل أفكارنا ومعتقداتنا واحتياجاتنا، إنها ذلك النظام الرمزي الذي نمثل به الأفكار حول العالم الذي نعيشه من خلال نظام إصطلاحي لرموز اتفاقية يتواضع عليها مجموعة من الناس تقوم بينهم وشائج مشتركة ووصلات قربى وذلك لغايات تسهيل عملية التواصل بين بعضهم البعض، فالهدف الرئيسي للغة هو الاتصال مع الآخرين.

العوامل التي تؤثر في النمو اللغوي:

1. الجنس:

إذ يلاحظ أن الإناث أسرع في نموهن اللغوي من الذكور خاصة في مراحل الطفولة الأولى.

2. العوامل الأسرية:

وتشمل ترتيب الطفل في الأسرة والظروف الاقتصادية والاجتماعية للأسرة، حيث لوحظ أن الطفل الوحيد في الأسرة أكثر ثراء في محصوله اللغوي مقارنة مع الأسرة ذات الأطفال العديدين، وكلما كانت الظروف الاقتصادية والاجتماعية في الأسرة أفضل انعكس ذلك بصورة إيجابية على النمو اللغوي.

3. سلامة الحواس والصحة العامة للفرد:

فأي ضعف سمعي أو مشكلة في أعضاء النطق أو أية إعاقة أخرى فإنها تؤثر على النمو اللغوي.

4. القدرة العقلية:

والقدرة العقلية عامل مهم في النمو اللغوي، فالطفل الذي يتميز بذكاء عال يفوق الأطفال العاديين والمعاقين عقليا في محصوله اللغوي.

5. وسائل الإعلام:

لوسائل الإعلام المرئية والمسموعة دور مهم في زيادة المحصول اللغوي للطفل.

6. عملية التعلم:

إن إهمال الطفل وعدم تعريضه لخبرات تعليمية مناسبة يؤثر سلبيا على النمو اللغوي، كما أن وجود نماذج لغوية سليمة يساعد في النمو اللغوي (الروسان، 1996).

مراحل النمو اللغوي الطبيعي:

1. (الولادة ـ شهرين): تسمى هذه المرحلة بمرحلة الصراخ، وهي تبدأ منذ الصوت الأول الذي يصدره الطفل بعد ولادته. وفي هذه المرحلة لا يدرك الطفل أو يميز أي نوع من الكلمات أو الأصوات، ويكون التواصل لديه من خلال التواصل البصري.

2. (2 ـ 6 أشهر): يبدأ الطفل بالمناغاة، وهنا يبدأ الطفل بإصدار بعض الأصوات على شكل مقاطع مماثلة مثل (جا جا جا).

3. (6 ـ 9 شهور): تنقطع المناغاة، ويبدأ الطفل هنا بدمج المقاطع المختلفة (كادا,...) وهي تهيئة لظهور الكلمة الأولى للطفل.

4. (9 ـ 10 شهور): هنا تظهر الكلمة الأولى للطفل.

5. (10 ـ 18 شهر): يحاول الطفل تقليد الآخرين حيث يوظف مجموعة الكلمات من البيئة المحيطة ثم تبدأ حصيلته اللغوية بالزيادة.

6. (عمر السنتين تقريبا): تتطور كلمة الطفل إلى جملة بسيطة مكونة من كلمتين، وتسمى هذه المرحلة باللغة التلغرافية أو المختصرة، مثل: (ماما سوق) وتعني ماما ذهبت إلى السوق.

7. (عمر 3 سنوات): تتطور لغة الطفل بشكل سريع، ويبدأ الطفل في هذه المرحلة باستخدام أحرف الجر والعطف وصيغ المذكر والمؤنث.

8. (عمر 5 سنوات): يستكمل اكتساب الطفل للغة من جميع جوانبها ويزداد المحصول اللغوي، ويستخدم الطفل الضمائر والصفات.

9. (عمر 6 سنوات): عمر دخول المدرسة، حيث يبدأ الطفل بتطوير مهارات القراءة والكتابة ويتميز كلامه بالطلاقة والوضوح (القريوتي، 1995).

اضطرابات اللغة:

وهي المشاكل التي تشمل فهم و / أو استخدام اللغة المكتوبة و / أو النظام الرمزي:

واضطرابات اللغة تشمل ثلاث جوانب، هي:

1. شكل اللغة (Form).

2. محتوى اللغة (Content).

3. توظيف اللغة واستعمالها في التواصل (Pragmatics) (Hallahan, 1997).

شكل اللغة:

وهو قاعدة النظام المستخدم في كل أنواع اللغة سواء كانت شفوية أو كتابية أو حتى إشارية. فاللغة الشفوية تستخدم الأصوات وتركيب الأصوات معا، اللغة الكتابية تستخدم الحروف وتركيب الحروف معا لإنتاج الكلمات والجمل، واللغة الإشارية تستخدم حركات الأيدي والأصابع (Smith.2004).

وفي شكل اللغة الشفوية، هناك ثلاث مستويات هي:

1. مستوى الأصوات (Phonology):

وهو نظام أصوات اللغة والقواعد التي تحكم تركيب الأصوات المختلفة، وهذا المستوى الفونولوجي يختلف من لغة إلى أخرى.

2. المستوى الصرفي (Morphology):

وهو مستوى القواعد التي تحكم أجزاء الكلمة والتي تشكل العناصر الأساسية للمعنى وبناء الكلمات، فالقواعد التي تحكم بناء الكلمة هي التي تمكننا من فهم معاني الكلمات وبالتالي تسهل عملية التواصل.

3. المستوى النحوي (Syntax):

وهو النظام الذي يشكل بناء الجملة من حيث ترتيب الكلمات فيها ودور كل كلمة في معنى الجملة.

محتوى اللغة:

يعكس المحتوى أو القصد من العبارة المكتوبة أو المنطوقة، فحتى يكون التواصل مؤثرا وذا معنى يجب استخدام كلمات ذات معنى، لذا عندما يستخدم المرسل كلمات أو محتوى غير مفهوم المعنى فإن ذلك سيؤثر سلبيا على التواصل.

توظيف اللغة واستخدامها:

يعتبر المستوى الاستخدامي للغة من الجوانب المهمة، وهو يشمل تطبيق اللغة وتواصلات مختلفة حسب السياق الاجتماعي للموقف. فالطريقة التي تستخدم فيها اللغة في البيت أو مع الأصدقاء تختلف عن الطريقة التي نستخدم فيها اللغة مع رؤسائنا في العمل أو في المواقف الرسمية (Smith, 2004).

وتقسم اضطربات اللغة إلى مجموعتين:

- اضطرابات اللغة الاستقبالية (Receptive Language Disorders): حيث يتمكن الأطفال الذي يعانون من خلل في اللغة الاستقبالية من سماع كلام الآخرين إلا أنهم لا يفهمون معنى ما يقال لهم، ويسمى ذلك بالحبسة الاستقبالية أو الصمم اللفظي (أي عدم القدرة على فهم المعاني اللفظية السمعية).

وتتمثل مظاهر هذا الاضطراب بما يلي:

ـ الفشل في ربط الكلمات المنطوقة مع الأشياء، الأعمال، المشاعر، ...

ـ عدم امتلاك لغة لها معنى للتعبير عن الأشياء، وذلك لأن الطفل لا يفهم ما يسمع.

ـ صعوبة في اتباع التعليمات التي توجه إلى الطفل.

ـ صعوبة في تعلم المعاني المتعددة للكلمة الواحدة.

ـ صعوبة في تعلم معنى أجزاء معينة من الكلام، كالصفات وحروف الجر (Owens,1995).

- اضطرابات اللغة التعبيرية (Expressive Language Disordeers): حيث تكمن مشكلة الطفل هنا في عدم قدرته على التعبير عن نفسه من خلال الكلام أو النطق.

وتتمثل مظاهر هذا الإضطراب بما يلي:

ـ العجز عن المشاركة في المحادثة.

ـ عدم القدرة على تقليد الكلام في مرحلة النمو المبكر.

ـ الصعوبة في إمكانية استخدام الكلمات أو الجمل.

ـ ميل الطفل إلى الهدوء والإذعان واللامبالاة.

ـ الافتقار إلى التعبيرات الوجهية الملائمة (Owens, 1995).

تاريخ ميدان اضطرابات النطق واللغة:

تظهر التسجيلات التاريخية أن الأطفال ذوي اضطرابات النطق واللغة كانوا يعتبروا في السابق مهرجين ومصدرا للتسلية، وذلك بسبب مشاكل النطق لديهم، حتى أنه في زمن الرومان كانوا يوضعون في أقفاص على الطرق لعرضهم للتسلية حيث يقوم المتفرجين من المارة برمي النقود على قفص المتأتأ ليتكلم وبالتالي يكون مصدرا للسخرية.

ومع مرور السنوات ظهرت برامج العلاج النطقي لكنها كانت محددة جدا، ثم بدأت المدارس في الولايات المتحدة باستخدام معلم متجول لمساعدة الأطفال المتأتأين في المدارس، وتطور الوضع إلى أن افتتحت أول عيادة لتصحيح الكلام وذلك في عام 1914 من قبل (Smiley Blanton).

وفي عام 1925 أنشأت الأكاديمية الأمريكية لتصحيح الكلام (والتي تسمى حاليا الجمعية الأمريكية للسمع والكلام واللغة، والتي اختصارها ASHA: American Speech Language - Hearing Association).

ويعتبر (Robert West) أبو اضطرابات النطق واللغة.

وتطور هذا المجال الذي أثبت أن برامج علاج الكلام يمكن أن تكون فعالة وذلك بعد قيام الحرب العالمية الثانية، وقيام القوات المسلحة بتطوير إجراءات لعلاج مشاكل الكلام لدى الجنود.

وتطور ميدان اضطرابات النطق واللغة عبر الأزمات ليثبت دوره في مساعدة كثير من الأشخاص الذين منعتهم إعاقتهم من التواصل بشكل فعال مع الآخرين (Smith. 2004).

أسباب اضطرابات النطق واللغة:

1. الأسباب العصبية:

وهي أسباب ترتبط بالجهاز العصبي المركزي وما يصيبه من تلف أو إصابة قبل أو أثناء أو بعد الولادة، كونه مسئولا عن النطق واللغة، كما في حالات الشلل الدماغي والجلطات الدماغية.

2. الأسباب الوظيفية أو النفسية:

وهي ترتبط بأسلوب التنشئة الأسرية والمدرسية ومنها: العقاب الجسدي الذي يؤدي إلى التأتأة أو سرعة الكلام، توقعات الوالدين غير الواقعية والتي تسبب ضغوطا على أبناء.

3. الأسباب العضوية:

وتتمثل في سلامة أعضاء الكلام مثل: الحنجرة والفكين، الأنف، الشفتين، اللسان وغيرها، حيث إن عدم سلامتها يؤدي إلى مشاكل في النطق.

4. أسباب مرتبطة بإعاقة أخرى:

مثل الإعاقة السمعية والصمم تسبب اضطرابات نطقية، وكذلك الإعاقة العقلية وأيضا ذوي صعوبات التعلم وصعوبات القراءة والكتابة لديهم، وظهور مشاكل التأتأة والسرعة الزائدة في الكلام والمشاكل النطقية لدى المعاقين انفعاليا.

5. أسباب مرتبطة بالأسرة والبيئة والمستوى الاقتصادي والاجتماعي:

....

....

خصائص الأطفال المضطربين لغويا وكلاميا:

1. الخصائص المعرفية:

لقد ظهرت وجهتي نظر حول المدى الذي يظهر فيه الأطفال ذوي اضطرابات الكلام واللغة صعوبات معرفية:

ففي حين يرى اصحاب وجهة النظر الأولى أن هناك بعض الطلبة من هذه الفئة يعانون من صعوبات معرفية، حيث يكون أداؤهم متدنيا على مقاييس الذكاء خاصة اللفظية منها، بسبب أثر إعاقتهم اللغوية على هذا الجانب. في حين يرى أصحاب وجهة النظر الأولى أن هناك بعض الطلبة من هذه الفئة يعانون من صعوبات معرفية، حيث يكون أداؤهم متدنيا على مقاييس الذكاء خاصة اللفظية منها، بسبب اثر إعاقتهم اللغوية على هذا الجانب. في حين يرى أصحاب وجهة النظر الثانية أن الأطفال ذوي اضطرابات الكلام يمتلكون وظائف عقلية، معرفية طبيعية كالعاديين إلا أنهم يظهرون ضعفا بسبب تأثير مشاكلهم اللغوية على أدائهم في اختبارات الذكاء.

2. الخصائص من الناحية الأكاديمية:

يواجه الطلبة ذوي اضطرابات الكلام واللغة صعوبات في القراءة، التعبير، فهم التعليمات، وغيرها من المجالات التي تعتمد بشكل كبير على فهم واستخدام التواصل سواء اللفظي أو الكتابي.

3. الخصائص الجسدية:

لا يوجد ارتباط وثيق بين اضطرابات النطق واللغة والوظيفة الجسدية، وهذا كلام منطقي إذا تم استثناء الأفراد الذين يعانون من شلل دماغي، الشفة الأرنبية، الإعاقة العقلية والتي تصاحبها اضطرابات نطق ولغة.

4. الخصائص النفسية:

اضطرابات الكلام واللغة تدفع الطفل في معظم الأحيان إلى شعور بالإحباط والنقص وفقدان الثقة بالنفس، وقد تدفعه أحيانا إلى العدوانية لتعويض شعوره بالنقص.

وفي دراسة قام بها (Cohen) وآخرون (1998) تبين أن (40%) من الأطفال الذين تتم إحالتهم لخدمات الطب النفسي كانوا يعانون من ضعف لغوي واضح.

5. الخصاص الاجتماعية:

شعور الفرد بالعجز وعدم قدرته على التواصل الفعال مع الآخرين يدفعه إلى الإنطواء والعزلة والانسحاب من المواقف الاجتماعية.

وفي دراسة قام بها (Mattson) وآخرون (1990) وجد ان تجنب الاختلاط بالآخرين كان من الأعراض السلوكية المميزة لذوي اضطرابات النطق واللغة.

6. الخصائص اللغوية:

وقد تم الإشارة لها في الحديث عن أشكال اضطرابات التواصل (Ysseldyke, 1995).

الصعوبات النطقية ذات المنشأ العصبي:

تتمثل هذه الصعوبات في إصابة مناطق النطق أو اللغة في الدماغ، أو المراكز المسئولة عن حركة عضلات النطق أو الأعصاب المزودة لها. مما يؤثر على الجانب الحسي أو الحركي للنطق أو كليهما. ومن الحالات التي تقع ضمن هذه الفئة:

أ - الأبراكسيا (Apraxia): خلل في الأوامر العصبية الصادرة.

وتعرف بأنها خلل في القدرة على برمجة حركة عضلات النطق وعلى تتابع هذه الحركات لإخراج الأصوات اللغوية، حيث يقوم الطفل:

- بتغيير مواقع الأصوات والمقاطع في الكلمات والجمل مثل كتب تصبح تبك.
- يعاني من صعوبة في إعادة الكلمات والعبارات بشكل صحيح.
- يعاني من عدم وجود نمطية لديه في الصعوبات اللفظية، كذلك عدم وجود انتظام في نوع معين من هذه الصعوبات.

- تكون قدراته الاستيعابية أفضل بكثير من قدراته التعبيرية.

ويختلف تأثير الأبراكسيا حسب شدتها، قد تتراوح ما بين فقدان القدرة على النطق إلى صعوبات لفظية.

ب - عسر الكلام (Dysarthria):

وهو إعاقة في إنتاج الكلام ناشئة عن اضطراب في السيطرة العصبية العضلية المسئولة عن آلية إنتاج الكلام، أي خلل في الأعضاء المستقبلة (ارتخاء في عضلات النطق).

ولا بد من التمييز بين التأخير اللغوي والاضطرابات اللغوية، الفروق أو الاختلافات اللغوية:

أ - التأخر اللغوي (Language Delats): وفيه يكتسب الفرد بنفس تسلسل تطورها الطبيعي ولكن ببطئ أكثر من الطفل الطبيعي ذو التطور والنمو اللغوي النموذجي.

ب - الاضطرابات اللغوية (Language Disorders): وفيه يكتسب الطفل اللغة ولكن بتسلسل غير طبيعي، فعلى سبيل المثال الطفل الطبيعي وفي عمر (13) شهر يبدأ بنطق الكلمات الأولى مثل بابا، ماما أما الطفل ذو اضطرابات اللغة فقد بلغ الطفل من العمر (27) شهر حتى يصل إلى هذه المرحلة وقد تكون كلماته في نفس المرحلة مشوهة.

ج - الاختلافات اللغوية (Langguage Differences): وفيه تصبح اللغة الإنجليزية بالنسبة للطفل هي اللغة الثابتة ويكون كل كلامه هو باللهجة المحلية (Smith.2004).

قياس وتشخيص اضطرابات الكلام واللغة:

يعد تشخيص الاضطرابات الكلامية واللغوية الخطوة الأولى على طريق العلاج، فكلما كانت هذه العملية دقيقة، واستخدمت فيها وسائل متعددة كان طريق العلاج سهلا.

حيث يتم أولا البدء باستخدام دراسة الحالة ـ وذلك بعد التعرف المبدئي على صاحب المشكلة وإحالته للتقييم سواء من قبل الأسرة أو المعلمين ـ وفيها يقوم

إخصائي النطق واللغة بجمع كافة المعلومات الضرورية عن الطفل سواء من الأسرة أو المعلمين أو أية مصادر ممكنة مع الاستعانة بالوثائق والسجلات والتقارير الطبية المتوفرة وذلك لتكوين فكرة عامة عن المشكلة.

ومن ثم يخضع الطفل لفحص طبي فسيولوجي للتأكد من مدى سلامة الأجزاء الجسمية ذات العلاقة بالنطق واللغة والأنف، الأذن، الحنجرة وغيرها.

وبعد هذه المرحلة يتم تحويل الطفل ـ بعد التأكد من خلوه من الاضطرابات العضوية ـ إلى المختصين في الإعاقات المختلفة كالإعاقة العقلية، السمعية، صعوبات التعلم، الشلل الدماغي وغيرها حيث يقوم هؤلاء المختصين بعمل الاختبارات اللازمة للتأكد من عدم وجود إعاقات أخرى لدى لطفل نظرا لأن اضطرابات الكلام واللغة قد تأتي مصاحبة لمثل هذه الإعاقات (الروسان، 1996).

ويمكن استخدام عدد من الاختبارات النفسية والتربوية واللغوية لتحديد مشكلة الطفل اللغوية وتقييم حالته، ومن هذه الاختبارات:

ـ اختبار الينوي للقدرات السيكولغوية (IIionoise Test of Phycholinguistic Abilities): وهدف هذا الاختبار قياس وتشخيص مظاهر الاستقبال والتعبير اللغوية، حيث يتكون من اثنا عشر اختبارا فرعيا تغطي طرق الاتصال اللغوية، مستوياتها والعمليات النفسية العقلية التي تتضمنها تلك الطرق. ويصلح هذا الاختبار للأطفال في الفئات العمرية من (2 ـ 10) سنوات.

ـ اختبار مايكل بست لصعوبات التعلم (The Pupil Scale, Screening for Learning Disabilities):

ويتكون هذا الاختبار من أربعة وعشرين فقرة موزعة على خمسة أبعاد تقيس الاستيعاب، اللغة، المعرفة العامة، التناسق الحركي والسلوك الشخصي والاجتماعي.

ـ مقياس المهارات اللغوية للمعوقين عقليا (Language Skills Scale for MR):

ويتكون من إحدى وثمانين فقرة تغطي خمسة أبعاد هي: الاستعداد اللغوي المبكر، التقليد اللغوي المبكر، المفاهيم اللغوية الأولية، اللغة الاستقبالية، واللغة التعبيرية.

كما يمكن استخدام الاختبارات التالية:

- اختبار ديترويت للاستعداد للتعلم.
- اختبار سلنجر لاند للتعرف المبدئي على الأطفال ذوي الصعوبات اللغوية المحددة.
- اختبار فشر ـ لوجمان للكفاية النطقية.
- اختبار الاستيعاب السمعي للغة.
- مقياس كومبتغن الصوتي.

وفي نهاية هذه المرحلة يقوم اخصائي النطق واللغة بكتابة تقرير حول الاضطراب اللغوي الذي يعاني منه الطفل ومظاهره.

وتعتبر هذه الإجراءات هي الأساس لبناء الخطة التربوية الفردية (IEP) اللازمة للطفل صاحب المشكلة (الروسان، 1996).

العلاقة بين صعوبات التعلم واضطرابات النطق واللغة:

أثبتت الدراسات المتعددة العلاقة الوثيقة بين اضطرابات اللغة عند الأطفال وصعوبات التعلم، فقد تين أن (60%) من الطلبة الذين يعانون من صعوبات في القراءة كانت لديهم اضطرابات نطق ولغة في مرحلة ما قبل المدرسة.

ففي حين يواجه الأطفال ذوي اضطرابات اللغة مشاكل في نطق الحروف فتبدو مشوهة ويبدو نطقهم كنطق الأطفال الأصغر سنا، كما أنهم يعانون من تأخر في اكتساب الجوانب النحوية المختلفة للغة كالأفعال والضمائر وصيغ الجمل، كما أن هؤلاء الأطفال يكونون من ناحية أخرى غير قادرين على استيعاب اللغة وبخاصة التي تحوي الجمل المعقدة، كل هذه المشاكل تؤثر يلبا عند دخول الطفل المدرسة كون أن حاجة الطفل لهذه القدرات والمهارات اللغوية يزداد بشكل كبير عند دخوله المدرسة وبدء عملية التعلم وبخاصة القراءة والكتابة.

لذلك ليس من المستغرب أن نجد أن الطلبة الذين لم يستطيعوا تطوير المهارات والقدرات اللغوية قبل دخولهم المدرسة يتعرضون للفشل الدراسي، كما أنه يواجهون مشكلات وصعوبات متزايدة كلما تقدموا في مراحل الدراسة.

ولذلك يجب الانتباه بأن هناك ارتباط وثيق بين اضطرابات النطق واللغة التي يمكن تشخيصها في مرحلة ما قبل المدرسة وصعوبات التعلم التي تظهر عند دخول الطفل المدرسة، وبالتالي يمكن أخذ اضطرابات النطق واللغة كمؤشر مهم على صعوبات التعلم وليس مؤشر حاسم.

وهذا يؤكد على أهمية التدخل المبكر لذوي اضطراب اللغة، فكلما كان التدخل في مرحلة مبكرة كانت النتائج أفضل (عمايرة، 2003).

إرشاد أسر الأفراد الذين لديهم اضطرابات في النطق واللغة:

أشار الباحثين على أهمية أن يلعب اخصائي النطق دور المرشد وأهمية إشراك الوالدين ومن يتعامل مع الشخص المضطرب نطقيا في الخطة العلاجية، فالإرشاد ليس مجرد تبادل للمعلومات وإعطاء النصح بل يتعدى ذلك في السماح للمسترشد بأن يعبر عن انفعالاته وتشجيع نمو وتطور جميع مكونات الشخصية.

ويشمل الإرشاد على ما يلي:

1. المقابلات الأسرية.
2. يساعدهم في تحويل الحالة إلى أخصائيين للكشف المبكر قبل تفاقم المشكلة (الخطيب، 1997)
3. التشخيص المبكر لمشكلة السمع والذي يمكن أن يفيد في برامج التدخل المبكرة
4. التلف النطقي يتطلب خدمات ضرورية للتطوير الأفضل للموجودات عند الطفل .
5. كل تلف يتطلب يتطلب نمطا من التعليم الذي يسمح للطالب أن يكامل وضعه مع موضع زملائه .
6. التلف النطقي يتطلب نمطا من التعليم الذي يسمح للطالب أن يكامل وضعه مع وضع زملائه .
7. في المدرسة يحتاج الطالب إلى خدمات داعمة ومنها تجنب الدخول في الإحباطات وإظهار التغذية الراجعة في اللغة .
8. يتطلب وضع برامج مستمرة ويتم مراجعتها لملائمة الكفاءات .

9. من المهم أن يختار هؤلاء الأطفال نمط الإتصال الأفضل ملائمة لهم ولحاجاتهم ((ling . 1989)

المراحل الإرشادية التي يجب أن يراعيها المرشد في عمله مع الأفراد ذوي الاضطرابات .

المرحلة الأولى: أن يزيل المخاوف عند المسترشد نحو أسرته والمجتمع وتصحيح بعض المفاهيم البسيطه عن المجتمع والناس .

المرحلة الثانية: أن يسعى المرشد إلى مساعدة المسترشد لكي يتخلص من نزعاته العدوانية نحو نفسه والآخرين .

المرحلة الثالثة: يعمل المرشد على زيادة ثقة الفرد بنفسه والآخرين ومحاولة تبصيره بقدراته والعمل على استغلالها.

المرحلة الرابعة: أن يسعى إلى مساعدة الفرد على تقبل وضعه دون الشعور بالإحباط وان يتم تدريبه على مواجهة الموقف .

المرحلة الخامسة: ان يعمل المرشد على تعديل مفاهيم الفرد عن الأسرة والمجتمع مساعدته على تكوين علاقات طيبة مع الآخرين.

المرحلة السادسة: أن يساعد الفرد ليشعر بأهميته في الحياة وبقيمته في البناء، والعمل الاجتماعي وتدريبه على تحمل المسئولية.

المرحلة السابعة: يعمل المرشد على تدريب الفرد على الضبط العاطفي والوجداني والتحكم بانفعالاته.

المرحلة الثامنة: مساعدة الفرد على وضع تخطيط عام لسلوكه ونشاطه بشكل يتفق مع قدراته (السعيد، 2002).

دعم الأسرة والتواصل في المجتمع:

تعتبر الأم شخصا مهما بالنسبة للطفل في جميع المراحل نموه، فهي تشبع حاجاته ورغباته، كما أن أول حافز صوتي يدخل إلى عالم الطفل هو صوت النطق البشري، فالطفل يبدأ يستجيب لأصوات البشرية منذ الشهر الأولى، وذلك يبدأ

تأثير الآخرين على الطفل من هذه الفترة، ويبدأ بمحاكاة ما ينطق به ممن يحيطونه، وهنا يقع على الأسرة ما يلي:

1. توفير كفاية من الغذاء الجيد والفيتامينات للأمهات الحوامل، لأن سوء التغذية يؤثر على ذكاء الطفل.

2. الاستجابة للأصوات التي يطلقها الطفل في الشهر الأولى حتى تزداد أصواته.

3. استحسان المناغاة وتحفيزها لأنها شكل من أشكال الترويض اللفظي، ويجب تشجيع المناغاة قبل أن ينسى الطفل الأصوات التلقائية من أجل أن يجيد لغة المجتمع.

4. تشجيع الرضع على استخدام اللغة وعدم الاستجابة لطلبة بمجرد الاشارة.

5. أن يفسح المجال لسماع الأغاني والموسيقى والقصص وتحفيز الأطفال على تنمية مفرداتهم بتشجيعه على القراءة الحرة.

6. تشجيع الطفل على الكلام المتمركز حول الذات وتشجيعه للانشغال بالكلام الاجتماعي.

7. تكوين علاقات أسرية داخل المنزل جيدة وطبيعية وتوفير جو اجتماعي مريح يسوده التعاون والحب والحنان.

8. عدم إهمال الأطفال أو تعريضهم للحرمان والضغط أو اتباع أسلوب الصرامة الشديد معهم.

9. لا نبدأ بتعليم اللغة للطفل إلا حيث تلمح بوادر النطق التلقائي الصحيح عنده.

10. إتاحة الفرصة الكافية للعب مع الأطفال الذين يحبهم ويرتاح إليهم.

11. رعاية النمو اللغوي بتقديم النماذج الكلامية الجيدة وتشجيع الأطفال ليكونوا مولعين باللغة.

12. الحالة الصحية للطفل تؤثر على عمليات النمو المختلفة ومنها النمو اللغوي، فهناك علاقة إيجابية بين نشاط الطفل وصحته ونموه اللغوي، فكلما كان الطفل سليما من الناحية الجسمية يكون أكثر قدرة على اكتساب اللغة، فأي عجز في أجهزة الكلام والسمع يؤثران على النمو اللغوي. (عمايرة، 2003).

أساليب معالجة الأطفال ذوي الاضطرابات الكلامية واللغوية:

1. المنحى التشخيصي العلاجي (Diagnostic - Prescriptive Approach):

ويعتبر هذا المنحنى من أكثر الأساليب استخداما في هذا المجال، ويهدف إلى:

أ- تطوير العمليات الضرورية لنمو المهارات الكلامية اللغوية.

ب- تمكين الفرد من تأدية مهارات التواصل تدريجيا من البسيطة إلى المعقدة.

وعند استخدام المعالج لهذا الأسلوب فإنه يحرص على القيام بما يلي:

أ- اتباع مراحل وتسلسل النمو اللغوي الطبيعي.

ب- توظيف مبادئ التعلم في تنفيذ البرنامج العلاجي.

ج- الاهتمام بأثر اضطرابات التواصل على التعلم والتكيف.

ومن أشكال البرامج العلاجية التي انبثقت عن هذا المنحنى:

- نموذج تحليل المهارات (التدريس المباشر وتعليم السلوك).

2. المنحى السلوكي (Behaviord Approach):

وهو من الأساليب المستخدمة على نطاق واسع ضمن إطار معالجة اضطرابات التواصل. ويعرف بتركيزه على تحديد استجابات كلامية أو لغوية محددة بحيث تعريفها إجرائيا ومن ثم قياسها، وتوظيف مبادئ التعلم المتمثلة في التعزيز والتشكيل والتسلسل لتعليم مهارات وظيفية محددة.

3. المنحى الكلي (Holistic Approach):

ويشمل هذا المنحنى تكييف البيئة الكلية التي يتفاعل معها الطفل بهدف تهيئة الفرص المناسبة لاكتساب المهارات الكلامية واللغة الوظيفية.

ومن متطلبات استخدام هذا الأسلوب ضرورة مشاركة عدة أشخاص في التدريب خاصة الوالدين، ويركز على الأسلوب على كافة جوانب التطور اللغوي لتطوير مستوى الكفاية التواصلية في مواقف الحياة المختلفة.

4. المحنى التفاعلي التواصلي (Interpersonal-Interactive Approach):

يركز هذا لأسلوب على محاولة مساعدة الطفل ليستخدم المهارات المفيدة بشكل عملي للتواصل مع الآخرين.

ولتحقيق ذلك يمكن استخدام لعب الأدوار، استخدام الدمى، سرد القصص، ... كما يمكن استخدام اللعب كاسلوب لتطوير مهارة الاستماع، وأسلوب النمذجة في علاج التأتأة (الخطيب والحديدي، 1997).

علاج الاضطرابات اللغوية:

1. التأخر اللغوي وصعوبة اللغة المحددة عند الأطفال:

يوجد نوعان من الأساليب العلاجية لاضطرابات اللغة وهما:

أ - أسلوب العلاج التقليدي: الذي يعتمد على التوجه المباشر إلى علاج الطفل، ويكون الاعتماد الرئيسي في هذا المحنى على أخصائي النطق واللغة باعتباره المحور الرئيسي في العلاج. وتظهر البيئة العلاجية في هذا الأسلوب باعتبارها أنها بيئة مصطنعة كما ان التدريب يتجه في هذا الأسلوب إلى علاج المكونات الجزئية للغة مثل الصرف والنحو، وكما تكون أساليبه معتمدة على التقليد والنمذجة ولا يكون التركيز في هذا الأسلوب على استخدام اللغة في المواقف الاجتماعية الملائمة، كما ويكون التركيز قليلا على إتاحة الفرصة للتفاعل اللفظي لطفل مع الآخرين خلال العلاج.

ب - اسلوب العلاج الوظيفي: والذي يعتمد على التوجيه غير المباشر في العلاج للطفل باعتبار أن الطفل هو من يقود المدرب إلى العلاج، وكما ويحاول هذا المنحى إلى محاكاة البيئة الطبيعية في العلاج. وفي هذا الأسلوب نوفر للطفل فرصة كبيرة للحديث التلقائي من خلال الحوار مع الآخرين والتركيز على نقل الخبرات التي يكتسبها الطفل إلى خارج العيادة (Owens,1995).

وفي الأغلب فإن الاتجاه الحديث في العلاج يقوم على استخدام أسلوب العلاج الوظيفي ويمكن القول بأنه وفي أحيان كثيرة فإن المعالج قد يلجأ إلى استخدام كلا المنحيين وفق مجموعة من الاستراتيجيات الرئيسة والتي يمكن تعميمها على باقي أنواع الاضطرابات:

1. التقليد المباشر: وهنا فإن المعالج يقدم السلوك اللفظي أو غير اللفظي أمام المريض حتى يقوم المريض بتقليده.
2. التقليد غير المباشر: وهنا فإن المعالج يقوم بعمل السلوك المطلوب أكثر من مرة أمام المريض وبشكل تلقائي غير مصطنع حتى يقوم المريض بتقليده.
3. المساعدة غير المباشرة: وهنا فإن المعالج يقدم كلمات مفتاحية للمريض لتساعده في الوصول إلى الهدف المطلوب تحقيقه.
4. تحليل المهارة: وهنا يقوم المعالج بتحليل السلوك المستهدف إلى السلوكيات الفرعية المكونة له ومن ثم يقوم بترتيبها من الأسهل إلى الأصعب.
5. إعادة التشكيل: وهنا فإن المعالج يبدأ بالانتقال من المقاطع اللفظية البسيطة إلى المقاطع أكثر تعقيدا ونضجا لتكون مشابهة لمن هم في عمره.
6. المشاركة السلبية: وهنا فإنه يجب على المريض أن يبادر إلى نتائج السلوك المستهدف باستخدام أخطاء طبيعية. هذه العملية بشكل عام توظف التعليم من خلال توضيح الفروقات بين الأنماط اللغوية الخاطئة والاستجابات المرغوب بها.
7. التغذية الراجعة المحددة: وهنا فإن المعالج يقوم بتزويد المريض بمعلومات حول استجابات المريض الصحيحة والخاطئة لاستجاباته وفقا للهدف المراد تحقيقه.

المراجع

المراجع العربية:

1. الخطيب، جمال والحديدي، منى، (1997). المدخل إلى التربية الخاصة. ط1. الكويت: مكتبة الفلاح.

2. الروسان، فاروق (1996). سيكولوجية الأطفال غير العاديين: مقدمة في التربية الخاصة. (ط2) عمان: دار الفكر للطباعة والنشر.

3. السعيد، حمزة (2002). اضطرابات النطق عند الأطفال. مجلة الطفولة والتنمية، المجلس العربي للطفولة والتنمية، مصر، العدد (5).

4. عمايرة، موسى (2003) العلاقة بين صعوبات التعلم واضطرابات النطق واللغة. مجلة صعوبات التعلم الجمعية العربية لصعوبات التعلم، عمان، الأردن، العدد (1).

المراجع الأجنبية:

1. Hallan . Daniel Kaufman.james 1997 . exceptional learners : introduction to special education .

2. owens . Robert 1995 language disorders : a functional approach to assessment and intervention . simon Schuster company united states of amarica opportunity person education united states

3. yesseldyke james . algozzine . bob 1995 special education : a partical approach for teachers . Houghton Mifflin company .

الفصل العاشر
الخدمات الإرشادية لذوي الاضطرابات السلوكية
والانفعالية وأسرهم

المقدمة:

تركز برامج التدخل المبكر على الأسرة باعتبارها عنصرا هاما ووسيطا نشطاً يشارك في تقديم الرعاية العلاجية والتعليمية للطفل المعوق، وأن الأسرة بحاجة إلى الدعم وتقديم الخدمات اللازمة لها. ولقد نما هذا الإدراك المتزايد لأهمية الأسرة في نمو ورعاية الطفل، وللخدمات المقدمة لآباء ذوي الاحتياجات الخاصة وتفعيل دور مهم في مشاركة المهنيين في تقديم الرعاية لأبنائهم، نتيجة عوامل كثيرة من أبرزها التحول من النموذج الطبي في رعاية ذوي الاحتياجات الخاصة إلى النموذج البيئي والتفاعلي.

أما الخدمات التي تتعلق بالوالدين والأسرة كمشاركين في علاج الطفل وتعلميه فتشمل إعادة تعليم الوالدين وتطوير مهاراتهم في معاملة الطفل وتعليمه، ويستخدم في هذا المجال برامج إرشادية وتعليمية تمكن الأسرة من القيام بواجباتهم التعليمية والتدريبية تجاه الطفل ومتابعته.

أجمع علماء النفس على أن الطفل ينمو ويمر في مراحل مختلفة ومتتالية فهناك نموا جسميا ومعرفيا ونفسيا والطفل الذي ينمو في هذه المراحل دون وجود أي عوائق تتخلل فترة نموه، ينمو ويصبح فردا سويا خال من أي إعاقة وأن هذه العوائق قد تكون بيئية أو وراثية ولها تأثير على نمو هذا الطفل ويكون معرضا لإعاقة أو اضطراب نفسي (انفعالي)- حيث أن هذه الاضطرابات النفسية من الصعب تمييزها في فترة الطفولة، ولكي نفهم إذا كان سلوك الطفل طبيعيا علينا أن نفهم ما هو السلوك الشاذ أو اللاسوي. لقد بذلت جهود مختلفة لتحديد ما هية السلوك العادي وتعريفه، وما هو السلوك المنحرف من قبل كلاريزيو ومكويوم (Clarizio & Mccoym, 1993)، وقد اقترحا استخدام المحكات التالية لتقييم التعريفات المتعلقة بالاضطراب السلوك والانفعالي وهي:

- المستوى النمائي للفرد.
- الجنس.
- المجموعة الثقافية التي ينتمي إليها.
- مستوى التساهل أو التسامح لدى الأفراد القائمين على رعاية الطفل.

لقد ظهرت عدة تسميات ومصطلحات تدل على موضوع الاضطرابات السلوكية والانفعالية منها:

- الاضطرابات الانفعالية (Emotional Disturbance).
- الاضطرابات السلوكية (Behavioral Disorder).
- الإعاقة الانفعالية (Emotional Impairment)

ولكن مهما كانت المصطلحات التي تدل على موضوع الاضطرابات الانفعالية في المراجع المختلفة، فان الاضطرابات الانفعالية تمثل أشكالا من السلوك الانفعالي غير العادية مما يجعلنا نعتبرها جزءا من الاضطرابات النفسية.

ويوضح العلماء بأن النمو الانفعالي يسير في عدد من المراحل. وفقا لمتغير العمر الزمني إذ تعكس كل مرحلة عمرية من حياة الفرد عددا من المواقف الانفعالية المناسبة له، ففي الطفولة المبكرة تتمركز الانفعالات حول الذات مثل الغضب، الخوف، السرور ولكنها مع تقدم العمر تتمركز حول الآخرين أو ترتبط بهم. ولا ينكر احد أهمية المواقف الانفعالية والعاطفية في حياة الفرد، ولكن هذه الانفعالات قد تضطرب لدرجة أنها تصبح وبالا على الفرد نفسه وعلى المحيطين.

التعريف:

الطفل المضطرب سلوكيا وانفعاليا هو الفاشل اجتماعيا وغير المتوافق في سلوكه وفقا لتوقعات المجتمع الذي يعيش فيه، إلى جانب جنسه وعمره (Hewett, 1968).

الأطفال المضطربون سلوكيا وانفعاليا هم غير القادرين على التوافق والتكيف مع المعايير الاجتماعية المحددة للسلوك المقبول، وبناء عليه سيتأثر تحصيلهم الأكاديمي، وكذلك علاقاتهم الشخصية مع المعلمين والزملاء في الصف، ولديهم مشكلات تتعلق بالصراعات النفسية وكذلك بالتعلم الاجتماعي (Woody, 1969).

من التعريفات الأكثر قبولا للاضطرابات السلوكية والانفعالية هو: وجود صفة أو أكثر من الصفات التالية لمدة طويلة من الزمن لدرجة ظاهرة وتؤثر على التحصيل الأكاديمي:

1- عدم القدرة على التعلم، التي لا تعود لعدم الكفاية في القدرات العقلية أو الحسية أو الصحية.

2- عدم القدرة على إقامة علاقات شخصية مع الأفراد والمعلمين أو الاحتفاظ بها.

3- ظهور السلوكيات والمشاعر غير الناضجة وغير الملائمة ضمن الظروف والأحوال العادية.

4- مزاج عام أو شعور عام بعدم السعادة أو الاكتئاب.

5- النزعة لتطوير أعراض جسمية مثل: المشكلات الكلامية، الآلام، المخاوف، والمشكلات المدرسية (Bower, 1978).

على الرغم من الاختلاف في التعريفات إلا أنها تتفق على أن الاضطرابات السلوكية والانفعالية تشير إلى:

- الفرق بين السواء واللاسواء هو فرق في الدرجة لا فرق في النوع.
- المشكلة مزمنة وليست مؤقتة.
- السلوك يعتبر مضطربا وغير مقبول وفقا للتوقعات الاجتماعية والثقافية.

التصنيف:

تصنيف متعدد الأبعاد Multidimensional approach:

صنف كوي (Quay, 1975) الاضطرابات الانفعالية السلوكية كما يلي:

1- اضطرابات التصرف Conduct disorder (عدم الثقة بالآخرين).

2- اضطرابات الشخصية Personality disorder (الانسحاب، القلق، الإحباط).

3- عدم النضج Immaturity (قصر فترة الانتباه، الاستسلام، الأحلام).

4- الانحراف الاجتماعي Socialized delinquency (السرقة، الإهمال، الانتهاك للقانون).

أما التصنيف الطبي النفسي:

1- الاضطرابات تطور اللغة.

2- الاضطرابات الفصامية.

3- اضطرابات الاكتئاب بعد حادث معين

4- اضطرابات تطور القراءة.

التصنيف التربوي:

1- اضطرابات الاتصال.

2- إعاقة انفعالية شديدة.

3- اضطراب السلوك.

4- اضطراب القدرة على التعلم.

أما تصنيف استرادا وبينسوف (Estrada & Pinsof, 1995) (يحيى، 2003) كما ورد في كتاب (Essential Skills, in family therapy) فقد صنف هذه الاضطرابات كما يلي:

1- اضطرابات التصرف Conduct disorder.

2- اضطرابات النشاط المفرط وضعف الانتباه Attention/ defivit/ hyperactivity.

3- اضطرابات الخوف والقلق Fears and anxiety disorder.

4- اختلالات ارتقائية شاملة Pervasive developmental disorder.

أما في كتاب علم النفس المرضي (Abnorml psychology) والذي يعتمد في تصنيفه على تصنيف DSMIV فقد صنف الاضطرابات النفسية (الانفعالية) إلى ما يلي:

1- السلوك الفوضوي واضطرابات ضعف الانتباه Disruptive Behavio and attention- deficit disorder.

2- اضطرابات التحدي المعارض Oppositional defiant disorder.

3- اضطرابات التصرف Conduct Disorder.

4- ضعف الانتباه/ النشاط الزائد Attention/ deficit/ hyperactivity.

5- اضطرابات توريتس وتيك.

6- اضطراب قلق الانفصال والاتصال.

- اضطرابات الاتصال الارتكاسي.

- اضطرابات قلق الانفصال والصمت الانتقائي.

7- اختلالات ارتقائية / تطورية شاملة

8- اضطرابات الأكل.

وتتصف الاضطرابات السلوكية والانفعالية بشكل عام بأنها سلوكيات خارجية أو سلوكيات داخلية حيث تكون السلوكيات الخارجية موجهة نحو الآخرين مثل: العدوان، والشتم، والسرقة، والنشاط الزائد، بينما تكون السلوكيات الداخلية بصورة اجتماعية مثل فقدان الشهية المرضي، والاكتئاب، والانسحاب، والمخاوف المرضية، وهناك اضطرابات سلوكية قليلة الحدوث مثل التوحد والفصام (يحيى، 2003).

أعراض متوقعة للاضطرابات السلوكية والانفعالية:

1- عدد قليل من الأصدقاء أو بدونهم.

2- اضطرابات العلاقات العائلية.

3- اضطرابات العلاقات مع المعلمين.

4- النشاط الزائد والحركة الزائدة.

5- العدوان نحو الذات والآخرين.

6- التهور.

7- عدم النضج الاجتماعي.

8- الاكتئاب وعدم الشعور بالسعادة.

9- الاضطراب والقلق.

10- أفكار انتحارية.

11- التمركز حول الذات.

12- عدم الانتباه والقدرة على التركيز كبقية أقرانه.

الاستمرارية:

هل تستمر الاضطرابات لدى الأطفال لأوقات إضافية؟ هل آثار الاضطرابات السلوكية والانفعالية آخذه بالانخفاض أم بالزيادة؟، هل لنوعية التدخل اثر أو علاقة بتغير الاضطراب؟

خرج كوي بعد إجراء مجموعة من المراجعات العديدة بنتائج منها:

- إن ثلاثة من عشرة أطفال مضطربين سواء أكان اضطرابا بسيطا أو متوسطا يستمر لديهم حتى سن البلوغ.

- يتطور سلوك 70% من الأطفال المضطربين، ويصبح عاديا في سن الرشد.

- إن عملية استمرارية السلوك المضطرب مرتبطة بمدى شدة الاضطراب وكذلك بأعراضه.

- إن الحالات الشديدة يتنبأ لها بالبقاء والاستمرارية على الوتيرة نفسها في مرحلة الرشد.

- إن عملية استمرارية السلوك المضطرب على علاقة بطبيعة الاضطراب والبيئة المحيطة به.

- يتوقع الأحداث المنحرفين بأن يكونوا مجرمين في الكبر.

- يزداد الانسحاب مع التقدم في العمر، إلا أنه من غير المؤكد أن يبقى كاضطراب في الكبر.

- إن المخاوف وتقلصات الوجه اللاإرادية لا يتنبأ بها بصورة أكيدة.

- إن كلا من الاضطرابات السلوكية والانفعالية الشديدة كالتوحد والفصام يتوقع لها الاستمرار مستقبلا.

أسباب الاضطرابات السلوكية والانفعالية:

لا تزال الدراسات العلمية لا تستطيع تحديد سبب واحد مؤكد للاضطرابات السلوكية والانفعالية، ولكن يمكن تحديد أربعة مجالات يمكن أن تسبب الاضطرابات السلوكية والانفعالية وهي:

1- المجال الجسمي والبيولوجي:

- عوامل جينية (خاصة الاضطرابات الشديدة).

- عوامل عصبية.

- عوامل بيوكيميائية.

2- مجال الأسرة:

- علاقة الطفل بوالديه (ضرب الأطفال، إلحاق الأذى بهم، إهمالهم، عدم مراقبتهم، انخفاض التفاعلات الايجابية، وجود نماذج سيئة).

3- مجال الدراسة:

- توقعات المعلمين.

- عدم مراعاة الفروق الفردية.

- التعزيز.

- البيئات التربوية غير المناسبة.

4- مجال المجتمع:

- الفقر الشديد.

- العائلة المفككة.

- الشعور بفقدان الأهل.

- الحي، الذي يغلب فيه طابع العنف.

- المرض.

- الوفاة.

صفات الأطفال المضطربين سلوكيا وانفعاليا:

من أكثر الصفات شيوعا من الناحية الاجتماعية والانفعالية: العدوانية والانسحاب.

السلوك العدواني:

يعتبر من أكثر أنماط السلوك المضطربة ظهور لديهم مثل الضرب والقتال والصراخ، ورفض الأوامر، والتخريب المتعمد، وقد نجد هذا السلوك عند الأطفال العـاديين إلا أنها لا تكون متكررة وشديدة كما هي لدى المضطربين سلوكيا وانفعاليا.

السلوك الانسحابي وغير الناضج اجتماعيا:

لا يستطيع المضطربون سلوكيا وانفعاليا بدرجة بسيطة ومتوسطة والذين يتعرضون لنوبات سلوكية مثل الانسحاب تطوير علاقات إنسانية طبيعية ومستمرة، فنجد لديهم عجز في المهارات الاجتماعية الضرورية الممتعة، ويلجأ بعضهم إلى أحلام اليقظة، والبعض يظهر مخاوف غير منسجمة مع الظروف الموجودة، وبعضهم يشكو من آلام بسيطة.

الفهم والاستيعاب:

بعضهم غير قادر على فهم المعلومات التي ترد من البيئة، يستطيعون لفظ الكلمات ولكن لديهم فهم قليل لمعنى هذه الكلمات، يستطيعون حل مسائل حسابية باستخدام مهارات حسابية ميكانيكية، ولا يستطيعون فهم معنى النتائج.

الذاكرة:

- لديهم مهارات ذاكرة ضعيفة، فلا يستطيعون تذكر موقع ممتلكاتهم الشخصية.

القلق:

يظهر القلق في السلوك الملاحظ الذي يوحي بالخوف والتوتر والاضطراب، وهذا السلوك يمكن أن يكون نتيجة لخطر متوقع مصدره مجهول وغير مدرك من قبل الفرد.

السلوك الهادف إلى جذب الانتباه:

وهو أي سلوك لفظي أو غير لفظي، يستخدمه الطفل لجذب انتباه الآخرين، ويكون عادة غير مناسب للنشاط الذي يكون الطفل بصدده.

السلوك الفوضوي:

هو السلوك الذي يتعارض مع سلوكيات الفرد أو الجماعة، كالكلام غير الملائم والضحك والتصفيق أثناء الحصة الدراسية.

العدوان الجسدي:

القيام بسلوكيات جسدية عدائية ضد الذات والآخرين بهدف إيذائهم وخلق المخاوف.

العدوان اللفظي:

سلوك عدائي ضد الذات أو الآخرين للإيذاء، أو خلق المخاوف، والعدوان اللفظي ضد الذات.

عدم الاستقرار:

يعود إلى المزاج المتقلب المتصف بالتغير السريع، ويكون هذا التقلب غير متنبأ به.

التنافس السريع:

عبارة عن سلوك لفظي أو غير لفظي يكون للفوز بالمنافسة، أي أن يكون الفرد الأول دائما في نشاط معين أو مهمة معينة.

عدم الانتباه:

هو عدم القدرة على التركيز في مثير لوقت كان لإنهاء مهمة ما، ويوصف الطفل قليل الانتباه بعدم القدرة على إكمال المهمة.

الاندفاع:

هو الاستجابة الفورية لأي مثير، بحيث تظهر هذه الاستجابة على شكل ضعف في التفكير، وضعف في التخطيط، وتكون هذه الاستجابات سريعة ومتكررة وغير ملائمة.

مفهوم ذات سيئ أو متدن:

هو إدراك الشخص لذاته كفرد، أو ابن أو ابنة، أو طالب أو صديق أو متعلم، فيدرك الكثير بأنهم غير مناسبين أو فاشلين أو غير متقبلين.

السلبية:

هي المقاومة المتطرفة والمستمرة للاقتراحات، والنصائح، والتوجيهات المقدمة من الآخرين.

النشاط الزائد:

هو النشاط الجسدي المستمر وطويل البقاء، ويتصف بعدم التنظيم، وهو غير متنبأ به وغير موجه.

قلة النشاط:

يتصف بأنه بطيء وبليد، ولديه نشاط حركي غير مكافئ عند الاستجابة للمثيرات.

الانسحاب:

سلوك انفعالي يتضمن الترك أو الهرب من مواقف الحياة بحيث أنها من وجهة نظر إدراك الفرد، ممكن أن تسبب له صراعا نفسية وعدم الراحة.

السلوك الذي يتأثر بالآخرين:

عبارة عن سلوك يقوم به الفرد بناء على طلب الآخرين أو لإرضائهم دون التفكير بعواقب ذلك السلوك.

الانحراف الجنسي:

عبارة عن سلوكيات ذات دلالة جنسية غير مقبولة اجتماعيا، حيث أن هذا السلوك يخلق مشاكل كثيرة ومتنوعة عندما تكون هناك محاولات لإظهار هذه السلوكيات.

الشكوى من علل نفس- جسدية:

إن مصطلح نفس جسدي يشير إلى تداخل الجهاز النفسي والجهاز الجسدي واعتماد كل منهما على الآخر، والصراعات الداخلية النفسية التي تظهر على شكل أعراض جسمية.

التمرد المستمر:

عبارة عن نشاط مناقض للقوانين والاتجاهات، فالطفل المتمرد يوصف بأنه دائما يشترك في نشاطات مناقضة لقوانين والديه ومعلميه واتجاهاتهم.

مشاكل الدافعية:

أن يكون لدى الفرد سبب ايجابي لممارسة نشاط معين، وبشكل عام فالكبار لديهم دافعية ذاتية للاشتراك في النشاطات.

استراتيجيات التعامل مع المضطربين سلوكيا وانفعاليا:

1- إستراتيجية تعديل السلوك، تركز هذه الإستراتيجية على السلوك (المثير والاستجابة)، ويقول أصحاب الإستراتيجية بأن هناك تعلما خاطئا للسلوك الملاحظ، ويمكن تغيير السلوك الملاحظ وتعديله وذلك بالتحكم بالمثير (حسب النظرية السلوكية).

- إجراءات تعديل السلوك وأساليبه:

- زيادة السلوكيات المرغوب فيها وتتضمن التعزيز بأنواعه الايجابي والسلبي والمتقطع والمتواصل والمعززات الأولية والثانوية والطبيعية والاصطناعية.

- تعلم سلوكيات جديدة، وتتضمن الإجراءات التالية: التشكيل، الإخفاء، والتسلسل والنمذجة.

- تفعيل الإجراءات الخاصة بتقليل السلوكيات غير المرغوب فيها، وتتضمن العقاب، الاطفاء، وتكلفة الاستجابة، والعزل، والتصحيح الزائد، والإشباع، والممارسة السلبية، وتغيير المثير والتوبيخ (الخطيب، 1990).

- الإستراتيجية التطورية:

ويعتبر Hewet المنظم لهذه الإستراتيجية وذلك لتعليم الأطفال ذوي الاضطرابات السلوكية والانفعالية، وقد أسس نظام لهذه الإستراتيجية، الذي يتكون من:

1- الانتباه.

2- الاستجابة.

3- التتابع.

4- الاكتشاف.

5- الاجتماعية.

6- الإتقان.

7- التحصيل.

ولتعليم الطفل المضطرب، يجب مراعاة تتابع هذه الخطوات، وحتى يكون التعليم فعالا يجب أن نأخذ بعين الاعتبار المهمة المناسبة، والمكافئة المناسبة والمحافظة على درجة من الضبط في بيئة الصف، ويؤكد Hewett على ترتيب الصف للمضطربين بحيث يكون هناك مركز للإتقان ومركز للتتابع والتنظيم ومركز للاكتشاف.

- الإستراتيجية البيئية:

يؤكد أصحاب هذه الإستراتيجية بان مشكلة الأطفال المضطربين تتفاعل مع عناصر البيئة مثل الأسرة والمدرسة والمجتمع، ويقترحون بأن التدريبات التربوية ذات إستراتيجية بحيث يتفاعل الطفل مع النظام الاجتماعي الموجود، وأن يكون ذلك العمل مشتركا بين المدرسة والأهل وذلك لتغير بعض السلوكيات لدى الطفل.

- الإستراتيجية النفسية الدينامية:

يشير أصحابها أن مشكلة الاضطراب تكمن في عدم التوازن في الأجزاء الدينامية في الدماغ، وكذلك في مكونات الشخصية (ألهو، والأنا، والأنا الأعلى). لذلك فالأساس الأول هو تعليم الطفل كيف يساعد نفسه ويدرك حاجاته الخاصة ورغباته ومخاوفه.

- الإستراتيجية النفسية التربوية:

يشير هذا الاتجاه إلى الظروف التربوية التي يوضع بها الطفل، مما يؤدي إلى تفاعله وزيادة إنتاجه في ذلك الوضع التربوي، وتؤكد على أن كل طفل لديه قوى فطرية بيولوجية كامنة، بحيث تعمل هذه القوى على عمل ما يسمى مجموعة مبكرة من الخبرة والطموحات وإدراك الفرد لذاته، مما يؤدي إلى تحديد السلوكيات الجديدة.

الخدمات المقدمة للأطفال المضطربين سلوكيا وانفعاليا.

أنواع الخدمات المقدمة للأطفال المضطربين سلوكيا وانفعاليا:

1- الخدمات التربوية:

تعتبر من أهم الخدمات التي يجب تقديمها للأطفال المضطربين سلوكيا

وانفعاليا وذلك للآثار التي يتركها الاضطراب على قدرات الطالب التعليمية والتحصيلية.

يؤكد القانون العام (التعليم لجميع المعاقين) على أن كل طفل يشخص كمضطرب يحب أن توضع له خطة تربوية فردية، وتتضمن هذه الخطة المجالات النمائية الأخرى درجة عن إطار الأهداف التربوية كما تعالج الخطة التربوية الفردية التنشئة الاجتماعية أهداف السلوكية، وتعمل على برامج التدخل المناسبة.

ويؤكد القانون كذلك، على وجود مدى واسع من الخدمات المناسبة ومن البرامج والخدمات ما يلي:

- الصف العادي المنتظم.
- الخدمات الداعمة، وتتضمن خدمات الإرشاد، والاستشارات النفسية من قبل شخص مختص.
- برامج غرف المصادر.
- خدمات الصف الخاص.
- برامج المؤسسات.

الخدمات النفسية والطب النفسي:

هناك عدد من البرامج والخدمات النفسية المفيدة في إعادة تأهيل الأطفال المضطربين الذين يظهرون السلوك الفوضوي، ومن هذه الخدمات:

- المقابلات النفسية.
- استخدام برامج تعديل السلوك.
- لعب الدور.
- السايكودراما.
- الموسيقى.
- الكتابة.
- الفنون.

2- الخدمات الطبية:

وتتضمن هذه الخدمات العناية بالأم الحامل قبل عملية الولادة وأثناءها وبعدها، وإجراء الفحوصات الجسدية، والعقلية العامة، والتحليل الطبي، وإعطاء العلاجات المناسبة تحت الإشراف الطبي، بالإضافة للعناية بالبصر والسمع، ويجب توفير هذه الخدمات بشكل أساسي في الحالات الطارئة.

3- الخدمات الاجتماعية:

يوجد عدد من الخدمات الاجتماعية التي يجب توفيرها للأطفال المضطربين وعائلاتهم، ومن هذه الخدمات تسهيلات السكن، والخدمات العائلية، والخدمات العامة وخدمات إعادة التأهيل المهني والخدمات المجتمعية الأخرى.

من الخدمات التي تقدم إلى المضطربين خدمات قانونية التي توفر الأمن والحماية للأطفال المضطربين، بحيث يتجاوب القانون مع حاجاتهم الفردية وحاجاتهم لتفهم القوانين الرسمية وغير الرسمية التي تحكم مجتمعاتهم (يحيى، 2003).

بعض أشكال الاضطرابات السلوكية والانفعالية:

التوحد:

تعددت التعريفات لاضطراب التوحد وسأذكر منها:

- اضطراب في سرعة أو تتابع النمو.

- اضطراب في الاستجابات الحسية للمثيرات.

- الاضطراب في الكلام واللغة والمعرفة.

- اضطراب في التعلق أو الانتماء للناس والأحداث والموضوعات.

التوحد حالة غير عادية لا يقيم فيها الطفل أي علاقة مع الآخرين، ولا يتصل بهم إلا قليلا جدا، والتوحد مصطلح يجب استخدامه بحذر، فهو لا ينطبق على الطفل الذي قد يكون سلوكه شاذ ناتجا عن تلف في الدماغ.

ولا يمكن استخدامه في الحالات التي يرفض فيها التعاون بسبب خوفه من المحيط غير المألوف، ويمكن أن يصيب الأطفال من أي مستوى من الذكاء، فقد يكون هؤلاء أولاد أذكياء جدا أو متخلفين عقليا. (الرزاز، وشرف الدين، 1994).

أما الجمعية الأمريكية للتوحد (Autism Society of America) تجد أن

التوحد هو إعاقة في النمو، تتصف بكونها مزمنة وشديدة في السنوات الثلاث الأولى من العمر، وهو محصلة لاضطراب عصبي يؤثر سلبا على وظائف الدماغ. طرق التعرف على الطفل المصاب بالتوحد حسب (DSMIV):

ويعتبر التوحد من أصعب الإعاقات التطورية التي تصيب الطفل والتي تظهر في السنوات الثلاثة الأولى من عمره وتتضح في مظاهر ومعايير تقييم اضطراب التوحد حسب نظام DSMIV:

- يشترط على الأقل ظهور ست (أو أكثر) أعراض من المجموعة 1، 2، 3 اثنتين على الأقل من المجموعة الأولى وواحدة من المجموعة الثانية والمجموعة الثالثة:

1- خلل نوعي أو كيفي في التفاعل الاجتماعي:

- خلل واضح في استخدام التصرفات غير اللفظية مثل التواصل البصري، تعبيرات الوجه إيماءات اليدين والجسم.

- قصور في القدرة على تكوين صداقات مع الآخرين.

- نقص في القدرة على التبادل الاجتماعي والإحساسي.

2- خلل نوعي أو كيفي في التواصل:

- تأخر أو نقص تام في تطور اللغة المنطوقة (خلل في القدرة على إخراج الكلام).

- قصور واضح في القدرة على بدء محادثة مع الآخرين أو الاستمرار فيها حتى وإن كان لديه القدرة على الكلام.

- خلل واضح في شكل الكلام ومضمونه ويشمل استخدام عبارات متكررة وبطريقة نمطية.

- غياب القدرة على ممارسة النشاط التخيلي فلا يستطيع تقمص الأدوار.

3- نشاطات واهتمامات محدودة تتصف بالرتابة والنمطية والتكرار:

- يحصر اهتمامه بشكل واضح في عدد محدد من النشاطات، وينشغل بشكل مكثف بنشاط ضيق.

- الإصرار على التقيد بإتباع روتين معين بشكل دقيق.

- القيام بتحريك الجسم أو الأطراف بشكل نمطي مثل لوي اليدين وطقطقتها أو

الدوران حول نفسه.

- الانشغال بشكل استحواذي بأجزاء الأشياء.

ب- تأخر أو عدم القدرة على تحقيق واحد على الأقل من الأمور التالية:

1- التفاعل الاجتماعي

2- اللغة كوسيلة للاتصال

3- النشاطات التخيلية.

خصائص التوحد:

1- يظهر وكأنه لا يسمع.

2- لا يحب أن يحضنه احد.

3- يقاوم الطرق التقليدية في التعليم.

4- لا يخاف الخطر الحقيقي.

5- يردد الكلام الموجه إليه.

6- يبدي نشاط ملحوظا ومبالغا فيه.

7- يجد صعوبة بالاختلاط بالأطفال الآخرين.

8- يضحك ويستثار من غير مناسبة.

9- يبكي وتصيبه نوبات عصبية شديدة لأسباب غير معروفة.

10- يقاوم التغيير في الروتين.

11- لا ينظر في عين من يكلمه.

12- يرتبط ارتباطا غير طبيعي بالأشياء.

13- لا يهتم بمن حوله.

14- قد لا يظهر الألم وقت الإصابة.

15- يستمتع بلف الأشياء.

16- قد لا يحب اللعب بالكرة لديه مهارة عالية في ترتيب المكعبات. (الفوزان، 2001).

أسباب التوحد:

لا شك أن حالة التوحد هي حالة غامضة، فمن حيث التشخيص الطبي الجسماني أن التوحد هو حالة اضطراب في المخ ناتج عن حالة وراثية، أو ربما ناتج عن تأثير كيمائي في الدم بسبب نوع من الأطعمة، فالطب الجسماني يقر بأنه مرض، إلا أن بعض الآراء والدراسات ترى أن حالة التوحد ليست مرضا، وهنا تبدأ النظريات والتكهنات حول تفسير هذه الحالة، ومن هنا تبدأ حالة الغموض التي تكتنف حالة التوحد.

هناك العديد من العوامل التي يمكن أن تؤدي إصابة الطفل بالتوحد، حتى وإن لم يتم بعد العثور على تفسيرات طبية لكثير من حالات التوحد، ومن أهم هذه العوامل:

1- الأسباب النفسية: إذ كان يعتقد بان الوالدين هم المسؤولين عن اضطراب التوحد لطفلهما، إلا أن هذا التفسير سرعان ما تلاشى نتيجة الدلائل المدعمة للنظرية البيولوجية.

2- الأسباب البيولوجية: هناك مؤشرات دالة على أن التوحد يحدث نتيجة لعوامل بيولوجية، وأهم تلك المؤشرات ما يصاحب التوحد كالأعراض العصبية أو الإعاقة العقلية أو مشكلات صحية مثل الصراع ومن أهم تلك الأسباب:

- العوامل الجينية Genetic Condition:

- Fragite & Syndrome: وهو خلل كروموسي موروث يؤدي إلى صعوبات في التعلم وإعاقة عقلية.

- PKU: خلل كيميو حيوي موروث يؤدي إلى تكاثر عناصر ضارة في الدم يمكن أن تساهم في إحداث تلف في المخ.

- الالتهابات الفيروسية Viral Infection:

- الحصبة الالمانية وهي تصيب الجنين داخل رحم الأم.

- تضخم الخلايا الفيروسي وهو يصيب الجنين داخل رحم آلام.

- التهاب دماغي فيروسي يتلف مناطق الدماغ المسؤولة عن الذاكرة.

- الاضطرابات الأيفية Metabolic Condition:

- خلل في عدد من الأنزيمات قد يؤدي إلى إعاقات في النمو مصحوبة بصفات سلوكية توحدية.

- خلل في قدرة الجسم على تمثل وامتصاص العناصر النشوية الموجودة في الطعام (الفوزان، 2002).

طرق علاج اضطراب التوحد:

ليس هناك علاج من الناحية الطبية والجسمية لاضطراب التوحد إلى الآن، لكن الطب النفسي والتربوي ربما يحقق فوائد معقولة في مختلف العلاجات النفسية وقد تساهم من الناحية التربوية والتعليمية في تقديم بعض العلاج ومن هذه الطرق:

- تعديل السلوك.

- التدريب على مهارات الاتصال الحياتي اليومي.

- علاج النطق واللغة.

- التركيز على الإحساس وتنمية الإحساس.

- التواصل البشري.

- المعالجة بالموسيقى والاسترخاء.

- التدريب السمعي.

- التغذية والدواء.

- العلاج الفيزيائي.

- العلاج الوظيفي.

اضطراب قصور الانتباه والحركة المفرطة: (يحيى، 2003).

Attention- Deficit and Hyperactivity ADHD

هو نشاط جسمي وحركي حاد، ومستمر وطويل المدى لدى الطفل، بحيث لا يستطيع التحكم بحركات جسمه، بل يقضي أغلب وقته في الحركة المستمرة، وغالبا

ما تكون هذه الظاهر مصاحبة لحالات إصابة الدماغ، ويظهر هذا السلوك غالبا في سن الرابعة من سن (4-15) سنة (يحيى، 2003).

يكون الاضطراب أكثر انتشارا عند الذكور من الإناث، وتكون حركات الجسم تفوق الحد الطبيعي أو المقبول.

تشير التقارير الواردة عن المركز الوطني الأمريكي للمعلومات عن الأطفال والبالغين ذوي الإعاقات إلى أن أعراض هذه الاضطرابات قد ذكرت في المقالات الطبية منذ مئة عام، وأنها تعتبر واحدة من أكثر الاضطرابات التي تولاها البحث في أمراض الأطفال على مدى ما يقرب من أربعين عاما، فقد أشار البحث إلى أن هذه الاضطرابات يمكن أن تسبب مشكلات طوال فترة حياة الشخص خاصة إذا لم تعالج، ولقد أطلقت الجمعية الأمريكية للطب النفسي American Psychiatric Association عليها في سنة 1994 اسم مرض قصور الانتباه والحركة المفرطة، على الرغم من أن عامة الناس وحتى بعض الأخصائيين لا زالوا يسمونها قصور الانتباه Attention Deficit وهو الاسم الذي أطلق عليها عام 1980. ولقد تم تغيير هذا الاسم نتيجة للاكتشافات العلمية ونتائج التجارب على هذه الاضطرابات التي أكدت على وجود دلائل قوية تشير إلى مصاحبة الحركة المفرطة Hyperactivity لقصور الانتباه في معظم الحالات لهذا فإن الكثير من المختصين يستخدمون هذين المصطلحين بشكل متبادل أو معا للتعبير عن حالة واحدة وهي إما:

- قصور الانتباه منفردا.

- الحركة المفرطة منفردا.

- قصور الانتباه مصاحبا للحركة المفرطة.

كذلك فقد أشارت هذه النتائج أيضا إلى مصاحبة السلوك الاندفاعي Impulsivity في كثير من حالات قصور الانتباه والحركة المفرطة، لهذا فلقد استقر رأي المختصين في هذا المجال على وجود ثلاثة أعراض رئيسية لهذه الاضطرابات تظهر أما بشكل متلازم تلازما كليا أو تلازما جزئيا أو منفردة وهذه الأشكال هي:

1- الشكل المشترك Combined Type.

2- الشكل الذي يسود فيه عدم الانتباه Predominantly inattention

3- الشكل الذي تسود فيه الحركة المفرطة.

بعض الاضطرابات التي لها أعراض شبيهة بأعراض قصور الانتباه والحركة المفرطة.

- اضطرابات التكيف أو التوافق. Adjustment Disorder

- اضطرابات القلق. Anxiety Disorder

- الاكتئاب. Depression

- التخلف العقلي. Mental Retardation

- صعوبات التعلم. Learning Disorder

- اضطرابات التصرف. Conduct Disorder

- اضطرابات الوسواس القهري. Obsessive compulsive Disorder

خصائص اضطراب ضعف الانتباه / الحركة المفرطة:

1- عدم الانتباه.

2- الحركة المفرطة.

3- الاندفاع.

4- الفوضوي وعدم النظام.

5- ضعف العلاقة مع الأقران.

6- السلوك العدواني.

7- ضعف وسلوك الإثارة.

8- الإبهار وسلوك الإثارة.

9- أحلام اليقظة.

10- ضعف التناسق.

11- مشكلات الذاكرة.

12- الإصرار والإلحاح.

13- التضارب وعدم الترابط (كمال، 2001).

الأسباب:

1- أسباب وراثية:

أشارت الدراسات إلى وجود علاقة بين العوامل الجينية ومستوى النشاط الزائد، ولكنها فشلت في التوصل إلى علاقة واضحة بين هذه العوامل والنشاط الزائد كظاهرة مرضية.

2- أسباب عضوية:

أشارت مجموعة من الدراسات أن الأطفال الذين يظهرون نشاط زائد هم أطفال تعرضوا أكثر من غيرهم للعوامل التي قد تسبب تلفا دماغيا، ومن الأسباب نشاط الجزء تحت القشري في الدماغ، أو نتيجة ضعف نمائي يعود لأسباب متباينة، مثل الأورام، أو نقص الأوكسجين في الأنسجة، ولكن دراسات أخرى وجدت أن النشاط الزائد ليس عرضا ضروريا أو شائعا من أعراض التلف الدماغي.

3- الأسباب النفسية:

- المزاج: قد تقود المشكلات في المزاج لدى الأطفال إلى اضطرابات سلوكية أكثر صعوبة، وخاصة عندما يمتعض الوالدان من التهيج الإضافي الذي قد يسببه هؤلاء الأطفال. فالنشاط الزائد لدى الطفل هو طريق للدفاع عن الذات في وجه الرفض.

- التعزيز: قد يؤدي التعزيز الاجتماعي إلى تطور النشاط الزائد أو إلى استمراريته، ففي مرحلة ما قبل المدرسة، يحظى نشاط الطفل بانتباه الآخرين الراشدين وقد يتم تعزيزه، والمشكلة هنا عندما ينتقل هذا الطفل إلى المدرسة وتفرض عليه القيود والتعليمات، فالطفل في هذه الحالة لم يعتاد على هذا الموقف، ومن هنا يصبح أكثر نشاطا ليحظى بالتعزيز الاجتماعي الذي كان يحصل عليه في مرحلة ما قبل المدرسة.

- النمذجة: أشارت نتائج الدراسات إلى أن الطفل الأقل نشاطا يزيد مستوى نشاطه ويصبح قريبا من الطفل الأكثر نشاطاً.

4- الأسباب البيئية:

يعتقد أن العوامل البيئية إثارة كبيرة للجهاز العصبي المركزي مما يؤدي إلى سلوك النشاط الزائد، ومن هذه العوامل:

- التسمم بالرصاص: فقد وجدت بعض الدراسات أن وجود نسب عالية من الرصاص في دم الطفل يسبب نشاطا وسلوكا زائدا.

- الإضاءة: التعرض للإضاءة العادية (كالإضاءة المستخدمة في غرفة الصف) والإضاءة المنبعثة من جهاز التلفاز، قد تؤدي إلى التوتر الإشعاعي الذي يسبب نشاطا زائدا أو ضغوطا بيئية تغير طبيعة الجسم.

- المواد المضافة للطعام: أشارت بعض الدراسات إلى أن النشاط الزائد لدى الأطفال قد يرتبط بتناولهم الطعام الذي يحتوي على المواد الحافظة والصابغة التي تضيف النكهات المختلفة للأطعمة. (يحيى، 2003).

استراتيجيات العلاج:

1- برامج تعديل السلوك:

- الأحداث التي تسبق السلوك:

- القواعد.

- التوقعات.

- التواصل.

- السلوك:

- تحديد السلوك المراد التعامل معه.

- تحديد السلوكيات البديلة.

- تحديد حجم المشكلة السلوكية.

- تصنيف المشكلات السلوكية الرئيسية.

- القائمة النهائية للسلوك.

- قائمة السلوكيات التي يجب تجاهلها.

- التوابع أو نتائج السلوك:

- متابعة السلوك

2- أسلوب الوصول إلى أعلى درجات الاستثارة.

3- أسلوب التحليل النفسي.

4- التأهيل.

5- الأجهزة الكهربائية.

6- أشرطة التسجيل.

7- أجهزة برامج الكمبيوتر.

8- جهاز المراقبة الذاتية.

9- جهاز التحكم عن بعد.

10- توجيهات لأولياء الأمور.

11- التدريب على مهارات اجتماعية.

العلاج بالأدوية المنشطة:

أشار باركلي Barkley, 1996 إلى أن الأدوية المنشطة تساعد على زيادة قدرة الطفل على التعلم مع انخفاض درجة الاندفاع والسلوك الفوضوي، إضافة إلى زيادة القدرة على التحكم في الحركة والسلوك العدواني، ومن فوائدها أيضا تحسين علاقة الفرد مع نفسه عن طريق تحسين مفهوم الذات وزيادة الثقة بالنفس، وأضاف أيضا أن الهدوء العام يسود تصرفات الطفل الذي يتعاطى هذه المنبهات إضافة إلى زيادة علاقاته الايجابية مع الأقران وأفراد الأسرة والأقارب. لقد أظهرت الدراسات أن الأدوية المنشطة تساعد أيضا الأطفال ذوي التخلف العقلي البسيط على زيادة القدرة على الانتباه والتركيز.

وتجدر الإشارة هنا إلى انه لا يوجد من بين جميع هذه الأدوية المنبهة أو المنشطة ما يساعد على الشفاء التام من اضطرابات قصور الانتباه والحركة المفرطة، فهي جميعا تساعد على تحسن الأداء الأكاديمي والاجتماعي داخل المدرسة وفي البيت، وعلى المدى البعيد فان هذا سيؤدي إلى اكتساب المهارات اللازمة في المستقبل للنجاح في الحياة العملية، ولقد أثبتت الدراسات العديدة التي أجريت على الأطفال الذي يعانون من اضطرابات في الانتباه ومن الحركة المفرطة والذين تم علاجهم بهذه الأدوية المنشطة أنهم استطاعوا الانتهاء من الدراسة في المرحلة الثانوية مما أدى إلى انخفاض احتمالات الفشل في المستقبل. (كمال، 2001).

المراجع العربية:

1- يحيى، خولة، 2003، الاضطرابات السلوكية والانفعالية، دار الفكر، عمان، الأردن.

2- كمال، سالم، 2001، اضطرابات قصور الانتباه والحركة المفرطة خصائصها- وأسبابها- وأساليب علاجها، دار الكتاب الجامعي، العين، الإمارات العربية المتحدة.

3- الفوزان، محمد بن احمد، طيف، التوحد بين الحقيقة والغموض، مرشد إلى الوالدين والمهنيين، دار عالم الكتب، المملكة العربية السعودية.

المراجع الأجنبية:

Schhwart Z, steven, 2000, Abnormal 1'svcho'oav, adiscovery .Approach, I'v1ay - field Publishing Company

Patterson, Jollen, Williams, less, Grauf- Grounds; Claudia, charnow, Larry, - Essential skills in filmlly thel-Zltw, the Guilford press, New York, London-.

الفصل الحادي عشر
الخدمات الإرشادية لذوي صعوبات التعلم وأسرهم

مقدمة:

تؤثر الإعاقات على الجوانب الجسمية والصحية والمعرفية والنفسية والاجتماعية للفرد المعوق، ولا يقتصر اثر تلك الإعاقات على الفرد المعوق نفسه وإنما يشمل أيضا الأسرة والمجتمع الذي يعيش فيه، وتختلف هذه التأثيرات باختلاف نوع وشدة وطبيعة الإعاقة، ومن هذه الإعاقات التي تلعب دورا من هذه التأثيرات صعوبات التعلم حيث أنها تترك أثرا بالغا على الطفل الذي يعاني من هذه الصعوبة التعليمية، كما تترك أثرا كبيرا على الأسرة وعلى ديناميات عملها، فهي إعاقة غير ظاهرة كما هي الإعاقات الأخرى، لذا كانت هذه الإعاقة تسمى بالإعاقة الخفية، لأنها غير ظاهرة إلا لمن يتعامل بشكل مباشر مع الطفل ذي صعوبات التعلم، إن عدم ظهور الإعاقة بشكل واضح يضع الأهل في حيرة وفي لبس من وضع طفلهم، لذا نجد الأهل يطلبون من الطفل أن يحقق نتائج هو غير قادر عليها بحكم إعاقته غير الواضحة لأهله، كما أن أخصائي التربية الخاصة وأخصائي الإرشاد النفسي والتربوي قد يجدون صعوبة في إيصال معلومة إعاقة الطفل لوالديه، فهم يحكمون على الظاهر الماثل أمامهم والظاهر يقول أن ولدهم سليم".

ما نحاول إيصاله للقارئ هو توضيح خصائص هذه الفئة من ابنائنا، وكيف لنا أن نميز أن هذا الطفل أو ذلك يعاني من صعوبات تعليمية، كما ذكرنا أهم الحاجات التي يشترك فيها الطفل ذوي الاحتياجات الخاصة مع الأطفال الآخرين ولكن بدرجة اكبر، كما ذكرنا حاجات اسر هذه الفئة من الطلاب وكيف يتصرفون مع هذه الإعاقة وما الواجب على الأخصائي أن يوصله للأهل من معلومات علمية بلغة سليمة وبسيطة وحساسة في آن واحد، كما تطرقنا إلى الاستراتيجيات والأساليب المستخدمة مع الأطفال ذوي صعوبات التعلم ومع أسر هؤلاء الأطفال......

تعريف صعوبات التعلم:

لم يكن مجال صعوبات التعلم وليد جهود موحدة من قبل تخصص واحد بل اشتركت وما زالت تشترك تخصصات متنوعة من حقول علمية مختلفة في البحث والإسهام في مجال صعوبات التعلم، إلا أن مدى ونوعية الإسهام تختلف باختلاف الفترة الزمنية التي مر بها الحقل أثناء تطوره (Lerner, 2000)

وقد وضع العلماء عدة تعريفات لصعوبات التعلم منهم من عرفها بناء على خلفية الطبية أمثال العالم الأمريكي Samuel Orton وكان يعتقد أن سبب صعوبات التعلم ناتج عن خلل عصبي.. إلا أن التعريف الذي وجد قبول عند التربويين هو تعريف اللجنة الوطنية الاستشارية للأطفال المعاقين (National Adisory Committee for handicapped) والذي يعتبر من أشهر تعريفات صعوبات التعلم وتم إدراجه بالقانون الأمريكي عام (1975) والذي يعرف الأطفال الذين يعانون من صعوبات التعلم الخاصة بأنهم الأطفال الذين يظهرون اضطرابا واحدا أو أكثر في العمليات السيكولوجية الأساسية التي تتضمن فهم واستعمال اللغة المكتوبة أو اللغة المنطوقة والتي تبدو في اضطرابات السمع والتفكير والكلام والقراءة والتهجئة والحساب والعائدة إلى أسباب متعلقة بإصابات بسيطة في الدماغ وهذا التعريف لا يتضمن الأطفال الذين لديهم مشاكل تعلم بشكل أساسي نتيجة الإعاقة البصرية أو السمعية أو الحركية أو العقلية أو الانفعالية أو البيئية (التخلف البيئي) أو الثقافية أو الاقتصادي (Kirk & callagher, 1989)

في التعريف السابق الذي أوردناه ومن مطالعة التعريفات الأخرى الكثيرة نستطيع أن نستخلص عناصر عدة تميز فئة صعوبات التعلم وهي:

1- إن صعوبات التعلم إعاقة مستقلة كغيرها من الإعاقات الأخرى.

2- يقع مستوى الذكاء لمن لديهم صعوبات التعلم فوق مستوى التخلف العقلي ويمتد إلى المستوى العادي والمتفوق.

3- تتدرج صعوبات التعلم من حيث الشدة من البسيطة إلى الشديدة.

4- قد تظهر صعوبات التعلم في واحدة أو أكثر من العمليات الفكرية كالانتباه والذاكرة، والإدراك، والتفكير وذلك اللغة الشفوية.

5- تظهر صعوبات التعلم في واحدة أو أكثر من المجالات الأكاديمية الأساسية والمهارات اللغوية كالتعبير الشفوي والكتابة (التعبير والإملاء والخط) والفهم المبني على الاستماع والمهارات الأساسية للقراءة وفهم المقروء والرياضيات بوجه عام والاستدلال الرياضي.

6- قد تظهر على شكل قصور في الاستراتيجيات المعرفية وفوق المعرفية الضرورية للتعلم، أو فقدانها، أو استخدامها بشكل غير ملائم للمهمة.

بالطمأنينة لوجود حلول وكذلك بحاجة للثقة بالنفس وإنهم قادرون على المساعدة وتحمل المسؤولية مع الأب والأم والمدرسين والمساهمة بفعالية في البرنامج العلاجي لشقيقهم أو شقيقتهم (الخطيب وآخرون، 1996).

3- الحاجة إلى المعلومات:

المعلومات التي يحتاجها الأهل في مجال صعوبات التعلم كثيرة ومترابطة ومتعددة، ولعل البداية تكون في تعريف الأهل بالعلاقة بين صعوبات التعلم والإعاقات الأخرى، وأهمية معرفة مصدر الصعوبة لدى ابنهم، وأهمية إجراء فحوصات طبية للدماغ والأعصاب وأهمية اللجوء للأخصائيين في علاج صعوبات التعلم والتنسيق مع المدرسة والمعلمين (الخطيب وآخرون 1996).

4- الحاجة إلى الإرشاد والدعم:

عن العلاج الإرشادية في حالات الإعاقة كلها هامة ولكنها في حالات صعوبات التعلم معقدة. فلأن صعوبات التعلم إعاقة ظاهرة قد يواجه المرشد عند الأهل تساؤلات كثيرة تحتاج لإجابات مقنعة (طفلي غير معاق وذكي ولكنه يرسب أو لا يكتب أو لا يميز الأرقام، وأجري له تخطيط دماغ ولا توجد مؤشرات لإصابات دماغية، فما سبب هذه الصعوبة أو الإعاقة؟). وهذه مجموعة أسئلة تعكس حاجة إرشادية ماسة جدا على المرشد أن يدركها ويستوعبها جيدا لكي يكسب ود وثقة الأهل ومن ثم يبدأ بإرشادهم ملبيا أهم حاجة وهي تقبل حقيقة الأمر والتعاون والاقتناع بإمكانية العلاج.

وقد تكون صعوبات التعلم مرافقة لإعاقة أخرى وهنا لا بد من التعامل بشكل مناسب مع صدمة الأهل في معرفة هذه الحقيقة، ومن ثم إرشادهم للمصادر المختلفة التي توفر فرصا تعليمية مناسبة لقدرات طفلهم، وبعض الأهل يحتاجون لتوعية كافية في مجال برامج التربية الخاصة.

إن التخلص من الإحساس بالفشل والخجل وعدم الثقة بالنفس لوجود طفل فاشل دراسيا حاجة ماسة يحب التعامل معها مع ذوي صعوبات التعلم، وهناك مجالات أخرى للدراسة المهنية والتأهيل وهناك فرص عديدة لهذا الطفل الذي لا يستطيع الاستمرار بالمدرسة العادية (الخطيب وآخرون، 1996).

5- الحاجات الاجتماعية:

أن وجود طفل يعاني من صعوبات تعليمية في الأسرة قد يقود هذه الأسرة إلى الانعزال والانسحاب من الحياة الاجتماعية، وتصبح حياة الأسرة مقتصرة على البيت وعلى متابعة حالة طفلهم ومراقبة تقدمه.

أن ردة هذا الفعل قد تصيب الأسرة بكثير من السلبيات مثل الإجهاد الكبير والشعور بالوحدة وبأن أصبحوا وحدهم في هذه الحياة بلا داعم لهم.

لذا تبرز أهمية الحاجة الاجتماعية، بمعنى مساعدة هذه الأسرة على التفاعل مع المجتمع والعيش بسلام مع البيئة المحيطة وهذا التفاعل الايجابي يساهم بشكل مباشر في تقدم حالة الطفل والأسرة معا (الخطيب،1999).

6- الحاجة إلى الخدمات المجتمعية:

إن وجود طفل لديه صعوبات تعليمية يعني بان الأسرة بحاجة للمساعدة في كيفية الوصول إلى الخدمات المتوافرة محليا، ويجب أن توجه الخدمات للوالدين منذ البداية بطريقة منظمة ويجب أن تشتمل أي جهود لمساعدة والدي الأطفال المعوقين على نظام للتقييم ضمان تلبية احتياجاتهما، والمعروف أن تصورات الآباء لاحتياجاتهم قد إلا تتفق مع تصورات المهنيين لها، ولذلك يجب أن تقوم مرافق توفير الخدمات بدراسة الاحتياجات بعناية بالإضافة إلى التقييم لمستوى الخدمات (الخطيب،1999).

7- الحاجات المالية:

إن العناية الطبية والأدوات الخاصة (والعمليات الجراحية أن تتطلب الأمر ذلك) بالإضافة إلى الرعاية اليومية والمواصلات والمسكن والبدائل تشكل جميعها عبئا مالياً على الوالدين وبالتالي فهما أكثر تعرضاً للمشكلات الاقتصادية كلما بذلا جهدا لسداد تكلف الخدمات اللازمة للطفل، وقد أشارت عدة دراسات أن الوالدين يواجهان مشكلات مالية بسبب احتياجات الطفل للعلاج والرعاية الطبية، ومن ناحية أخرى بان الأطفال ذو صعوبات التعلم قد يكون بحاجة إلى معالجين وظيفيين أو معلمين خصوصيين وخدمات مساندة أخرى، وهذا كله يتطلب أموالا كبيرة قد تستنزف مصدر الدخل عند الأسرة، وكل ما سبق يتطلب توفر دعم مالي لهذه

الأسرة لتتمكن من تقديم الخدمات الضرورية لابنها وحتى تتفادى الأسرة سلبيات التركيز على فرد واحد في الأسرة..... (الخطيب،1999).

استراتيجيات تدريس الطلبة ذوي صعوبات التعلم:

سنعرض فيما يلي أهم الاستراتيجيات المستخدمة مع الأطفال ذوي صعوبات التعلم:

1- الأساليب المبنية على استعمال الحواس المتعددة في عملية التعلم: وتسمى هذه الإستراتيجية بإستراتيجية الحواس المتعددة وتقوم على استخدام الطفل لحواسه المختلفة في عمليات التدريب لحل مشاكله التعليمية، إذ يتوقع منه أن يكون أكثر فاعلية للتعلم عندما يستخدم أكثر من حاسة من حواسه، وتعتمد هذه الإستراتيجية بشكل كبير على التعامل مع الوسائل التعليمية بصورة مباشرة.

2- التدريب على العمليات النفسية الأساسية المتعلقة بالقدرات الحسية والبصرية والسمعية واللغوية: يفترض مقترحو هذه الإستراتيجية أن هذه العمليات تدخل في الموضوعات الدراسية وأنه يمكن تدريب الأطفال عليها كي يتحسن أداؤهم فيها، فالطفل الذي يعاني من مشكلات في القراءة بسبب الصعوبة في الإدراك البصري يجب أن يدرب على مهارات الإدراك البصري قبل أن يتعلم القراءة، لذا يؤدي أسلوب التدريب المبني على العمليات الأساسية نتائج طيبة عند حالات كثيرة من الأطفال ذوي صعوبات التعلم، حيث يتم تصميم خطة التدريس بهدف علاج وظائف العمليات التي تعاني من ضعف أو قصور عند الطفل.

3- أسلوب المثيرات لذوي النشاط الزائد: يوجه هذا الأسلوب بصورة رئيسة من قبل المعلم، لأنه يحدد معظم أنشطته، ويبني هذا الأسلوب على افتراض أن الطفل ذا النشاط الزائد ومشتت الانتباه ولا يستطيع أن يتخذ القرارات الخاصة ما لم يعلم ويدرب، لذا يتم تعليم الطفل هنا على التركيز على ما هو مطلوب منه، ويجب أن تزال جميع المشتتات التي تجذب انتباه الطفل، وتبعده عن الدرس.

4- إستراتيجية تعديل السلوك المعرفي: تشير الدراسات العديدة إلى تدني

محاولة معرفة أسرة الطلبة ضرورية من أجل تطوير علاقة قوية فعالة بين الأسرة والمدرسة والذين يمكن تحقيقه من خلال العديد من وسائل الاتصال مثل الهاتف أو الزيارات المنزلية.

- ماذا يريد أباء ذوي صعوبات التعلم أخصائي الاحتياجات الخاصة: في استبيان وزعه (دمنكس وموسى) على أهالي ذوي صعوبات التعلم حول هذه الموضوع فوجد أن الأهالي يريدون ما يلي:

1- استخدام لغة واضحة ومفهومة.

2- أهمية دعوة كلا الوالدين لحضور المؤتمرات أو الاجتماعات المتعلقة بطفلهم.

3- تزويد الأهالي بقراءات تساعدهم على فهم طفلهم.

4- إرسال نسخ لهم من التقارير المتعلقة بطفلهم.

5- وجود تواصل بين أعضاء الفريق متعدد التخصصات فيما يتعلق بطفلهم.

6- تقديم معلومات ونصائح عملية تساعد في ضبط سلوك أطفالهم.

7- تقديم تغذية راجعة لهم حول الأداء الأكاديمي السلوك الاجتماعي لطفلهم (Bricklinm, 1970)

الحاجة إلى الإرشاد أسر ذوي صعوبات التعلم:

تختلف الحاجة إلى خدمات الإرشاد الأسري للإعاقات بشكل عام (وإرشاد اسر ذوي صعوبات التعلم بشكل خاص) من مرحلة إلى مرحلة أخرى، ففي:

- المراحل الأولى: يكون الاهتمام منصبا على مساعدة الوالدين على مواجهة الحقيقة وتقبل وجود الطفل المعاق " ذوي صعوبات التعلم" وإدراك حقيقة اختلافه عن غيره من الأطفال، وتلقي الصدمة خاصة في حالة كون الإعاقة ملاحظة بشكل واضح "صعوبة تعليمية شديدة".

- وفي المرحلة الثانية ينصب الاهتمام على مساعدة الأسرة على إيجاد تفسير علمي لأسباب صعوبة التعلم. وعلى التخفيف من مشاعر الذنب والتأنيب، ولوم الذات التي قد يعاني منها الوالدان وكذلك مساعدتهم على البحث عن مصادر العلاج والتأهيل والعمل على تقبل حقيقة عدم توفر علاج طبي شافي (التعايش مع الإعاقة).

- المرحلة الثالثة: وهنا ينصب الإرشاد على دفع الأسرة لتبني اتجاهات ومواقف إيجابية ومنطقية تساعدهم في الانتقال إلى مرحلة الاعتراف بالحقيقة وإدراك واقع الطفل الحقيقي والبحث الموضوعي عن مصادر الدعم والرعاية والتأهيل ونوع البرامج والخدمات التي يمكن أن تسهم في نمو الطفل ذوي صعوبات التعلم حسب إمكاناته وقدراته (Thompson & Bdolpn, 1993) (الصمادي، 1999).

- البرامج التي تقدم لتأهل أسر الأطفال ذوي صعوبات التعلم.

- يمكن البرامج التي تقدم لتأهيل أسر ذوي الاحتياجات الخاصة (ذوي صعوبات التعلم).

كما يلي:

1- برامج المعلومات، هي توفر للآباء الحقائق عن طفلهم.

2- برامج علاجية نفسية لمساعدة الآباء على تفهم إمكانيات الطفل وقدراته وتقديرهما لهذه الإمكانيات دون التركيز على أوجه الضعف فيها، وكذلك فهم مشكلاتهم ومشكلات أطفالهم ذوي الاحتياجات الخاصة.

3- إتاحة الفرصة المتكررة للطفل ذوي صعوبات التعلم والتفاعل والاحتكاك بمن هم في مثل عمره من الأطفال الطبيعين الذين لهم نفس القدرات والمواهب.

4- وضع توقعات واقعية لأداء الطفل ذوي صعوبات التعلم في ضوء قدراته وإمكانياته.

5- مساعدة الطفل على فهم الحدود التي يفرضها ضعفه مع تشجيعه في نفس الوقت على أن ينمو بشكل طبيعي.

6- البحث عن الخدمات التعليمية والعلاجية التي تعمل على تعزيز وتطوير إمكانيات الطفل وعلاج أوجه الإعاقة والعجز بصورة مبكرة ما أمكن ذلك.

7- تطوير القدرة على مواجهة المجتمع.

8- توفير الدعم النفسي للأسر التي تعاني من الصدمة والحزن والأسى المزمن.

9- إعداد برامج تدريبية مع مسؤوليات الأسر نحو أطفالها ذوي صعوبات التعلم من النواحي التعليمية والتدريبية والاجتماعية، وذلك بهدف توفير برامج علاجية لهذا الطفل داخل الأسرة التي تمثل بيئة الطبيعة (الجمالي، 1999).

أهداف إرشاد الأفراد ذوي صعوبات التعلم وأسرهم:

1- مساعدة الأفراد ذوي صعوبات التعلم تقبل حقيقة إعاقتهم وما ترتب عليها من نتائج تتعلق بإمكاناتهم وقدراتهم التي حدوثها هذه الإعاقة.

2- مساعدة الأفراد ذوي صعوبات التعلم على التكيف والتعايش مع إعاقتهم والتعامل معها.

3- تزويدهم بالمعلومات الأساسية عن مصادر الدعم وبرامج التأهيل والتدريب والعلاج المتوفر. وكيفية الحصول عليها.

4- مساعدة أسر ذوي صعوبات التعلم على تقبل حقيقة إعاقة أبنهم والتكيف معها والتعايش والتعامل المناسب معها.

5- مساعدة أسر ذوي صعوبات التعلم على القيام بالأدوار الموكلة إلى كل فرد منهم والتعاون فيما بينهم ودعم كل منهم للآخر.

6- مساعدة أسر ذوي صعوبات التعلم على الحصول على المعلومات التي يحتاجونها فيما يتعلق بتربية التعليم أبنهم وتأهيله وعلى كيفية الحصول على المعلومات الدعم والخدمات المتوافرة في المجتمع المحلي.

7- مساعدة أسر ذوي صعوبات التعلم على التكيف والاندماج في الحياة الاجتماعية بإيجابية والقيام بأدوارهم الطبيعية خارج الأسرة وعدم الانزواء والعزلة الاجتماعية. (الصمادي، 1999) (,Vernon 1993).

مشاركة أسر ذوي صعوبات التعلم في جميع مراحل عملية التدخل:

بعض الباحثين شجعوا فكرة مشاركة أولياء الأمور في كل مرحلة من مراحل العلاج ابتداء من مرحلة التعرف إلى مرحلة التقييم ويكون ذلك من خلال ما يلي:

1- مرحلة التعرف: ويكون دورهم من خلال ملاحظاتهم للإشارات المبكرة لصعوبات التعلم، والواعي بالخدمات التي ينبغي أن تقدم لهم.

2- مرحلة القياس: ويكون دورهم من خلال جمع البيانات عن الطفل في المنزل وتقديم المعلومات التي تتعلق بالقياس.

3- مرحلة اختيار البرنامج: حيث يشارك الوالدين في اختيار البديل التربوي المناسب للطفل، وفي وضع الأهداف التي تتضمنها خطة الطفل التربوي الفردية.

4- مرحلة التنفيذ: وهناك يشارك الآباء في الأنشطة المدرسية وقد يتطوع لمساعدة المعلم في المدرسة، وقد يشاركوا بالأنشطة المعتمدة على المنزل.

5- مرحلة التقييم: حيث يزود الآباء المعلمين بمعلومات أساسية تتعلق بمدى تقدم الطفل في المهارات الأكاديمية التي يتعلمها وأيضا المهارات السلوكية (Mercer, 1997).

أساليب إرشاد أسر ذوي صعوبات التعلم:

"في مجال الإرشاد الأسري لذوي صعوبات التعلم فانه يجب مساعدة الوالدين في تفهم طبيعة صعوبات التعلم وتأثيرها على تعلم وتطور سلوك الطفل بالإضافة إلى تفهم أولياء الأمور لشعورهم نحو أبنائهم وكذلك فهم وتطبيق المعلومات التي يحصل عليها أولياء الأمور للمساعدة في نمو طفلهم من خلال التعامل اليومي بين الطفل ووالديه مما يساعد الوالدين أيضا ففي استيعاب وتفهم الطرق التي يجب عليهم التعامل مع طفلهم من خلالها ومن اجل القيام بدورهم الأبوي بطريقة تساعد الطفل على النمو والتعلم (Mercer, 1997). ويمكن استخدام الأساليب التالية في إرشاد اسر ذوي صعوبات التعلم:

1- الإرشاد النفسي التربوي:

وهو العملية التي يقوم بها شخص مدرب " المرشد النفسي" بتكوين علاقة تسود الثقة مع شخص "المسترشد" يحتاج مساعدة، وهذه العلاقة تركز على معنى الخبرة الشخصية والمشاعر والسلوك والبدائل والأهداف.

إن الإرشاد النفسي الفردي يعطي الفرصة للأفراد والاستكشاف التعبير عن أفكارهم ومشاعرهم في بيئة آمنة.

إن الإرشاد النفسي الفردي هو أيضا عملية تنظم وتهتم بالعلاقة بين شخصين اجتمعا ليساعد احدهما الآخر في حل مشاكله.

متى يستخدم الإرشاد النفسي:

1- يستخدم الإرشاد النفسي الفردي عندما تتطلب حالة المسترشد السرية التامة.

2- يستخدم الإرشاد النفسي الفردي عندما يكون المسترشد خجولاً ونطوائيا.

3- يستخدم الإرشاد النفسي الفردي عندما يشعر المسترشد بان حالته تسبب له الخجل عند مناقشتها أمام الآخرين.

4- يستخدم الإرشاد النفسي الفردي عندما تكون حالة المسترشد معقدة جدا ويعتمد نجاح الإرشاد النفسي الفردي على مدى فعاليته في تأدية الغرض منه لكن هناك من يشير إلى أن الإرشاد النفسي الفردي أفضل إذا كان المرشد النفسي قادرا على استخدام نظريات الإرشاد المتعددة ولم يحضر نفسه في مدخل أو نظرية واحدة (الجمالي، 1999).

ويتم استخدام الإرشاد النفسي الفردي مع اسر الطلاب ذوي صعوبات التعلم في حالة توفرت الشروط السابقة، وكانت هذه الأسر حساسة جدا كون ابنها لديه صعوبة تعليمية، ويمكننا الإرشاد النفسي الفردي في حالة أدى دوره، يمكننا من الانتقال الأساليب واستراتيجيات أخرى تساهم في تقبل الأسرة وتكيفها مع إعاقة ابنهم...

2- لإرشاد النفسي الجمعي:

وهو عملية تفاعل تشمل المرشد ومجموعة من الأعضاء الذين يحاولون التعبير عن أنفسهم وموقفهم أثناء الجلسة الإرشادية بهدف تغيير اتجاهاتهم وسلوكهم.

والإرشاد الجمعي يعتمد على نحو تماسك الجماعة والمشاركة في الاهتمامات الشخصية بين الأعضاء وقد عرفه (مورنيو 1936) ببساطة بأنه أن نعالج الناس في جماعات (الجمالي، 1999).

ويمكن أن يقدم هذا الأسلوب الإرشادي فوائد جمة في حالة ثم اجتماع الأسر الذين لديهم أبناء لديهم إعاقات تعليمية، حيث يتم تبادل الخبرات طرق التعامل التي تتعامل بها الأسر مع هذه الإعاقة، وبالتالي يشعر الجميع بان هناك من يشاطره هذا الأمر. وبان هناك مجال واسع لتبادل الخبرات. وبالتالي تعود الفائدة على جميع هذه الأسر...

ونذكر هنا المبادئ الواجب مراعاتها في الإرشاد النفسي الجماعي وهي على النحو التالي:

1- مراعاة التجانس في تكوين الجماعة الإرشادية من حيث العمر الزمني والاحتياجات الإرشادية والمستوى الثقافي والاقتصادي والاجتماعي.

2- أن يكون المرشد خبيرا بديناميته الجماعة.

3- أن يتم توضيح طبيعة الإرشاد الجماعي للأعضاء، وأهدافه وفائدة بحيث يعرفوا مسئولياتهم وماذا يتوقع منهم.

4- أن تكون مدة الجلسة ساعة واحدة.

5- أن يكون حجم الجماعة الإرشادية (9-7) أو (10) أشخاص على الأكثر بحيث يتيح للأعضاء المشاركين فيها الحديث بحرية كما يتيح فرصا أوسع للتفاعل اللفظي والتعبير عن الذات والمشاعر التعاونية.

6- يفضل أن تعقب جلسة الإرشاد الجمعي له واحدة على الأقل من الإرشاد الفردي، حيث يرجع في مثل هذه الحالة أن الأعضاء يحصلون على فائدة اكبر (Stewart, 1946) .

3- الإرشاد غير النفسي غير المباشر (Non- Directive Techninge):

ويطلق عليه أيضا الإرشاد المتمركز حول المسترشد Client centered ويقوم على افتراض مؤداه أن المسترشد يملك حق تقرير مصيره، ما يملك بداخله طاقات كافية للنمو الشخصي، وإمكانات ومصادر ذاتية ايجابية إذا ما أحسن استثمارها واستخدامها في ظروف بيئة مشجعة خالية من التهديد، فإنه يستطيع إعادة تنظيم نفسه وخبراته، وتغيير أساليب سلوكه كي يستعيد اتزانه وتوافقه دون اعتماد على مصدر خارجي (القريطي، 1999).

وبناء عليه يتمثل دور المرشد في هذه الطريقة غير المباشرة في تقبل المسترشد كما هو والإصغاء التام له، ومساعدته على طرح مشاعره الحقيقية وتفهمها كما يدركها المسترشد وفي تهيئة مناخ إرشادي يقوم على التسامح والتعضيد دون تدخل مباشر بإعطاء نصائح أو تقديم حلول جاهزة، حتى يتسنى للمسترشد اكتشاف ذاته على حقيقتها، ويخبر شعوريا العوامل التي أدت إلى سوء توافقه، ويصل إلى فهم أكثر لمشكلاته، ويزداد اعتماده على نفسه في تحمل مسئولياته واتخاذ قرارات مناسبة بنفسه لحل هذه المشكلات.

ويغلب أن يكون الإرشاد النفسي غير المباشر أكثر فاعلية في تحقيق أهداف المستوى الوجداني من الخدمات الإرشادية بالنسبة لآباء الأطفال ذوي صعوبات التعلم وأسرهم، وذلك لما يمكن أن يسهم به في حل مشكلاتهم الانفعالية وتحقيق

المزيد من توافقهم وصحتهم النفسية، وتمكين الوالدين وأعضاء الأسرة من فهم ما قد يكون لديهم من ردود أفعال ومشاعر سلبية نحو الطفل وتحريرهم منها، وزيادة تقبلهم الوجداني له، ومساعدتهم على عدم الاستلام للضغوط ومشاعر الإحباط (القريطي، 1989) بتصرف.

4- الإرشاد النفسي المباشر (الموجه) Directive Technique:

يطلق على هذه الطريقة أيضا الإرشاد المتمركز حول المرشد Client centered حيث يتضمن الافتراض الأساسي لها أن على الناس اتخاذ قرارات غالباً تتطلب معرفة وخبرة يكون المسترشد قادرا على اكتسابها، ولكن لا تتوفر لديه الفرصة لذلك ربما لتوتره أو تعجله وعدم معرفته، وباستخدام خبرة المرشد المدرب ومعلوماته وكفاءته المهنية يستطيع المسترشد تعلم كيفية اتخاذ القرارات واختيارها (Shewart, 1996) وبناء عليه فان الإرشاد المباشر يمكن للمرشد استثارة هذه الحاجة إلى المعلومات لدى الوالدين وتزويدهم بالحقائق الموضوعية عن حالة الطفل الذي لديه صعوبات تعلم بأمانة،ى وطرح اقتراحات وبدائل فيما يتعلق بأنسب القرارات طرق العمل، ويشجعهم على مناقشتها وتمحصيها، ويستخدم في ذلك كله النصح المباشر. والشرح والتفسير والإقناع بما يجب عمله من قبل الآباء في ضوء مهاراته وخبراته المهنية. (القريطي، 1999) بتصرف.

5- الإرشاد الديني:

يعد الإرشاد الديني من أنجح أساليب الإرشاد في مساعدة الوالدين في التخفف من مشاعر الصدمة، وتحريكهما صوب الرضا بما أصابهما وتقبل أبنهما ذوي صعوبات التعلم، لا سيما أن ندين الوالدين هو احد العوامل الهامة المؤثرة في نماط استجابتها وطبيعة ردود أفعالهما إزاء أزمة ولدهم ذي صعوبات التعلم، وعلى أساس أن الإيمان بقضاء الله وقدره هو من أهم مصادر السكينة والطمأنينة وإلا من النفسي والتكيف مع المتغيرات والأحداث من حولنا، والسيطرة على مشاعر القلق والخوف والجزع واليأس التي تولدها المصائب والأحداث الأليمة والمفجعة في حياتنا، وذلك بالصبر على المكارة ولتحرر من مشاعر الألم والتحلي بروح الأمل والتفاؤل، والأخذ بالأسباب وتحمل المسئولية عن طريق العمل الموضوعي في مواجهتها ابتغاء الرحمة الله ومثوبته مصداقا لقول الله تعالى: " ولجزين الذين صبروا أجرهم بأحسن ما كانوا يعملون".

ويقرر كمال إبراهيم مرسي (1995) أن هذا ينطبق على التدين عند المسيحيين والمسلمين، حيث يعتقد المسيحيون أن الإعاقة.. من قضاء الله، وفيه تكفير عن الخطيئة البشرية بصفة عامة، أو فيه عقاب لوالدي الأطفال أو أحدهما لتخليصهما من خطيئة ارتكبت في الماضي أو الحاضر، ولحصولهما على الثواب في الآخرة، أما المسلمون فيعتقدون أن تخلف أبنائهم ابتلاء من الله لتمحيص إيمانهم، وعليهم بالصبر والاحتساب وطلب الثواب من الله في الدنيا والآخرة. ... (القريطي، 1999).

المراجع العربية:
-عثمان كريمة إمام " مدى فاعلية برنامج إرشادي للأطفال ذوي صعوبات التعلم"، رسالة دكتوراه غير منشورة/ جامعة عين شمس/ معهد الدراسات العليا. للطفولة/ قسم الدراسات النفسية والاجتماعية، 2001م.
-الصمادي، جميل محمود، " الإرشاد النفسي للأفراد ذوي الاحتياجات الخاصة وأسرهم"، ورقة عمل مقدمة لندوة الإرشاد النفسي والمهني من أجل نوعية أفضل لحياة الأشخاص ذوي الاحتياجات الخاصة، عمان 1420هـ- 1999م.
-الخطيب، جمال، الحديدي، منى، السرطاوي عبد العزيز، " إرشاد أسر الأطفال ذوي الاحتياجات الخاصة" دار جنين، عمان، مكتبة الفلاح، الإمارات، 1992م.
-الجمالي، فوزية عبد الباقي، " دور الإرشاد في تأهيل ذوي الاحتياجات الخاصة وإعدادهم للاندماج في المجتمع" ورقة عمل مقدمة لندوة الإرشاد النفسي والمهني من اجل نوعية أفضل لحياة الأشخاص ذوي الاحتياجات الخاصة، عمان 1420هـ- 1999م.
-ابو نيان، إبراهيم سعد، " صعوبات التعلم طرق التدريس والاستراتيجيات المعرفية" سلسلة أكاديمية التربية الخاصة 1422هـ ط1422/1هـ- 2001م.
-الخطيب، جمال وآخرون، 1996م، " سلسلة الدراسات الاجتماعية والعمالية في العدد الواحد والثلاثون، المكتب التنفيذي لمجلس وزراء العمل مجلس التعاون الخليجي.
-الوقفي، راضي " أساسيات التربية الخاصة" جهينة للنشر والتوزيع، ط1، 2004م.
-القريطي، عبد المطلب أمين " الإرشاد النفسي لآباء وأسر المتخلفين عقليا" ورقة عمل مقدمة لندوة الإرشاد النفسي والمهني من أجل نوعية أفضل لحياة الأشخاص ذوي الاحتياجات الخاصة، عمان 1420هـ- 1999م.

المراجع الأجنبية:
Mifflin Lernar, Janit)2000 (Learning 'Disabilities Edition Boston H onghton - Combany
Students With learning DisabilitiesThe Interaction cf learner (1997) Mercer C-allya and Bacon task
Patrica M.Bricklin. (1970) Counseling Parents With Learning Disabilities- . January , 4 vol 23The reading teacher

الفصل الثاني عشر
الخدمات الإرشادية للأفراد الموهوبين المتميزين
وأسرهم

مقدمة:

ويعتبر الموهوبون والمتميزون ركائز أساسية وضرورية لكل مجتمع متقدم، والموهبة ليست نتاجا لقدرات عقلية ومعرفية وسمات شخصية للفرد فقط، بل إنها تتم في نسق اجتماعي يحيط بالفرد في مراحل عمره المختلفة، وهذا النسق إما أن ييسر ظهور الموهبة ويدفع إلى تنميتها أو يعيق ظهورها ويمنع استمرارها.

فالأسرة هي البيئة الأولى التي ينشأ فيها الطفل وهي تقدم له مختلف أنواع الرعايا الأسرية في المجال الصحي والتربوي والنفسي والاجتماعي والمهني، فمن واجب الأسرة أن تهتم بصحة الفرد الجسمية والنفسية وهي تلاحظ مراحل نموه العقلي واللغوي والجسمي والانفعالي وتقارنه بغيره من إخوانه ورفاقه وتلاحظ قدراته وميوله واستعداداته وهواياته.

ويجب على الأسرة أن لا تدخر جهدا لإفساح المجال أمام طفلها لممارسة نشاطاته وتسهيل عملية تعلمه وتدريبه واستشارة المختصين إذا لزم الأمر لإرشادها بطرق التعامل معه، ويجب على الأسرة أيضا أن توفر لطفلها وسائل الترويح المناسبة وتزوده بالألعاب وتسمح له بممارسة هواياته المختلفة، كما ويجب على الأسرة أن تتعاون مع المدرسة في جهود متكاملة للإشراف على الطفل والتعرف على مشكلاته التي يواجهها ومساعدته على تخطيها لكي يكون قادرا على الإنجاز أو الإنتاج المتميز.

أهمية الأسرة:

يلعب الوالدان ادوار متعددة في حياة أبنائهم، فيمكن أن يكونوا موجهين ومعلمين ونماذج فكرية واجتماعية ومخططين ومشجعين لمواهب أبنائهم واهتماماتهم، لذلك فإن الأسرة تلعب دوراً بناءا أو هداما في حياة أبنائها، ويعتمد ذلك على مدى وعيهم وإدراكهم وفهمهم لدورهم ومسئولياتهم باكتشاف مواهب أطفالهم وتنميتها لأقصى درجة، كذلك يعتمد على مسئوليتها بتوفير الاستقرار الانفعالي لهم، فكون الأطفال موهوبين لا يبرر أن نعتقد بأنهم يستجيبون بوعي اكبر وعقلانية أفضل تجاه المشكلات الأسرية الحادة مثل الطلاق أو وفاة أحد الوالدين، ففي بعض الأحيان

تكون معاناتهم اكبر من الأطفال العاديين وقد يعود ذلك لبعض خصائصه مثل سعة الخيال وسعة والحساسية العالية (جيمس، اليزابيث، 1982).

كما أن الأسرة تلعب دوراً مهما في اكتشاف وتنمية قدرات أبنائها الموجودين فكلما كانت الأسرة أكثر تسامحا وتعزيزا لثقة أطفالها بأنفسهم وتحترم قدراتهم وتركز على التعاون وعلى تشجيع الكفاية الذاتية وكان مستواها التعليمي والاقتصادي جيد وتتسم بصغر حجمها فان هذا يؤدي إلى توفر الجو العاطفي الملائم لنمو وتطور الطفل وزاد في احتمالية تنمة الموهبة. (كر،1989).

الخصائص التعليمية للأطفال المتميزين والموهوبين:

إن الأطفال الموهوبين يتقدمون أكاديميا على الأطفال العاديين إذ أنهم يتعلمون القراءة بشكل أسرع وأسهل وذلك بالاعتماد على أنفسهم أو بمساعدة الأبوين قبل دخولهم المدرسة، فهم يتقدمون بشكل ملحوظ أثناء تعلمهم القراءة مثلا أكثر من مواضيع أخرى مثل الرياضيات التي تحتاج إلى تطوير متتابع في المبادئ والمهارات أو المواضيع التي تحتاج إلى مهارات يدوية مثل الكتابة والفن. وعلى العكس مما كان معتقد أن الأطفال الموهوبين يميلون إلى نبذ المدرسة والملل منها فان الدراسات الحديثة وجدت أن معظم الأطفال الموهوبين يميلون إلى نبذ المدرسة والملل منها فان الدراسات الحديثة وجدت أن معظم الأطفال الموهوبين ميالون إلى المدرسة بل ويحبونها، وكثير من الأطفال الموهوبين اصغر سنا من رفاقهم في الصف بسبب تفوقهم الأكاديمي (Hallahan & Kauffman) تشير نتائج الدراسات التي أجريت لمعرفة خصائص الأطفال الموهوبين والمتميزين إلى أن معظمهم يتمتع بالقوة والصحة والتوافق الاجتماعي، وفي الظروف العادية يظهرون الخصائص التالية: (سرور، 1998، الصمادي وآخرون، 1995، الخطيب والحديدي، جروان، 1998).

1- لديهم ذكاء فوق المتوسط 130 أو 140 فأكثر.

2- يقرأ الأطفال الموهوبون بسرعة ويحتفظون في ذاكرتهم بما يصلون إليه من معرفة.

3- يستمتعون بالقراءة وتكون قراءاتهم على مستوى ناجح في العادة.
4- لديهم حب الاطلاع بعمق واتساع ويظهر ذلك في أسئلتهم العميقة.
5- يتسم الأطفال الموهوبين بخصوبة في حصيلتهم اللغوية وبخاصة تلك الكلمات التي تتسم بالأصالة الفكرية والتعبير الأصيل.
6- لديهم ذاكرة حادة والقدرة على التذكر واسترجاع المعلومات.
7- لديهم خيال واسع.
8- لديهم القدرة على الفهم السريع بسبب قدرتهم على الانتباه والتركيز.
9- لديهم القدرة على التعميم وعلى الوقوف على العلاقات وتكوين ارتباطات منطقية دقيقة.
10- لديهم رغبة قوية في التفوق على أقرانهم.
11- يبدو اهتماما بالكلمات والأفكار ويبرهنون على ذلك باستخدامهم القواميس ودوائر المعارف وغير ذلك من كتب تعليمية أخرى.
12- لديهم قدرة على حل المشكلات بطرق غير مألوفة.
13- يتميزون بالتفكير الإبداعي والابتكاري.
14- لديهم القدرة على التحليل وإنشاء القوائم والتصنيف وجمع المعلومات.
15- ينشد الكمال ويحاسب نفسه.
16- ينفذون التعليمات بسهولة.
17- لا يحب الروتين.
18- لديهم روح المرح والبهجة.
19- يميلون إلى مخالطة زملائهم الكبار ويجدون المتعة في مخالطتهم.

من الخصائص الاجتماعية والانفعالية للأطفال الموهوبين قدرتهم على القيادة وإدارة الحوار والنقاش، لديهم حسن الدعاية والمرح والميل الاجتماعي، كما أنهم يتميزن بالاتزان الانفعالي وضبط الذات إلا أنهم قد يتعرضون للأمراض النفسية كغيرهم من الناس وخاصة الأطفال الموهوبون والمتفوقون بدرجة عالية.

مشكلات الأطفال الموهوبين والمتميزين:

لقد بينت معظم الدراسات الهامة أن الأطفال الموهوبين والمتميزين في صفاتهم السلوكية والشخصية والانفعالية والتعليمية والقيادية والاجتماعية، ولهذا فان لهم مشكلات ناتجة عن تلك الصفات مع مجتمع الرفاق في المدرسة ومع أفراد الأسرة والعمل، لذا فمن الضروري التعرف على هذه المشكلات بالنسبة للمرشدين والمعلمين والآباء والإداريين لكي يعرفوها ويتعاملوا معا، كما ويجب على الكبار الذين يقومون بالتوجيه أن يكونوا على وعي بالمشكلات التي تنشا في المنزل والحارة ويجب عليهم أن يفهموا الأطفال الموهوبين وأسرهم فهما قائما على المشاركة ويرشدوهم إرشادا قائما على التفكير.

وتتضح المشكلات التي يواجهها أحيانا الأطفال الموهوبين وما يمرون به من خبرات في البيئة التي يعيش فيها الطفل حيث تلعب البيئة دوراً كبيرا ومهما في تربية الطفل الموهوب. ومن أهم الأسباب الرئيسية التي توجد في البيئة وتؤدي إلى حدوث الصراع والقلق والخوف والشعور بالحزن وعدم تكيف الأطفال الموهوبين: (الريحاني،1996).

1- مشكلة نقص التزامن: والمقصود بذلك التباين بين النمو العقلي للطفل الموهوب وبين النمو الجسمي والانفعالي والاجتماعي له.

2- مشكلة ضغط الأقران أو الرفاق: والمقصود بها استياء تلاميذ الفصل الناتج عن تفوق الطفل الموهوب في الأعمال المدرسية ومدح الكبار له، حيث يقومون بالسخرية منه وإحداث مشكلات له في المدرسة، لذلك يلجأ الطفل الموهوب إلى التظاهر بالغباء أحيانا لكي لا يشاكسه التلاميذ الآخرين.

3- شعور الطفل المتميز بالملل والضجر من المنهاج العادي بسبب قدرته على التعلم بسهولة ويسر قياسا بالعاديين.

4- ضغط الوالدين واستعجالهما الطفل ودفعه على النمو والأداء.

5- عدم عناية الوالدين واكتراثهما بمواهب الطفل وعدم وجود ما يثيره في المنزل.

6- أفكار الآباء والأقارب لقدرات الطفل الموهوب الخاصة والتقليل من شأنها.

7- استغلال المنزل والمدرسة والمجتمع لمواهب الطفل عن طريق المسابقات والمكافآت والبرامج والإذاعات والرحلات والحفلات وغيرها.

8- الاختلاف العقلي بين الطفل وعائلته مما يحرمه من الخبرات العديدة المختلفة التي تسود محيط العائلة التي تقوم على أساس الميول والمشاعر المشتركة والتي تجعله يحس بعدم الارتياح والانسجام مع الآخرين.

9- صعوبة المعايير التي تضعها الأسرة والمدرسة قبل تكشف قدرات الطفل.

10- تقدم الطفل الموهوب في دراسته مما يجعله يواجه مواقف اجتماعية لم يحصل عليها الطفل وخاصة فيما يتعلق بعلاقته بالجنس الآخر.

11- حقد المدرسة على قدرات الطفل الموهوب مما يؤدي إلى غض البصر عنه وتجاهله في الفصل.

اتجاهات الآباء وقيمهم:

إن أهمية اتجاهات الآباء وقيمهم فيما يتعلق بأبنائهم الموهوبين قد أكدها عدة كتاب، وأشار باركر وكولانجيلو (1979) إلى أن القيم تحدد " نوعية ومدى التعاون والتواصل بين الآباء وأطفالهم الموهوبين" وهذا التعاون والتواصل مهم لأنه يؤثر على التكيف الاجتماعي والتحصيل الأكاديمي للطفل (الخطيب وآخرون، 2002).

مشكلات الأسرة مع الأطفال الموهوبين والمتميزين:

إن الأطفال الموهوبين يمثلون تحديات ومشكلات لآبائهم وهذه التحديات والمشكلات تختلف عما هو عليه الحال بالنسبة للأطفال العاديين، فمن المعروف أن وجود طفل موهوب في الأسرة قد يخلق مشكلات خاصة بالأسرة، ومن هذه المشكلات: (الخطيب وآخرون، 2002).

1- أن الآباء يربون أبنائهم على (أنموذج الطفل العادي) فعندما لا يسلك الطفل طبقا لهذه التوقعات فان الوالدين غالبا ما يواجهون أوقاتا عصيبة في التعايش مع الطفل فمثلا قد يخشى الوالدان على عدم قدرة طفلهما على التكيف الاجتماعي في المستقبل وذلك لأنه مختلف عن الأطفال العاديين.

2- شعور الوالدين بعدم المقدرة على توفير المصادر التربوية أو الإثارة المعرفية اللازمة لمساعدة الطفل الموهوبين على تطوير وتنمية قدراته الفريدة.

3- أن الطفل الموهوب قد يشعر الوالدين بعدم الكفاية، وذلك قد يحدث من خلال شعور الوالدين بأنهما غير مستعدين لتقديم الدعم الاجتماعي للطفل المميز.

4- شعور الوالدين بأن قدرات طفلهم الموهوب وخصائصه المميزة تشكل تهديدا لهم الأمر الذي يجعلهم يتجاهلون الطفل أو رفض فردية الطفل.

5- عدم معرفة الوالدين بكيفية تزويد الطفل الموهوب بالاهتمام الخاص دون التسبب في الامتعاض والغيرة لدى الأخوة وكيفية وقاية الأخ الأكبر (العادي) من الشعور بالإحباط والدونية إذا كان له أخ أصغر موهوب.

6- عدم تواصل الآباء دائما مع بعضهم البعض حول توقعاتهم من أطفالهم الموهوبين فمصلا يركز أحد الوالدين على الأعمال المدرسية ويركز الأخر على الإنجاز وفي هذه الأوضاع قد يطور الطفل أسلوب (فرق تسود) لعمل ما يريد وهذا الوضع يجعل الآباء ينظرون إلى أبنائهم بوصفهم أكثر أشكالا من الأطفال الآخرين.

7- خوف الوالدين من أن البرامج المصممة للموهوبين تؤدي إلى تباعد بين أطفالهم الموهوبين وإخوانهم العاديين. (Robert A.O)

8- عدم وعي الوالدين للمشكلات التي يعاني منها طفلهم الموهوب في الجوانب المعرفية والانفعالية (Miller & Price)

9- تجاهل الآباء لخصائص الموهبة في أطفالهم بسبب عدم المعرفة بهذه الخصائص (Miller & price).

دور الوالدين في الكشف عن الموهبة

إن المعلومات التي يعطيها الوالدين عن أطفالهم يمكن استخدامها للتعرف على الموهبة والتميز عند أطفالهم، وتبرز أهمية هذه المعلومات في الكشف عن الموهبة والتميز عند الأطفال والصغار في السن (pre school children) وذلك من خلال الملاحظة المباشرة من قبل الوالدين، وفي كثير من الأحيان تكون الملاحظات التي يعطيها الأهل أكثر صدقا من المعلومات التي يعطيها المعلمون في المدرسة. (Miller & price).

ومن مجموعة القراءات حول إرشاد الموهوبين نوه كل من (Colangelo & Zaffrann) أن الكشف ربما يكون أكثر جوانب تربية الأطفال الموهوبين صعوبة، حيث كان الكشف ذات يوم قياس لنسبة الذكاء ليس أكثر، ولكن الاعتماد الكلي على اختبارات الذكاء لم يعد مقبولا للكشف، وفي الوقت الراهن أصبحت عملية الكشف تشمل فئات متعددة من الموهبة والتفوق والإبداع وأصبح هناك اهتمام بالمقياس الذاتي (الذي لا يعتمد على الاختبارات) ورعي متزايد لأهمية الوالدين في عملية الكشف (الخطيب وآخرون، 2002).

وقد أشارت الدراسات التي لها علاقة بالكشف عن الأطفال الموهوبين إلى أن هناك إجماعاً أن الوالدين يلعبان دوراً مهما لا يمكن تجاهله في عملية الكشف، وقد أكد كاتينا (Khatena, 1976) حيث أشار إلى أن الوالدين هما المصدر الأهم للتعرف على الموهبة والإبداع وأصبح هناك اهتمام بالمقياس الذاتي (الذي لا يعتمد على الاختبارات) ووعي متزايد لأهمية الوالدين في عملية الكشف (الخطيب وآخرون، 2002).

ويعتبر ترشيح الوالدان من الطرق المساندة في عملية الكشف عن الطلبة الموهوبين والمتميزين باعتبارهم هم أول الموافقين والملاحظين لتطور الطفل ونموه، ويبني الوالدين ترشيحاتهم عن طريق المعلومات المتعلق بالمجالات التالية: (سرور، 1998).

1- اهتمامات الطفل وهواياته.

2- مجال اهتمامات الطالب القرائية والكتب التي يستمتع اليها.

3- الانجازات الحالية والسابقة.

4- المواهب الخاصة.

5- فرض الطالب المتاحة.

6- النشاطات الفردية.

7- العلاقة مع الآخرين.

كيف يعرف الوالدان أن طفلهما موهوبا أم لا؟

لقد أشارت الدراسات إلى أن هناك نقاط عديدة يمكن أن تساعد الوالدين في التعرف على خصائص الموهبة، ومن هذه النقاط (الخطيب، وآخرون، 2002).

1- على الوالدين أن يدركا أن الطفل الموهوب ليس موهوبا في كل نواحي الأداء وليس موهوبا في كل الأوقات.

2- على الوالدين أن يدركا المعايير المستخدمة للكشف عن الموهبة وذلك بإدراك المفهوم الواسع للموهبة، حيث حدد المكتب التربوي في الولايات المتحدة الأمريكية المجالات الست التالية لتحديد الموهبة وهي (القدرة العقلية العامة، القدرة الأكاديمية الخاصة، التفكير المبدع والمنتج، القدرة القيادية، الفنون البصرية والأدائية، القدرة النفسية والحركية).

ولكي يستطيع الوالدان أن يقررا إذا كان لطفلهما مواهب نادرة وهو في مرحلة الطفولة لا بد أن يقوما بمقارنة صفات طفلهما والصفات التي يتميز بها معظم الأطفال الموهوبين، والتي من أبرزها (سرور، 1998).

1- يتفوق الطفل الموهوب عن أقرانه في المشي والكلام ويستخدم حصيلة لغوية وفيرة بسهولة ويسر.

2- يظهر قدرة على الابتكار وسعة في الخيال أثناء مواجهته للمشكلات.

3- كثر التساؤل ويسعى إلى المزيد من المعرفة عن أشياء مختلفة.

4- يحب الكتب ويرغب في القراءة ويطلب المساعدة على تعلم القراءة قبل عمر السادسة.

5- يظهر قدرة واضحة على التركيز والانتباه عن أشياء مختلفة.

6- يكون أطول وأثقل وأصلب عودا من أقرانه.

7- يبدي اهتماما مبكرا بالوقت والتقاويم السنوية.

الأنماط السلوكية للآباء التي لا تساعد الأطفال على النمو معرفيا يقترح ويتي (Wirry, 1979) العوامل التالية والتي لا تساعد على النمو المعرفي للأطفال: (الخطيب، وآخرون، 2002).

1- تضخيم المشكلات المدرسية أمام الطلاب.

2- القلق المبالغ فيه حول تحصيل الطالب.

3- الحماية الزائدة للطفل.

4- منع الطفل من القيام بحل مشكلات الذاتية.

5- الضغط المبالغ فيه على الطفل.

6- إسقاط رغبات الوالدين وأحلامهما على حياة الطفل وأدائه.

كيف يستطيع الآباء تشجيع القراءة وتطويرها في البيت.

من الأنماط السلوكية للآباء والتي من شانها تطوير الاهتمام بمهارة القراءة لدى الطفل: (الخطيب وآخرون، 2002).

1- تفاعل الآباء لفظيا مع الأطفال، فالأطفال بحاجة إلى الاستماع إلى كلمات عديدة تستخدم بعدة طرق وهذا يبني الذخيرة اللفظية.

2- على الآباء تزويد الأطفال بالخبرات العملية الغنية وربطها بالموضوعات المدرسية المختلفة.

3- على الأبناء أن يعملوا على تشجيع التعبير اللغوي، حيث السنة الرابعة من العمر توصف بأنها (العمر الذهبي للأسئلة)، وعلى الآباء تشجيع الأسئلة والإجابة عليها وبوضوح وصبر، وعلى الآباء أن يتحدثوا مع الأطفال ويساعدوهم على التعبير عن أنفسهم أكثر فأكثر.

4- إقراء معهم وناقش المادة المقروءة، اسأل أسئلة تشجعهم على التفكير.

5- شجع الأطفال على القراءة وعلى مناقشة ما يقرؤون.

6- شجع الأطفال على الكتابة واكتب لهم واكتب معهم.

7- شجع الأطفال على التعليل وحل المشكلات.

8- وفر مواد متنوعة، وخذهم إلى المكتبة ودعهم يطورون اهتماماتهم الذاتية.

9- ساعدهم مباشرة بالعمل المدرسي عندما تقتضي الضرورة.

10- استمر في تشجيع التفكير والاستيعاب فهؤلاء الأطفال يمتلكون أصلا هذه المهارات المهمة لنجاح القراءة.

واجبات المرشد لمساعدة وإرشاد اسر الأطفال الموهوبين والمتميزين:

من الواجبات التي على المرشد القيام بها من اجل مساعدة وإرشاد أسر الأطفال الموهوبين (Stewart, 1986)، (حواشين، 1989).

1- تزويد الآباء الذين يشعرون بالذنب والإحباط لتربية طفلهم الموهوب بالفهم اللازم حول ذلك.

2- تزويد الآباء بالمعلومات اللازمة حول خصائص الأطفال الموهوبين.

3- تزويد الآباء بالبرامج المتوفرة والمواد والتسهيلات والمصادر الموجودة لرعاية الأطفال الموهوبين.

4- تزويد الآباء بالدعم والتأييد من خلال برامج المدرسة.

5- مشاركة الآباء بالمعلومات والاقتراحات حول أبنائهم.

6- تهيئ الفرصة لكي يجتمع آباء الأطفال الموهوبين مع بعضهم البعض لتبادل الآراء والمعلومات والإجراءات والملاحظات.

7- أن يسهل إيصال اتصال العائلات مع بعضهم البعض.

8- أن يساعد الوالدين في تخطي قلقهم الزائد على طفلهم لكي يحصل الطفل على ثقة اكبر.

9- أن يقدم للأبوين الاقتراحات الأساسية لتشجيع الأبوين من اجل توفير أفضل بيئة متناسبة.

10- حث الآباء الذين يتجاهلون مواهب أطفالهم.

11- إشباع رغبات الآباء المتطرفين في طموحهم وذلك بإعطائهم مفهوم الاتجاهات والحاجات والاستعدادات عن الأطفال الموهوبين.

أهم المواضيع والاهتمامات في إرشاد اسر الأطفال الموهوبين والمتميزين:

إن أبوي الطفل الموهوب بحاجة للمساعدة في تفهم جوانب تفوق أبنهم، وغالبا ما يحتاجون المساعدة في تقبل حقيقة طفلهم بدون القلق الزائد أو التفاخر به، كما ويجب على الوالدين أن يتفهموا احتمالات استغلال ذكاء طفلهم حيث أن بعض الآباء يستغلون ذكاء طفلهم للتفاخر، بينما عند أباء آخرين يعتبرون أن هذا الطفل بإمكانه الاعتماد على نفسه لأنه موهوب وبالتالي يهملونه، وفي بعض الأحيان يكون إهمال الأبوين لطفلهم الموهوب من اجل الموازنة بينه وبين أخوته العاديين، ومن أهم المواضيع المهمة لمساعدة الوالدين من اجل التعامل مع طفلهم الموهوب وتطوير موهبته (الخطيب، وآخرون، 2002)، (Stawart, 1986).

1- على الوالدين أن يوفرا للطفل الموهوب الحرية والاستقلال الشخصي والدعم والتشجيع لأن هذا يعم على تطوير موهبة الطفل.

2- على الوالدين أن يوفرا بيئة القراءة في البيت وذلك لأن بيئة القراءة في البيت تعتبر ضرورية لتنمية الموهبة لدى طفلهم وعلى الآباء أن يزودوا أبنائهم بمواد متنوعة للقراءة كذلك يجب أن تكون القراءة وسيلة لتعلم معالجة المعلومات.

3- على الوالدين أن يصطحبوا أبنائهم إلى الأماكن المثيرة للاهتمام وتوفير الفرص للأطفال لمناقشة أسئلتهم مع أناس ذوي معرفة وخبرة.

4- على الوالدين أن يقوما بتنمية الإبداع لدى الطفل وذلك بتشجيعه على طرح الأسئلة والاستجابة لتلك الأسئلة.

5- على الوالدين أن يقوما بتطوير الشعور بالثقة بالذات لدى طفلهم وذلك عن طريق حث الوالدين على ودعمهما له.

6- على الوالدين أن يقوما بتشجيع روح المغامرة والمجازفة لدى الطفل وذلك بمكافئته على الجهود الجيدة والانجازات الجيدة.

7- على الوالدين أن يتجنبا كبت تغيرات طفلهما من الإبداع والموهبة وأن يقوما بتشجيع البحث الحر والإنتاج والتركيز وتقديم الخبرات المتنوعة.

8- على الوالدين أن يدركا أن من العوامل التي لها أثر ايجابي على زيادة تحصيل الطفل:

- اهتمام الوالدين به في البيت وثقة الوالدين والمعنويات الأسرية التي تنمي الاتجاهات الايجابية نحو المعلمين والمدرسة والنشاطات المعرفية.

- التقدير الذاتي الايجابي يعمل على زيادة التحصيل، وإن انخفاض التقييم الذاتي (تقدير الذات) فيما يتعلق بالأسرة يكون سبباً في تدني التحصيل.

9- على الوالدين مساعدة طفلهم بتوجيه التلفاز ومواضيع المناقشة مع الطفل وتنمية المهارات المنزلية.

وقد قام (congdon, 1979) بتحديد عدة مواضيع يعتبرها مهمة لمساعدة أسر الأطفال الموهوبين لخصها في الجدول التالي (Stewart, 1986):

الموضوع / الاهتمام	دور الآباء
1- الاكتشاف المبكر	دور الوالدين حاسم جدا حيث ان السنوات الأولى هي أساس تطور الطفل في المستقبل
2- الدعم المتواصل	ابوي الطفل الموهوب بحاجة إلى الدعم الدائم فيمكن ان يكون الأبوين مقتنعين انهم ادنى درجة او منزلة من طفلهم الموهوب وانهم غير قادرين على مجاراته.
3- المسؤولية تجاه الطفل	يجب على الآباء ان يفهموا مسؤولياتهم اتجاه طفلهم الموهوب حيث ان السعادة والاستقرار البيتي تعني الكثير بالنسبة للطفل الموهوب اكثر من غيره.
4- احترام الطفل	الاحترام ضروري لجميع الأطفال ولكنه مهم جدا اثناء محاولتهما فهم الطفل الموهوب
5- تجنب التركيز الزائد على الطفل الموهوب	على الآباء تجنب التركيز الزائد على طفلهم متجاهلين بذلك باقي اطفالهم
6- تجنب الضغط على الطفل الموهوب	التحضير الأفضل لفترة بلوغ الطفل هو بترك الطفل يعيش طفولته حيث ان هناك أوقات يريد الطفل ان يلعب ويتصرف كباقي الأطفال. وعلينا ان نسمح له بذلك.
7- التطوير اللغوي	من المهم ان يتكلم الأبوين مع طفلهم اكثر من التحدث إليه، وعلى الآباء تشجيع فضول الطفل والتجاوب مع اسئلته .
8- الاختلاف ضمن المجموعة	مع ان الأطفال الموهوبين كمجموعة يتشاركون بخصائص عدة لكن على الآباء ان يتفهموا درجة الاختلاف العالية بينهم.

المراجع:

- ستيوارت، جاك، (1996). إرشاد الآباء ذوي الأطفال غير العاديين، ترجمة: جامعة الملك سعود، الرياض.

- جيمس ، ويب، إليزابيث ميكستروث، (1985). توجيه الطفل المتفوق عقلياً، ترجمة: بشرى حديد، الجمعية لكويتية لتقدم الطفولة العربية.

- سليمان، الرياحاني، (1996). مشكلات الطلبة لموهوبين والمتفوقين وحاجاتهم الإرشادية - الورشة الإقليمية حول تعليم الأطفال الموهوبين والمتوفقين عمان.

- سمر المقلد، (1999). إرشاد الأطفال الموهوبين والمتميزين، مؤتمر الطفل الموهوب استثمار للمسقتبل (البحرين).

- فتحي جروان، (2002). الموهبة والتفوق والإبداع، الإمارات: دار الكتاب الجامعي.

- ناديا السرور، (2002). تربية الموهوبين والمتميزين، الأردن: دار الفكر.

- الخطيب، جمال، والحديدي والسرطاوي، عبد العزيز (2002)، ارشاد أسر الأطفال ذوي الحاجات الخاصة. ط2، دار حنين، عمان.

- Stewart, (1985), Working with Parents of Exceptional Children, Boston, U.S.A.

T0208575

Printed in the United States
By Bookmasters